行知工程
Education
教育思想者系列

教育一切从孩子出发

黄俭◎著

中央文献出版社
ZHONGYANG WENXIAN CHUBANSHE
凤凰出版传媒集团
江苏教育出版社

图书在版编目（CIP）数据

教育，一切从孩子出发/黄俭著.—南京：江苏教育出版社，2012.8

ISBN 978-7-5499-2230-7

Ⅰ.①教… Ⅱ.①黄… Ⅲ.①儿童教育—研究 Ⅳ.①G61

中国版本图书馆CIP数据核字（2012）第201562号

书　　名	教育，一切从孩子出发
作　　者	黄　俭
责任编辑	严明瑗　陈冬梅
出版发行	凤凰出版传媒集团 凤凰出版传媒股份有限公司 江苏教育出版社（南京市湖南路1号A楼　邮编210009）
苏教网址	http://www.1088.com.cn
集团网址	http://www.ppm.cn
照　　排	吕　龙
印　　刷	九洲财鑫印刷有限公司
厂　　址	河北省三河市灵山大口
开　　本	787毫米×1092毫米　1/16
印　　张	17.75
字　　数	272千字
版　　次	2012年8月第1版　2014年4月第2次印刷
书　　号	ISBN 978-7-5499-2230-7
定　　价	30.00元
邮购电话	025-85406265，85400774　短信　02585420909
E - mail	jsep@vip.163.com
盗版举报	025-83658837

序言 教育之思

早有写一本书的想法。从读书到现在，我一直和教育有缘。出生在教师家庭，对教育更是有一种特殊感情。在学校工作18年，从当老师到当校长，接触过很多学生、教师、家长和社会各界人士，他们对教育的关心和理解以及他们对教育的期盼，让我自然地开始思考一些有关教育的问题，如教育的规律到底是什么？如何让教育不太难？如何让大家感到教育是一件快乐的事情？带着这些问题，阅读了很多教育方面的书籍，加之我平常比较注重收集些资料，更喜欢做些思考，也喜欢写些小文章，总希望探寻到教育的一些真谛，尽管有些观点可能肤浅甚至幼稚，但都是在教育基层的特定环境中所产生的真情实感。

做校长期间，我参加过多种培训，如国家教育行政学院、华东师范大学教育部中学校长培训中心、华中师范大学、原湖北省教育学院等举办的各种类型的专题培训，也到许多地方考察过教育，还在美国研修过。这个时期我虽然对教育的思考有了一些提升，但更多的还是在从校长、教师的角度考虑教育问题。

后来从事教育行政工作，工作的接触面又有所改变，这时我对教育问题的思考发生了视角上的变化。譬如，经常想到为什么教育改革会成为全社会共同关注的焦点？为什么中小学生的课业负担一直减不下来？素质教育难以推进的症结何在？如何完善体制、机制，增强学校的办学活力？怎样调整教育的结构和布局，促进城乡教育的均衡化发展？如何克服应试教育带来的弊端，全面贯彻党和国家的教育方针，促进学生的健康成长？这些问题，一直在我心中挥之不去，每次思考或者与人讨论过后我都思绪万千，感受颇多。于是，我经常不由自主地提起笔来写点短文或随笔，以求寻得一剂良方。

从校长到教育行政的角色转换，使我对教育的理解相对更全面一些了。于是，我借在武汉大学攻读教育博士学位的机会，把平时的笔记和随笔作了梳理，并斗胆把这些东西整理成了一个集子。这个集子大致分为三个部分：第一部分是理念之思，第二部分是教育之律，第三部分是现状之研。还有一点需要说明的是，过去我参加一些校庆、研讨会等，有过不少即兴讲话，应该说闪射过一些教育思考的火花，但因为是即兴讲话很难留下底稿，所以本书收录的内容非常有限。

这本书说到底还是围绕着探讨教育规律、正确理解教育本质的一些所思所想所感，但愿能给大家一点启发，甚至能给大家一个批判的靶子。我总想，种农田要遵循农事规律，并靠天气；从事教育就要遵循教育规律，同时靠人气。在时代发展的进程中寻找教育的规律，是我一生的教育追求，也是我一生的教育情结和情缘。

我本来打算等有足够的时间再对这些文稿进行认真修改，待成熟后再结集。但由于湖北省教育科学规划重点课题“健康课堂”研究的需要，作为课题组的负责人，我对基础教育的改革和发展总该有些研究和思考，甚或有所贡献，同时为了让子课题的研究有个参考，只得匆忙成书。由于时间和水平的局限，书中一定存在不少错误和不足之处，特别是有些理念和观点，只是一孔之见、一家之言，还请各位领导和专家及所有读者批评指正，本人不胜感激！

黄俭

2012年7月于武昌

目录 CONTENTS

〇 第一篇　理念之思

○ 第二篇 教育之律

○ 第三篇　现状之研

第一篇 理念之思

DIYIPIAN LINIANZHISI

理念首先是一种理性的思维，不是感性的直觉，是经过深入思考，具有系统性、全面性和深刻性的意识。其次，理念也是一种观念、一种精神。它不仅是对现实问题的思考，更是面向未来、对未来的一种展望。本篇收集的作者的这些文章，不仅表明了作者对微观教育的观点和看法，也展示了对我国基础教育宏观发展的展望。

让学生的生命更精彩

——健康课堂的构建与意义

课堂是实施素质教育的主阵地。当“传道、授业、解惑”的教育思想被异化为“灌输”而主导着课堂时，课堂就成了将知识从一个容器注入另一个容器的中转站。课堂一旦仅仅成为知识传授的场所，就失去了作为素质教育主阵地的作用，而沦为应试教育的“沃土”。健康的课堂不仅能见到知识的魅力，更能见到思想的力量与生命的灵动。新课程改革需要健康的课堂，更需要使健康的课堂成为课堂的常态。

一、健康的课堂根植于先进的课程理论

新课程背景下的健康课堂必须以先进的课程理论作支撑。目前，课程理论主要有三种，即知识论、多元智能理论和建构主义理论。

知识论是探讨知识的本质、起源和范围的一个哲学分支。在知识论中，冰山模型被广为推崇。冰山模型的内涵是：一座冰山，我们可以看见其海面上的部分，但是海面下的部分我们却看不见。知识

就如同冰山，有些看得见，有些看不见；有些可以言传，有些只能意会；有些是显性的，有些是隐性的。如果对知识理论进行拓展，也可以从两个层面来理解：一是知识的探索性，即关注知识从哪里来；二是知识的系统性，即关注知识要到哪里去，也就是说知识要跟现实生活紧密联系起来。

多元智能理论是美国教育心理学家霍华德·加德纳提出来的。这一理论最初只包含七大智能，即语言智能、逻辑智能、空间智能、肢体运动智能、音乐智能、人际和内省智能，后来增加了自然探索智能，现在被扩充为九大智能。根据多元智能理论，教师在挖掘学生各方面智能的同时，必须留意每一个学生在某些方面特别突出的智能，即使他在其他方面未能追上进度，也不要因此而责罚他。因为运动员、特工或者是发明家，就是一项或者多项智能比较突出的人才。

建构主义理论，其核心就是以学生为中心，强调学生对知识的主动探索、主动发现和主动建构。教师的主要职责是创设教学情境，引导学生主动参与，让学生在参与的过程中发现学习对象的规律和价值。教学情境是极为复杂的交流平台，来自人际的、文化的、心理的等多方面的因素在这里汇聚、碰撞、交流和发展。在这样的情境中，学生的思维也是开放的，他们可以利用自己的知识和经验去解读教育内容，形成自己对教学内容的理解。

三大课程理论对课堂教学的指导并不是孤立进行的，而是共同作用于课堂的。根植于这三大课程理论的课堂，应遵循学生学习的规律、成长的规律和知识的构成规律，汲取课程理论的营养，促进每一个学生全面、健康发展。

二、健康的课堂是知识能量的生长地，更是生命气息的焕发地

1999年，我曾到北京一些学校参观学习。我的主修专业是数学，但是那次我选择听了一节初二的语文课。课文是叶圣陶先生写的《论写字》。课堂上，教师把《论写字》这篇文章的关联词全部删掉，再把另一位名家的关于写字的文章的部分段落插进去，然后再把整篇文章的顺序完全打乱，最后让学生分析以下四个问题：（1）《论写字》这篇文章是什么题材？（2）哪些

是多余的段落？（3）排列出段落的先后顺序。（4）补充每段的关联词。将两位作家的文章放在一起比较分析，即使这节课教师什么都不讲，课堂也很生动，学生也会很有收获。而有些教师上课只是把教材从前到后讲一遍就结束了，照本宣科，这样的课堂根本不精彩，学生也毫无兴趣。

课堂教学需要进行充分的准备和精心的设计，因为教师的教必须服务于学生的学，教学的目的应是激发和支持学生学习，促进学习目标的实现。课堂不仅是知识能量的生发地，更是生命气息的散发地。它的生命气息就体现在它的真诚、深刻、丰富、实惠、科学、创新和特色上。

健康的课堂是真诚的。这份真诚，是教师和学生之间心灵的碰撞、情感的交融和知识的传承。教师真诚地讲，学生真诚地学，师生之间形成良好的互动。

健康的课堂是深刻的。教师既要深刻地理解教材，也要深刻地理解学生。教师既要唤起学生的想象力，也要培养学生批判性的思维。

健康的课堂是丰富的。课堂教育亦如撰写散文，要形散而神不散。看似脱离主题的内容，实际上是为了激发学生的想象力，最后自然地把话题收回到课堂教学中。这样的课堂能帮助学生营造丰富的精神世界，同时也考验着教师的教学水平。

健康的课堂是实惠的。课堂教学的目的是为了让学生学有所获，虽然不能过于重视对知识的记忆，不能太拘泥于形式，但并不是说课堂不需要知识的讲解和技能的培养。如果一堂课只是气氛很热烈，而学生没有得到认识和能力的提升，那么课堂也是失败的。

健康的课堂是科学的。教师在讲授知识之前，必须保证自己所讲的内容是科学的，讲授的方法也是科学的，这样，师生之间才能够形成有效的互动。

健康的课堂是创新的。教师讲授某节课，必须融入自己的思想和观念，才能够创造性地进行教学。

健康的课堂是有特色的。特色主要体现在学科的特点上，语文课就是语文课，数学课就是数学课，学科的特色要非常鲜明。

三、健康的课堂充满着人性的光辉

教师承担着把学生培养成充满人性的人、有才能的人的重担。教师应把自己看成学生，设身处地地站在学生的角度去思考如何为学生服务，做到既教好书又育好人。

我在武汉市水果湖小学听了一节小学四年级的语文课，课文是《触摸春天》，我觉得这节课教师设计得非常好。课文内容很简单，讲述了一个叫“安静”的盲童，在一个春天的充满鸟语花香的早晨，竟然神奇地捉住了一只蝴蝶，然后又把它放飞的故事。教师给学生提了几个问题：（1）盲童的名字“安静”有什么含义？（2）我们睁着眼睛捉蝴蝶都很困难，而这个盲童为什么能捉住？（3）为什么标题叫做“触摸春天”？提问之后，让学生自由讨论，通过讨论引导学生领悟出文章最后提出的观点：谁都有自己的生活，谁都能够营造出自己缤纷的世界。进而引导学生感悟：既然盲童对生命都如此热爱，我们健康的人、正常的人更应该热爱生命、热爱生活、关爱弱势群体。

还有个例子，一位教师在黑板上写了六道数学题，让两个学生去板演。结果，一个学生做对了五道题，另一个学生做对了四道题，这位教师就问其他学生：“这两个同学做得怎样？”学生异口同声地说：“第一个同学错了一道题，第二个同学错了两道题。”如果这时教师能够总结说：“同学们，你们看，这两个同学都做得不错，一个同学做对了五道题，另一个同学做对了四道题。”这两位同学听到后肯定会有不同的感受，因为这是一种激励，是对学生回答的肯定。教师还可以教育学生多从正面思考问题。在课堂教学中，教师遇到类似的教育情境会非常多，此时不要简单地处理问题，也许问题里面蕴藏着许多教育的良机。

人性化教育是素质教育的本质，教师应尊重学生的天性，对学生进行人文关怀，使课堂充满人性的光辉。

让学生的成长更健康

——健康课堂的特征与实施

每一个学生都是一个鲜活、独特的生命个体，每一节课都是这个独特个体成长的摇篮。以学生发展为本，让学生在课堂中快乐、幸福、健康地成长，既是时代赋予每一位教师的神圣使命，也应是每一位教师执著追求的教育理想。建设健康课堂正是我们追求和实现这一教育理想的重要途径和载体。

一、健康课堂的内涵

健康课堂是人们根据新课程理念而提出的一种优质的课堂形态，它的内涵既包括身体健康，又包括心理健康；既包括教师教学过程组织的科学性，又包括学生课堂学习的生态环境。健康课堂既要求教师在上课时重视对学生进行知识、能力、人格的培养，又要求教师把情感、态度、价值观有机地结合起来；既是新课程改革的一种目标导向，更是全面推行素质教育、培养创新型人才的一种有效的课堂教学模式。健康课堂就是教师在全面贯彻国家的教育方针、全面推行素质教育、全面实施新课程改革的基础上，按照学生身心发展的规律、人类认识的规律和教学规律，以学生为本，因材施教，实现师生共同发展的一种科学、和谐、有效的课堂教学模式。

（一）健康课堂的方法是科学的

首先，教师的教学方法应是科学的。教师在教学过程中要始终遵循学生身心发展的规律和人类认知的规律以及教学规律，也就是不能没有取舍、没有选择地盲目教学。教学艺术是根据学生的实际对教学内容加以选择，也就是说教师给学生传授的知识必须是有用的，学生学习这些知识将终身受用。譬如，高中新课程的教学应该充分利用模块教学的特点和优势，打破原有的逻辑联系，进行大胆的取舍和重组，这样既能让学生学得轻松愉快，又能提高课堂教学的效率。

科学的教学方法要求教师改变课堂上大包大揽的不良习惯，切实尊重学生的主体性，以学生为本，以学生的健康发展为本，尊重学生的差异性，坚持因材施教的原则，智慧地引导学生，真正“授之以渔”，使每一个学生都能在学习中享受幸福和快乐，收获成长与成功，得到自由与发展。

其次，学生的学习方法是科学的。学生科学有效地学习是健康课堂的重要特征。健康课堂有利于学生养成良好的学习心态和学习习惯，如善于与他人合作学习、喜好独立探究、敢于质疑问难、敢于向权威和传统挑战、有强烈的求知欲和表现欲、勇于求异创新、能自觉形成自我反思和评价的学习品质等。

（二）健康课堂的流程是简洁的

健康课堂的教学流程为“三环节教学”。第一环节为“快乐自学”。自学是健康课堂十分重要的环节。轻松有效的课堂必须以学生充分的自学为基础，而学生能够高质量地自学则要建立在兴趣的基础上。教师要设计学生自学指导方案，调动学生学习的热情，教会学生自学的方法，让学生通过自学掌握知识与技能。第二环节为“激励导学”。在学生自学的基础上，教师要根据课堂学习的重点和难点，引导学生合作探究，培养学生分析问题和解决问题的能力及实践动手能力。课堂上，教师要尽量让学生表达、展示、质疑、合作探究，把话语权还给学生，让学生主动学习。第三环节为“轻松练测”。练习、检测是课堂教学的重要环节，精心设计或选择练测内容，是健康课堂的基本要求。练测内容不能有偏题、怪题、废题，要少而精，练非练不可的内容，测非测不可的知识点与能力。

（三）健康课堂中学生的兴趣是浓厚的

健康课堂是学生快乐学习的课堂，是教师激情四射的课堂，是焕发生命活力的课堂。快乐学习源于学生浓厚的兴趣。兴趣是最好的老师，培养学生的学习兴趣，是健康课堂的关键任务。健康课堂要求教师以自己独特的智慧激发学生的学习兴趣。教师激发学生的学习兴趣可采取如下几种方式：（1）设计新颖别致的教学活动；（2）让学生自己出练习题、检测试卷，进行练习和考试；（3）在课堂教学过程中进行动态的激励评价，如积分评价、口头赞美、具有夸张意味的荣誉性称号、实物奖励等；（4）利用网络、电视、录像等多媒体技术增加学生的学习兴趣；（5）请相关的社会学者、贤达等进课堂为学生上课，以增加学生学习的新鲜感，提高他们的学习兴趣。

（四）健康课堂的负担是适中的

健康课堂追求“减负增效”。负担适中的健康课堂至少有以下几个基本标准：第一，一堂课给学生呈现的知识分量要不多不少，内容不偏不怪，深度与广度适当；第二，不延长学生的学习时间；第三，作业最好能在课堂内完成，统一的课外作业尽量少布置，即使布置也应有层次性和选择性，既可以让优秀的学生超前发展，也可以让学有困难的学生掌握基本知识，确保学生不产生压抑、烦躁、苦恼等消极情绪；第四，检测考试要适度，健康课堂必须改变过度频繁检测考试的做法，既要发挥检测考试的诊断功能，也要发挥检测考试的激励功能，让检测考试成为学生轻松学习的重要组成部分。

（五）健康课堂的环境是生态的

课堂中师生关系是和谐的。（1）和谐的师生关系是健康课堂的重要特征。健康的课堂必须体现以生为本的教学理念，师生是朋友，课堂是民主的。教师要深入了解学生个体的差异和发展要求，从智力、性格、兴趣、成就、情意特质等方面，不断创造促进学生发展的教学情境，引导每一个学生从事有意义的学习实践活动，并使其从中获得成功的体验，在保持并增进学习兴趣的同时谋求充分、自由、全面的自我发展。和谐的师生关系体现了教育要尊重、唤醒、服务学生的理念，揭示了人性化和生命化的课堂意义，提升了教师、学生的生命质量和生命境界。（2）课堂的文化环境是阳光的。如标语、口号、教学辅助资料等都应具有阳光的文化特质。（3）课堂合作的氛围是积极的。生生之间亲密合作是健康课堂的又一特征。班级授课制的最大优势就是学生群体的差异构成了学习的磁场，学生之间优势互补、智慧互启、真诚交流、资源共享均成为班级学习的独特资源。（4）课堂的整体情绪是快乐的。保持课堂积极向上的氛围，能最大限度地张扬教师的风格，发挥学生的学力，有利于学习效率的提高，更能促进学生和教师的健康发展。

（六）健康课堂的价值是实用的

健康课堂的核心价值是提高课堂教学效率，促进学生发展。这一明确的价值取向，凸显了健康课堂务实的教学理念。健康课堂应该具有高效性，如果一堂课教师教得很生动，却没有任何效率，那么这堂课的价值就会大打折扣，所以说健康的课堂教学一定是有效的。健康课堂的实效性具体应包括三个方面的内涵：一是课堂教学目标的达成率高，学生对知识掌握得扎实，课堂检测分数高；二是课堂效益最大化，即课堂上学生学习兴趣浓、行为习惯好、能力提升快、素质发展全；三是达到最佳的课堂效果，即课堂满意度高，课堂教学形式与内容和谐统一，过程与结果完美结合。

二、健康课堂是学生、家长、社会、民族、国家的共同呼唤

建设健康课堂体现了国家的意志。《国家中长期教育改革和发展规划纲要（2010—2020年）》（以下简称《纲要》）指出："把促进学生健康成长作为学校一切工作的出发点和落脚点。要适应这种新的战略要求，必须关注课堂、聚焦课堂、改革课堂。因为打造什么样的课堂、构建什么样的课堂模式将直接影响对人才的培养。"

（一）建设健康课堂旨在解决当今课堂教学中的焦点、难点问题

个别教师存在一些不健康的思想和情绪。在课堂教学中，教师的这些不健康的思想和情绪会直接影响学生的健康成长，而教师教育方式的不当是导致学生失学的重要原因之一。教师不尊重学生的主体性，教学枯燥乏味，课堂缺少生命力等，都会导致学生因厌学而弃学。目前，对课堂教学质量的管理和监控还没有走上健康的轨道。对于常态的课堂教学质量，我们很难进行预测和把握，若进行统一的强制性约束，既会造成教师的反感，也达不到科学管理和监控课堂教学质量的真正目的。学生课业负担过重，心理压力大，学习不快乐，兴趣不浓厚，特别是有些学习有困难的学生得不到及时的帮助，因而，改革课堂教学，减压增效，就显得尤为重要。

（二）建设健康课堂能够将具有创新性的教研活动变为常态

湖北省举行的大规模的“课内比教学”活动，让全体中小学教师通过“大练兵”“大比武”“大研讨”来适应“新目标、新机制、新课程、新技能”的时代要求，以达到“让常态成为优秀，让优秀成为常态”的目的。“课内比教学”活动对于湖北省中小学的课堂教学改革必然会起到巨大的推动作用。但实践表明，如果没有新的课堂形态，没有简便易行的教学操作程序，没有广大教师持之以恒的自觉研究与实践，没有能促进课堂教学改革的评价机制，上述目的是很难达到的。因此，必须构建健康课堂，激发出教师深刻反省、积极探索实践的热情，从而形成一种合作研究的浓厚氛围，让先进的教育理念逐渐转化为教师的课堂教学行为，让一个大规模的教学比武活动促进教师形成优秀的品质。

（三）建设健康课堂具有最广泛的社会文化基础

思想健康、心理健康、身体健康、健康的学习方式、健康的生活方式、健康的工作方式等是社会高度关注的问题，我们从“健康”入手建设健康课堂，不但符合教育规律和科学价值观，而且能得到全社会的关注与广泛认同。

三、健康课堂在探索、实践、打磨、提升、推广中走向常态

建设中小学健康课堂是一件非常庞大、复杂、艰巨的事情，因为健康课堂打破了传统课堂教学的固有模式，建立了新的教学理念，是一场深刻的变革。

（一）组建健康课堂专家研究团队

健康课堂的建设是一个重大的科研课题，它涉及系统论、认识论、课程论、教学论和学习论等众多理论问题。要使健康课堂成为教师教学的常态，必须找到科学的理论支持，探寻出具有普适性的规律和规则，这就需要建立专家研究团队。专家研究团队应由教学一线的研究型教师、教科研机构的学科教学研究专家、教育行政部门的基础教育研究专家、师范大学的课程专家等构成。研究的主要任务是进行系列的文献研究、比较研究，特别是要进行深入的调查研究，客观地调查与解析当前中小学课堂教学的现状，建构健康课堂的教学形态和操作流程，形成独特的课程文化。同时，要研究建立科学的引导、评价和推广机制，因为任何一种教学模式的形成必定伴随评价标准和方式的产生。通过对课堂教学的比较和诊断、改变落后的教学方式、建立发展性的课堂评价机制，来促进学生发展和教师提高。这也是新课程改革的重要内容。只有建立新的评价标准和保障制度，才有可能建立健康课堂。

（二）建立健康课堂实验基地

进行中小学健康课堂的研究属于实证研究或行动研究的范畴，它最根本的任务是实践。只有反复深入地实践，健康课堂的理念才能以稳定的行为方式体现在课堂上，形成具有文化意义的课堂特征。建立实验基地，是建设健康课堂的必然途径。比如，可以将两个县市作为实验基地，研制实验计划，在小学、初中、高中各个年级、各个学科开展健康课堂的实验。进行实验时，要根据健康课堂的核心要求培训教师队伍，使之树立健康课堂的教学理念，了解健康课程的基本流程，切实转变教学方式，积极开展课堂改革。同时，学校应按照健康课堂的要求进行必要的改造，以满足健康课堂所需的硬件和软件条件。

（三）以活动促进研究和实验

建设中小学健康课堂是一项规模宏大的行动研究，而行动研究的推进需要以大量的活动作为载体。例如，组织引路课、探究课、示范课等活动来研究健康课堂的备课策略、教学流程、评价方式；组织专家讲座，提高教师的理论素养；组织论坛活动，研讨健康课堂需要解决的重大问题；组织教学比武活动，激发教师的研究、实践热情；组织观摩活动，实施典型引路；组织征文活动，加强教师对健康课堂实践的总结与反思等。

健康课堂的研究内容和推进策略

健康课堂就是能让学生健康而快乐地发展的课堂。在这样的课堂上，教师教得轻松，学生学得快乐。因此，为了帮助一线教师更好地建构健康课堂，我们对健康课堂进行了深入研究。在这里，为了将健康课堂的研究稳步推进，我阐述一下自己这段时间的思考。

一、关于健康课堂的内涵

通过查阅关于健康课堂的资料，我搜集了许多专家对健康课堂内涵的理解。比如，天津大钢五中对健康课堂的阐述是：健康课堂是一种文化；健康课堂是安全课堂，是身心和谐发展的课堂；健康课堂中每个人都是课堂的主人，每个声音都能得到尊重，所有成员都共同参与、共同创造、同享快乐；教师是给学生创造成功体验的人，是学生快乐机会的创造者。这种认识十分强调教师的地位和作用。

美国学者拉科摩拉认为，健康课堂最突出的特点是：生活和学习在健康课堂中的每个人都要以诚相待、相互尊重。另一位美国学者顾热林斯基在他的专著中写道，在健康课堂中学生有充分的机会实现其在生理、社会、精神、情绪、智力、环境等层面的安康。在他们的思想中，健康课堂中更多的是使学生身心健康，培养学生一种主人翁意识。

国内外学者和我们目前的研究思路基本上不谋而合。我们认为，健康课堂的关注点既包括学生身体的健康，又包括学生的心理健康；既包括教师教学过程组织的科学，又包括学生课堂学习中生态环境的协调；既要求教师在上课时重视知识、能力、人格三者的完美统一，又要求教师把情感、态度、价值观有机地结合起来，以生为本，为实现师生共同发展而构建一种充满生命活力的课堂模式。

二、健康课堂的研究内容

我们认为，健康课堂可从以下十个方面展开研究。

（1）健康课堂的本质特征。到底什么是健康课堂；健康课堂有哪些要素，有哪些特征，有哪些要求。

（2）不健康的课堂的表现及产生原因。

（3）怎样提高健康课堂中教师的素质。对健康课堂的研究，有的强调教师的主导作用，有的强调学生的主体作用，而我们应该兼顾两者，注重双主体、双辅助作用的研究。

（4）健康课堂中的师生关系，即考察双主体的地位。学生在健康课堂中不是被动的，而是主动的，是课堂教学中的主体。如课堂话语权的问题，一个老师提问题，是点成绩好的还是点成绩差的学生回答，对成绩差的学生用什么话来引导他回答，怎么引导，这里有很多技巧。因此，健康课堂中的师生关系也需要研究。

（5）健康课堂的生态环境。实施健康课堂的教室应该呈现出什么样的状态，包括课桌、椅子、教学辅助工具等硬件，也包括课堂的环境气氛、教学内容、教学方法等软件，这些都应该研究。

（6）健康课堂的基本流程和模式。在健康课堂中，教师在推进教学的过程中，不同的学科可能有不同的呈现方式。

（7）不同学段、不同学科的健康课堂的构建策略。

（8）健康课堂的区域性研究。不同学段、不同学科有各自的规律，不同的区域也有各自的区域特色。

（9）健康课堂的评价体系。包括用什么方法来评价，对具体问题怎样评价，一个是评价方法，一个是评价的观点。

（10）健康课堂的资源开发与建设。其实，健康课堂要研究的内容还有很多。我们当前的课题研究应始终围绕学生的身心健康、教师的身心健康和课堂环节的合理性、科学性和有效性去进行。不可能一次把问题研究完，而且到了一定的阶段有些子课题可能还要做些调整，到了中期和后期还可能会涉及一些问题，不可能一次性全部覆盖到位。因此，在研究的过程中我们必须注意两点，一是不能有过高的期望值，二是不可能一次就面面俱到。

三、健康课堂研究的推进策略

自开题报告会后，全省有80多所中小学递交了课题研究报告。可想而知，80多所学校同时进行一个课题研究难度是很大的，一定要确定一个推进策略。

（1）各学校要在这十个方面内容中，根据自己学校的兴趣或专长选择一到两个子课题，没有选到的，课题组统一安排，保证这十个子课题都被覆盖到。

（2）在一定区域内进行研究。每个区域内选择一所高中、一所初中和一所小学来牵头。有的地区申报的学校多，有的地区申报的学校少，这就需要进行整合，让专家组兼顾。

（3）子课题确定之后再来划定区域，区域划定之后再确定牵头的学校。牵头的学校至少是两个学段的学校，如初中或高中、小学或初中。

（4）课题指导专家在尊重学校自己所报选题的基础上进行调整，应围绕区域的子课题来研究，不能分支太多。专家对各学校研究内容的修订和限制既要考虑这个区域子课题的完整性，又要兼顾学校的实际。

应要求专家组在这十个子课题的范围内把区域定好，区域定好后再把牵头学校定好，每个具体学校向专家组申报，专家组修订并规定他们研究的方向和基本要求，这样课题研究树就建立起来了。

具体研究过程中会有以下几个难点：一是现实背景下进行研究肯定会面临很多挑战，肯定会有冲突，必须要打破原有的评价观念。二是统筹的难度，因为研究的架子搭得比较大，一个总课题、十个子课题、80多所学校，又分为七个区域，更复杂的是学校研究的基础差异较大，如有的学校已经走在前面了，有的还没有起步。三是调整的难度。此外，在研究的进程中有些问题还要进行调整，这就需要课题组密切关注各学校研究的进程，同时把面上的信息尽早反馈。四是运行机制。要固定两到三个人成立办公机构，定期出简报、资料等。五是成果的展示方式。一般的是定期发简报，再就是以图书的方式呈现。课题组办公室应及时把我们研究的成果向各实验学校定期反馈，实现资源共享、成果共享。

对健康课堂研究的几点思考

在对健康课堂进行了一段时间的研究后，我们认为健康课堂应该成为一种经典的教育理念或教育模式。因此，厘清原概念显得十分重要，即要弄清对健康课堂的研究到底要研究什么？其要素有哪些？要素和要素之间是什么关系？要素之间如何配置？在这个过程中，教师和学生是两个关键点，说到底，健康课堂就是要研究教师、研究学生。

一、健康课堂研究的本质

对健康课堂的研究首先是对人的行为的研究。对教师而言，为什么有的教学效果显著，有的教学效果平平甚至很差？对学生而言，为什么有的学习效果显著，有的则相反？这里面的原因值得挖掘。其次是对健康课堂核心概念的研究。

对人的研究和对健康课堂核心概念的研究目的是一致的。健康指的是什么？健康课堂指的又是什么？对其内涵、模式探究的终极意义在于使学生受益，即研究的一切出发点都是学生的健康快乐。

因此，我们不仅要思考为什么教、教什么、怎么教，更要着眼于教的过程中学生的学习体验。从学生的角度做研究才能回归教育的本质。因为教育的本质就是有计划、有组织的培养人的活动，其出发点和落脚点就是培养人。教学是教师教、学生学的共同活动。因此，我们对教学的研究就应该兼顾两方面，把握教学这种特殊的教育性生活、主体性生活、动态生存性生活的特点，认识到它本身就是一个认识的过程、一个交往的过程。而健康课堂也是一种过程、一种状态，这就自然与教学对接起来了。

二、健康课堂研究的要素及其关系

健康课堂是根据新课程理念提出的一种优质的课堂形态。它的内涵既包括身体健康，又包括心理健康；既包括教师教学过程组织的科学性，又包括学生在课堂学习的生态环境。它既要求教师在上课时重视知识、能力、人格三者的完美统一，又要求教师把情感、态度、价值观有机地结合起来；既是新课程改革的一种目标导向，更是全面推进素质教育、培养创新人才的一种有效的课堂教学模式。研究者只有真正把握课堂的各个要素、各个环节，才能够把健康课堂的内涵弄得更清楚。不成体系的课堂对我们而言就像一个黑箱：教师拿着教材进教室，下课后出来，其间他在教室的一切活动我们不得而知。而我们要研究的课堂应该是：我们不仅要知道老师进去之前的教室里的状况，而且当教师从课堂出来后，即使不问学生，我们也知道教学结果。这样的课堂教学是有目的、有计划地在进行的，是按照健康有序的规律在进行的。

不管要素和要素之间是什么关系，最终学生要在诸要素的相互作用下呈现出“健康”状态，即不管什么样的学生在我们的课堂环境中都应该是快乐的。但这并不意味着我们对学生的要求都是一个标准。健康课堂是一种普遍模式，既对所有的学校都具有适应性，但面对区域差异和个体差异广泛存在的实际，它又呈现出延展性和包容性，有充分的拓展空间，不同学校、不同地区的健康课堂应有自己的特点和模式。也就是说，我们要进行有意义的、有序的、有效的研究，按照专家设计的操作流程或模式，解放思想、灵活变通。各学段和各学科的实际情况不同，实践操作的模式也应该各有特色，研究也应该从不同角度来展开。所谓解放思想，就是要创新。不同的视野、不同的角度，会让我们得到不同的研究效果。

另一个研究的角度就是从“健康”的反面——“不健康”入手，抓住课堂上不健康的方面，顺藤摸瓜，找到造成这种不健康的因素，就能找到解决问题的根源，也就能得出科学的结论。

虽说对健康课堂的研究不是一个标准一个模式，但对其进行界定时，定义的目标指向要单一。而检验健康课堂的最终标准也应是同一的，那就是学生学习的兴趣。“过去无兴趣，现在有兴趣，后来更有兴趣”，这就是检验健康课堂的主要标准。同时，健康课堂的研究要立足当地的基础教育、当地课堂教学改革的走向，形成地区特色，不至于产生歧义。另外，提高教学质量和给学生营造健康快乐的环境并不冲突。健康课堂就是为了更好地促进教学质量的提高。

三、健康课堂研究的指向和定位

我们在研究健康课堂时，必须搞清楚它的指向是为了更好地全面贯彻党和国家的教育方针，全面推行素质教育，全面提高教育质量。建健康课堂的目的在学生，即要把促进学生的健康成长作为学校一切工作的出发点和落脚点。研究健康课堂的主体是学校。因此，各学校要重视在实践中探索和反思。

四、构建健康课堂对教师的素质要求

课堂是否健康取决于教师素质的高低。我们首先要从完善并提高教师的知识结构开始，开展岗位培训。其次是把健康课堂活动常态化。为了推进艺术教育，我们开展了“大家唱大家跳”活动；为了推进素质教育，我们搞了“课内比教学，课外访万家”的活动；还有“身边的好学校”“我最喜欢的好老师”的评审、评比活动等，现在这些都已经从最初的活动上升到了常态工作的层面，培养出了我们自己的名校长和名教师，打造出了我们自己的品牌。健康课堂的常态化不需要刻意保持，只需引导大家回归，回归到教学的本真状态，让大家真正明白课堂是什么，教学是什么。那个时候，教师构建的课堂自然就是健康课堂了。

在常态的情况下，健康课堂的组织形式可以多样化。新课程改革的情况下，不仅教材的内容要面向世界，课堂的组织形式等也要面向世界。我们的教育不仅要关注这个世界给后代留下了什么，更应关注“我们留给这个世界什么样的后代”。他们就是健康课堂培养出来的健康快乐的、有能力的学生。其中既有中国公民，更有世界精英，这才叫放眼世界。

用健康的心态和方法构建健康课堂

提出“健康课堂”这个概念，是源于姜沛民同志一次提问的启示。2008年8月6日，姜沛民同志在孝感调研时，提出了一个问题：一位教师，拿着教材、备课本进教室，教室里会是什么情景？我们是否清楚教师进去后会产生什么样的结果？能不能设计一种流程，教师进课堂之前就知道教室的情况，教师出来后不问学生就知道课堂会是什么样的结果？要知道，过程决定结果。健康课堂的结果就是我们可以预料的。

当前教育的许多突出问题，都可以在课堂上找到其映射的影子。比如，教师提出有难度的问题时，教师、学生的眼神都会转向成绩好的学生，认为他们有能力回答这些问题。而一旦回答不出来，他们的自尊心和自信心就会遭受打击。教师提问很多时候只注重了知识层面的问题的解决，而很少关注谁能解决。课堂是教育教学的主渠道，是教育教学活动的心脏，课堂的成败从某种意义上决定了教育教学的成败。亚健康状态的课堂不可能成就健康的教育，病态的课堂背后一定是病态的教育。因此，解决教育的一些矛盾问题，我们需要追根溯源，高度关注和研究课堂，从教育、教学本质出发，认识、研究和构建健康课堂，用课堂的健康逐步促进和实现教育的健康。健康课堂研究应该是“三有”研究：有意义的研究、有序的研究和有成效的研究。

一、健康课堂是一个要素丰富的系统

对健康课堂的研究首先要着力于对人的研究。这里的人包括两类，一类是教师，一类是学生。比如，为什么有的教师能教好，而有的教师却教不好。我国外交部一位工作人员在地方挂职，在参观学校时提出，“教师教授知识很重要，但教师的性格和行为艺术更重要”。如果教师的性格孤僻古怪，学生在课堂上就会紧张。如果条件允许，应尽量让学生在小学一年级到六年级接受不同教师的教育，从而让学生从不同教师的优秀品质中吸收养分。其次，要着重对健康课堂核心概念的研究，健康课堂是科学课堂模式的总和，要允许不同地区和学校的健康课堂模式有自己的特点和特色。

健康课堂是一个系统，它包括教师、学生、学科、教学内容、教学方式方法、管理、评价等构成课堂的各种要素，这些要素之间的关系应是健康的。学生在这个过程中和环境中也应是健康的。不管什么样的学生，在这个课堂里都是快乐的，而快乐的学生并非只有一个标准、一个模式。就好比我们在教室里放了很多盆景，有灌木、乔木、草本植物，要让所有的植物都能健康成长一样。目前的课堂中是有矛盾的，如升学率和学生快乐之间的矛盾，家长希望孩子考高分，学校希望有高升学率，而学生本身却希望快乐地学习。健康课堂就是要在不回避怎样取得高升学率的情况下，让学生更快乐，各个方面的素质得到发展。

在研究健康课堂的过程中，首先要把元概念搞清楚，即健康课堂的定义是什么？内涵是什么？它的要素有哪些？要素和要素之间是什么关系？健康课堂有两个关键点，即教师和学生。现在的一些教师，特别是刚毕业的新教师，拿到教材、教案、课程标准就走进了课堂。有的地方选拔教师时并不严格，教师正式上岗前，都没有听过课，缺乏相应的培训机制。比如，一名教师当教师之前是学数学的，是不是他数学学得好就能教得好呢？不一定。这就需要教师在上岗前进行培训，学习怎么教学，怎么将自己的知识传授给学生。

二、研究健康课堂需具备研究意识

研究健康课堂应具备研究意识。研究意识包括四个方面，首先是问题意识。“健康”和“不健康”是相对的两个概念，让学生乐学首先需要考虑他为什么厌学。还有，教师花了很多工夫，学生也花了很多时间，为什么学不好？

其次是本土意识。一个地方的文化决定着社会怎样看待教育。比如全社会倡导尊师重教，但到底怎么尊师，怎么重教？要立足于地方文化来研究课堂教学，研究健康课堂。

再次是规律意识。就像人的成长一样，由一个细胞发育成一个人是有规律的。教育从古代到现在，发展了2000多年，也是有规律的。对健康课堂的探究不是一种偶然的探究，应该是研究它产生的必然过程。

第四是创新意识。健康课堂的课题研究不是从没有人研究过的，实际情况是有些人在某些方面研究得比较宽、比较深，已形成了自己的体系。我们提出的健康课堂应该与之有别，在某些方面更加有效，认同度更高，既有本土性，也有普适性。

健康课堂的理论应该是一样的，但实践操作的模式应该各有特色，进行教育研究时应该解放思想。什么叫创新？正确地、成功地使用好新思想，就叫创新。什么叫科学？就是被实践证明正确的知识，如水什么时候结冰、什么时候沸腾。什么叫学科？就是对科学知识进行加工，用来进行教育的知识体系，如物理中水的问题、力的问题等，原来是分散的，整合在一起就是物理学科。

学科是如何分类的？早期，培根根据人的理性能力进行分类，如人的能力有记忆能力、想象能力、判断能力等，于是就分为记忆学科（如历史学科、语言学科）、文学艺术和其他学科等。后来，圣西门认为培根的划分不对，正确的划分应该根据对象来分，如研究天文就出现了天文学，观察物理现象就出现了物理学，观察化学变化就出现了化学。之后，黑格尔认为圣西门的划分也不对，要根据客观对象分，世界上有什么东西就来研究什么，于是就有了机械类的，如力学和数学；从性质来分的，如物理学和化学；从有机性来分的，如生物学、地质学等。再之后，恩格斯否定了前面的一切，从五大运动来分：机械运动、物理运动、化学运动、生物运动和社会运动，对应的是力学、物理学、化学、生物学和社会学。而目前最流行的是根据《美国大百科全书》的标准来划分（从科学研究方法来分），分为自然科学、社会科学、人文科学和生命科学。这就启发我们，研究健康课堂不能局限于已有的格式，不能在条条框框里研究，应从不同视野、不同角度研究，这样才可能会得到不同的效果。

三、研究健康课堂需要健康的心态

教育教学改革在全国已如火如荼，非常热闹，也涌现出许多典型。比如，20世纪90年代中期湖南汨罗的素质教育、安徽铜陵的无差别教育，还有洋思中学的“先学后教，当堂训练”、杜郎口中学的“三三六”自主学习及其他一些教学模式。有的经久不衰，有的昙花一现。教育教学改革不能只是一个阶段性的行为，不能带有功利的目的和色彩，而要经得起历史的检验。正如将流行歌曲和经典歌曲进行比较，流行歌曲流行一段时间就过去了，而经典歌曲任何时候听都是一种享受。20世纪90年代中期有首歌叫《流浪歌》，当时满大街的人都在唱，但是现在还有几个人在唱呢？而《天路》这首歌唱了这么多年，听起来依然那么令人震撼，这就是经典。有人开玩笑地说：“好的东西叫作品，不好的东西叫作业；唱得好叫歌唱，唱得不好叫唱歌。”教育研究不应是玩概念。“健康”到底指什么，“健康课堂”到底指什么，这需要做内涵研究，做模式的探究，最终要考虑学生是否受益。教育改革的出发点应该是学生是否健康和快乐。而教师不仅要思考为什么教、教什么、怎样教，关键还要看学生在学的过程中学得怎么样。角度不同，就会有不同的思路。例如，荆州市北门中学生源一般，学校推行课堂改革后，教室里桌椅按小组摆放，学生通过独学、互学、群学，充分体现了自主、合作、探究的课改精神，体现出课堂以人为本的精神。枝江一中的课堂从学生实际出发，培养学生自学和发现、分析、解决问题的能力，建立了良好的师生、生生关系。教师是学习的参与者，是“平等中的首席”。这些改革改变了传统教学观念，激发了学生的学习兴趣，提高了课堂效率，有效解决了学习问题，课堂是高效的、健康的。

因此，研究健康课堂要静下心来，要有耐心，不要想今天参与、明天就出成果。健康课堂的研究会出现很多阶段性成果来帮助所有教师和学校，让这些教师和学校共同分享。健康课堂的研究一定要扎根一线，这样才能找到很好的有代表性的样本。当然样本要能代表常态性的课堂，而不要刻意打造。

围绕“健康课堂”的课题，湖北省教育厅组织了专家研讨会，在各学校申报子课题之前，把健康课堂的内涵从多个角度进行分析研究，最终形成了具有湖北特色的健康课堂的定义、内涵。专家们还指导参与学校怎样研究，目标指向比较单一。学校要做的主要是按照专家设置的模式和操作流程进行落实，在落实中进行创新。

中学教师教育科研的定位与方法

教师在日常工作中经常会提到“教研”这个词，也会经常参加教研活动，但是有的教师却对教研本身并不是太了解。那么，什么是教研呢？教研是教育科学研究的简称，是以教育科学理论为武器，运用科学的方法研究教育现象，揭示教育规律，并将规律用于指导今后的教育教学实践和研究活动。

可能有人会说：“教师平时备课、上课就已经很累了，还有必要进行教育科研吗？”随着我国课程改革的深入，中小学教师的角色面临重大的转变，教师的科研能力已成为教师必备的基本素质之一。教育科研已经成为教育工作中极其重要的组成部分，科研兴校、科研兴教已经成为教育界的共识。从这个意义上讲，教育科学研究是教育改革与发展的迫切需要，是提高教师素质的有效途径，也是提高教育教学质量的有效手段。

广大教师应积极投入教育科研的实践之中，通过科研来提升自己的素质。在此，我针对中学教师教育科研的定位和方法谈一些浅显的认识。

一、中学教师教育科研的定位

许多教师认为上好课就可以了，没有必要进行教育科研，也没有时间搞教育科研。实际上，这是一种认识上的误区，中学教师需要在认识上给教育科研一个明确的定位。

首先，教育科研是对教育工作的延伸和拓展。新课程强调教师要转变功能和角色，要承担教学、教研、教考、教研、培训五位一体的工作任务。与专门的教育科研工作者比起来，教师更有教学研究的优势和需要。教师掌握了第一手的资料，最了解学生和教材。通过有目的、有计划的教育研究活动，教师能够实实在在地解决自身教育教学过程中遇到的问题，从而提高教学质量和教学水平。

其次，教师要认识到教学即研究、反思即研究。教育科研并不是高深莫测的，它所研究的对象和所揭示的规律都是中学教师最熟悉的，它们来源于实实在在的教学过程。课堂是动态生成的，教师面对各种突发情况，要运用教育智慧，及时调整教学进程。因此，我们说教学过程本身就是一个研究的过程，教学后的反思也是一种教育研究。

最后，教师要将教育科研与教学实践密切结合，体现教育的特性。因为教育研究面对的是活泼的学生，所以教研应以应用研究、微观研究、行动研究为主，充分考虑学生的年龄特点和学习规律。在课题的选择上，要从实实在在的教学入手，注意以下几点：（1）着眼于教学实践中出现的问题；（2）着力于教学质量和效益的提高；（3）注意发现教学中的“空白点”“边缘区”和“结合点”；（4）对已有教学成果进行延伸或拓展；（5）多方位思考并指出问题。

二、教师教育科研的基本方法

教师刚开始进行教学研究时，常常会感觉无从下手，所以教学研究要以一定的知识作为基础。教师应该了解当下教育教学的现状、热点和发展趋势以及现代教育理论等。在进行教学科研时，教师应掌握以下基本的研究方法：

实验法——教师可根据相关理论设立假说，然后确立研究对象，通过教学实验进行研究，发现因果规律，印证假说，进一步证明相关教学理论的合理性。

文献资料法——教师可通过收集、阅读、整理文献资料，记录有规律性的东西，分析其合理性和应用性，用来指导自己的教学实践。文献资料法属于实证研究。

理论研究法——在已有客观现实材料的基础上，运用多种逻辑和非逻辑的方式对材料进行加工整理，揭示教育规律。

教育观察法——这是一种通过客观观察研究对象的表现来进行分析的研究方法。对于教师来说，教育观察是很好的教研方法，在日常教学中就可实现，它印证了“教学即研究”的理念。

调查法——通过收集、整理、分析材料，发现问题，提出问题，解决问题。这里的问题应该是教学实践中经常遇到的问题，教师可借助调查法进行教学研究，得出解决问题的方法，这样会对教学实践有很好的指导作用。

经验总结法——教师在教育教学工作中往往会积累一些经验，要对这些经验进行深入分析和研究，从而揭示实质联系和本质规律，使之上升到理论高度。

个案研究法——个案研究的对象可以是一个学生，也可以是一节课。教师运用“解剖麻雀法”，对个案进行教育会诊，或进行描述、分析，从中提炼出对工作有指导意义的理论。

改革案例研究法——即选择教学中的改革案例，收集资料，描述案例，分析案例，撰写研究报告。这是一种易操作的教育研究方式，适合大部分教师。

行动研究法——这是一种以解决实际问题和提高行动质量为主要目的的合作性研究方法。行动研究法强调教师间的合作，以共同解决问题，共同提高教学质量。

实际上，在长期的教学实践中，教师会产生很多真知灼见，积累很多经验，但只有通过教育研究这一途径，经验才会上升到理论的高度，反过来指导教学。人们对教育规律的每一点认识，教育实践水平的每一次提高，往往都归功于教育研究，优秀的教育教学过程总是和教育研究交织在一起的。在教育研究过程中，教师学习先进的教育思想和观点，不断更新自己的知识，科学地总结自己和其他优秀教师的经验，使之上升为理论，从而克服经验的局限性和片面性，提高自己的教学水平。

优质教育之『忧』

《中国教育报》刊登了一篇题为《谨防等级学校评估负面效应》的文章，笔者十分同意该文章作者的看法。据了解，发展“优质教育”、开展等级评估不仅在经济发达的沿海地区有，在经济相对落后的西部地区也有，只不过不叫等级评估，而冠以创建各级各类示范学校之名。等级学校评估的负面效应不仅影响到了高中教育的健康发展，而且也严重影响到基础教育的“基础”。概括起来，笔者认为这样的“优质教育”有“六忧”，必须引起我们的警惕和重视。

一忧：短期速成。部分地区在发展优质教育、创建示范高中的过程中，不从自身实际出发和因地制宜，而是互相攀比，片面强调向先进地区看齐。有的省要求在“十五”期间创建国家级示范高中几十所，省级示范高中几百所；一个市或州要创建国家级示范高中几所，省级示范高中十几所甚至更多；连一个县也要创建至少一所国家级示范高中……像商店批发商品一样，成批建设示范高中，这是非常令人忧虑的。一所学校的文化底蕴、校风、学风和较高的社会声誉，是不可能在短时间内形成的。创建示范高中，发展优质教育没有什么捷径可走，必须经过长期坚持不懈的努力才能成功，那种希望在短期内建成示范高中的想法是不切实际的。

二忧：只重硬件。有的地方在发展优质教育、创建示范高中的过程中，将眼光只盯在学校的“硬件”上，以为扩征了上百亩土地，修起了高标准的大楼，配备了高档次的理化生教学仪器、计算机、闭路电视等先进教学设备，建起了标准的田径场，就算是示范高中了。按照教育部2002年修订的《国家级示范性普通高级中学评估标准》，其中涉及“硬件”的只有“学校环境与办学条件”一条，其要求也只是“优良的校园文化、教育资源配置合理、妥善管理和有效使用设施设备、充分发挥图书馆（信息中心）的作用”。从中可以看出，创建示范高中，“硬件”只是其中的一个方面，更重要的是要有明确、清晰的办学理念，有科学、先进的办学思想，有健全、高效的组织机构，有数量充足、质量合格、结构合理的教师队伍等。在笔者看到的申请验收省级示范高中的学校中，有些学校“硬件”条件不错，但无一个特级教师，无一个国家或省级科研课题，没有自己的校本课程，没有学生竞赛获国家或省级奖，甚至教学质量也差强人意。如果这样的学校都能验收合格，示范高中又怎么发挥“示范”作用？

三忧：降格以求。由于上上下下都希望在短期内建成示范高中，而“硬件”建设和“软件”管理质量又没有跟上，达不到示范高中的标准和条件，一些地区的验收部门和学校所在地就采取降格以求的办法，有的甚至采取做假资料、虚报成绩的办法使学校过关。种种违背原则的做法不仅影响了示范学校的声誉和形象，而且阻碍了学校的进一步发展，更可悲的是在教育系统内部助长了形式主义、弄虚作假之风。

四忧：资源不均。一些地方，尤其是西部不发达的广大农村地区，为了创建一所国家级或者省级示范高中，往往举全县之力搞创建工作，有的不惜牺牲义务教育，将本该用于义务教育的资金用来建设示范高中，使本就捉襟见肘的义务教育经费更加短缺，教师工资难以按时发放，危房得不到及时改造，学校运转十分困难。这种做法无异于杀鸡取卵，其后果将是灾难性的。

五忧：负债发展。在建设示范高中过程中还有一种情况，比如，当地政府无法拿出资金投入学校建设，但又给学校下达在几年内必须建成一定级别的示范高中的命令，否则就拿校长是问。一些高中校长不得不采取压缩必要开支、向职工借款、向银行贷款等办法负债发展。据了解，目前在已经创建成为示范高中或正在创建示范高中的农村学校中，很少甚至没有不负债的，一般的学校负债在2000～3000万元，多的超过5000万元。

六忧：竞争无序。一些示范高中不是凭借自己优越的办学条件、先进的办学思想、优秀的教师群体、严格的内部管理和良好的办学效益来巩固自己的地位，发挥示范和辐射作用，而是拿着“示范”这块牌子做文章。有的借改革之名行牟利之实，办起了“校中校”“校中班”，或者不按照国家“三限”要求，随意招收择校生，借机高价收费，获取不正当利益；有的通过考试、竞赛等手段挖优秀教师、挖优质生源，和一般学校甚至薄弱学校进行不正当竞争；有的办学思想不端正，办学行为不规范，办复习班、补习班和竞赛班，随意调整教学计划和课时安排，利用节假日收费补课等，不一而足，损坏了示范学校的声誉。

上述种种行为，是与国家提出发展优质教育的初衷相悖的，应引起高度重视和警惕。

推进基础教育改革需要新思维

改革开放30多年来，中国基础教育发展经历了与“以经济建设为中心”相呼应的“早出人才、快出人才、多出人才”的阶段，并在全国率先办好了一批重点小学、初中和高中。同时，还经历了与“构建社会主义和谐社会”相呼应的“普及九年义务教育”阶段，力争为每个人提供平等的受教育的机会。而现在，基础教育正在经历以“科学发展观”为指导的教育均衡发展、内涵发展、提高质量的阶段。在新的历史阶段，基础教育改革工作任务艰巨，需要广大教育工作者拓宽视野，创新方式方法，突出改革的重点，推动每一项工作精彩“落地”。

一、准确把握基础教育改革发展趋势

20世纪90年代以来，提高和保障教育质量一直是世界主要国家，特别是发达国家和地区的教育改革最突出的主题。同时，促进教育均衡发展，重视教育公平；协调政府与市场在教育发展中的作用；

平衡教育管理体制上的集权和分权；重视教师工作，加强师资培训等都被世界发达国家所关注。随着时代的发展，基础教育改革呈现出新的特征。

（一）基础教育走向国际化

国际化是当今世界教育的一个重要特征和趋势。教育国际化就是用国际视野来把握和发展教育。时代和社会对教育提出了要适应国际经济全球化发展，以及培养具有国际视野和跨文化交际能力的人的要求。基础教育要应对教育国际化，就必须“深入国际教育，建立价值信念”，“加强基础教育的国际合作与交流，提供真实经验”和“加强教师队伍的国际化建设，培养育人精英”。

（二）基础教育走向个性化

基础教育的一个基本特征，是体现教育的个性化，大力培养创新型人才。欧美发达国家从幼儿园开始就注重培养学生的个性。引导学生发展多方面的兴趣，然后创造条件满足不同学生的特殊兴趣。七年级开始实施走班制，开设丰富多彩的选修课，为学生个性发展搭建平台。“每个人都是特殊人才，每个人都很自信”，这一特点在西方教育中表现十分突出。

（三）技术越来越受到关注

人们日益感到技术、技能、能力是连在一起的，这些都将直接转化为生产力和产品。2008年，美国在《国家竞争法》中明确地将“技术”提到首要地位。同年，在《世界一流的技能》（白皮书）里再次强调“技术课”即“国家课程”，并将多种技术、技能课程确定为“普通中等教育证书”考试科目和“高级水平普通教育证书”职业技术课程。目前，PISA（国际学生评估项目）组织正会同十几个国家的教育家、科学家、心理学家、社会学家对此进行研究。

二、明确当前基础教育改革的四项重要任务

促进教育公平和提高教育质量是我国基础教育工作的主要任务。促进教育公平就是要确保人人都有接受教育的权利和义务，要提供相对平等的接受

教育的机会和条件，以及教育成功机会和教育效果要相对均等。提高教育质量是实现教育现代化，建设创新型国家和人力资源强国的必经之路。因此，在落实基础教育改革的各项任务时，应该突出重点。

（一）着力解决学前教育“入园难”问题

稳步推进《湖北省学前教育三年行动计划》，抓好改革试点、项目立项、编制预算、收费标准制订和教师培训工作。探讨城市流动人口儿童和农村留守儿童学前教育模式，支持中西部地区硬件建设、设施改善、玩教具配备，加强学前教育男教师的培养工作等。

（二）巩固义务教育普及成果

一是合理规划布局。二是确保进城务工人员子女和留守儿童平等接受义务教育，加强对留守儿童上学远和寄宿制学校学生营养以及学生管理问题的研究。三是确保困难群体学生不失学。四是推进义务教育均衡发展。让所有义务教育段学校达到国家和省级标准；均衡配备教师、图书设施等教育资源；国家和省对达到初步均衡或基本均衡的县（市、区）进行达标验收。五是强化“国务院领导、省级统筹，以县为主”的义务教育责任体制。

（三）普通高中多样化发展

多样化是指体制多样化，人才培养模式多样化。一是提高课程多样化，让学生选择性地学习。二是把探索、发现和培养创新人才作为重点。既要树立人人成才的观念，也要培养拔尖人才，鼓励有条件的高中与科研院所合作，探索培养拔尖人才的体制和机制。

（四）加强中小学教师队伍建设

重点要抓好农村教师队伍建设，全面开展国家级培训，推进师范教育的改革等。

三、拓宽视野，不断深化基础教育改革

（一）“公平、均衡、质量”是基础教育发展的价值取向

温家宝总理在全国教育工作会议上讲道：“教育涉及所有人，接受教

育是每个人获得发展的基本前提。缩小不同群体的发展差距，消除家庭贫困的代际传递，实现人的自由发展，首先要保障人人有受教育的机会。正基于此，我们说，教育公平是社会公平的重要基础，是最基本最重要的公平，是实现社会公平最伟大的工具。”当前社会上出现的“穷二代现象”以及农村学生上一流大学比例下降的问题，均说明促进教育公平的任务仍较为艰巨。

均衡是促进教育公平的重要措施，也是提高教育质量的重要前提。此前，教育部与全国各省、市、区签订了义务教育均衡发展备忘录，各地也初步确定了近几年的教育发展目标，并制订了验收标准和办法及标准化建设规划，一省（市、区）一案，分省指导，先达到初步均衡。教育部将对验收合格的县（市、区）授牌并予以公布。另外，各省、市、区均承接了国家教育体制改革425个项目中的基础教育类试点项目。这些工作的根本目的就是根据各地实际情况，通过体制机制创新，破解制约义务教育发展的难题，促进教育公平，提高教育质量。

（二）优质发展基础教育必须遵循“穿越玉米地原理”

有一个穿越玉米地的游戏，看谁能在规定的时间内摘下最多的玉米。这给竞赛者带来三方面的挑战：首先是安全问题，穿越时不要被坚硬的玉米秆和玉米果实划伤；其次是速度问题，要尽快穿越；最后是效率问题。这就是安全、速度、效率的统一。基础教育发展的安全问题是全面贯彻教育方针，规范办学行为。速度来源于遵循教育、学生身心发展和社会发展的规律，以及科学开设课程，改善课堂教学效果，让学生掌握好的学习方法。效率来源于教学质量，这种质量不是时间加汗水换来的，而是优化了的质量，它是面向每一个人的，是指培养更多的人才。

（三）坚持以人为本，全面实施素质教育

目前，实施素质教育的重点是推进义务教育均衡发展，积极稳妥地进行高中课程改革。要打造看得见的德育，建设高效课堂，提高学生的身体健康水平和艺术修养，着力减轻中小学过重的课业负担，破解择校和大班额难题，积极探索小班化教学，为学生提供丰富多彩的选修课程。加强师德师风建设，建设高素质的教师队伍。建设富有学校特色的校园文化，促进学生全

面发展、个性发展、生动活泼地发展。

（四）坚持解放思想，深化基础教育课程改革

改革越深入，就越能发现深层次的问题。基础教育改革中出现的问题有的通过条件改善和政策调整就能解决。但也有些问题，如教育的功利性、过重的课业负担，以及很多违背教育规律的行为等，已给基础教育课程改革带来很大的阻力。新一轮课程改革，特别是高中课程改革，给我们带来了一个全新的教育世界。从评价上看，综合素质评价、学业水平考试和高考升学率“三驾马车”应齐头并进，课程设置应符合21世纪人才培养的目标。

然而，在推进基础教育改革的进程中，也出现了一些令人担忧的现象，如过分关注高考、高中提前分文理科和选修课程开课率极低、综合实践活动课程走形式、学习负担过重等。笔者认为，要解决好这些问题，必须解放思想，深化改革。首先，应制订全国统一的高中学生学业水平考试方案，明确学生学业水平考试的功能，以及学生毕业与高考录取之间的关系，并发挥导向作用。其次，高中阶段不宜有文理分科倾向，应在全面开设课程的基础上，由学生在选修课上自主选择发展方向，实行高考文理试题并存。再次，推进高考招生制度改革，可从考试命题和选择上进行改革创新，从以文化考试为主转变为突出能力考核。最后，建立高中评价体系。围绕课程改革要求建立评价指标，重视落实课程理念、内涵发展和学校特色，在导向上要突出过程。同时，学生高考报名要社会化，学校不仅要帮助学生完成高中学业，而且还要促进学生终身可持续发展。

怎样成为创新型教师

教师职业是一个学无止境的职业，是一个需要不断创新的职业。在新一轮课程改革的背景下，教师要完成角色的转换，必须由被动型向创新型发展，由唯书、唯上型向教学反思型发展，由独自教学型向对话教学型发展，由单纯教学型向教学科研结合型发展。

“创新是一个民族进步的灵魂，是一个国家兴旺发达的不竭动力。”信息时代的学生，需要创新型的教师。那么，什么样的教师才是创新型教师？怎样才能成为创新型教师呢？

创新型教师必须具备完善的知识结构和独特的思维方式。创新型教师不是书呆子式的教师，除了要掌握本学科知识，还要储备很多与教育相关的知识。创新型教师必须具备完善的知识结构，他们要具备基础文化知识、学科专业知识、教育学知识、心理学知识，甚至哲学知识。在学科专业知识方面，他们除了要掌握专业基础知识、专业主干知识以外，还要掌握一定的专业前沿知识，以引领学生探索学科前沿领域，增强学生的学习兴趣。同时，创新型教师必须具有独特的思维方式，要实现集中思维与发散思维的统一、逻辑思维和直觉思维的统一，只有达到这两个统一，教师才能敏锐地抓住课堂上的创新点，形成自己独特的教学方式。

创新型教师必须具备以下几种能力：

（1）教学创新能力。指教师不断更新教学内容、创造新的教学方法、优化教学过程的能力。

（2）教研能力。包括自学能力、试验能力、撰写教育论文的能力。

（3）教育应变能力。指在教学的过程中，教师从学生的眼神、表情、动作的细微变化中发现问题，灵活组织教学过程，适时调整内容，适当变动教学程序，合理调控教学节奏，改变教学方法，巧妙避免失误，从而取得良好的教学效果。教育应变能力就是教师运用教育学、心理学原理解决面临的问题，抓住学生的问题点，艺术地处理偶发事件的能力。

创新型教师要具备以下基本素质：

（1）热爱教育，热爱学生，有为教育事业奋斗终生的精神。

（2）具有不唯书、不唯上、只唯实的科学态度和不守旧、不从众、不跟风的创新精神。

（3）具有坚定自信、百折不挠、努力拼搏的顽强意志和自强不息的进取精神。

（4）乐群互助，具有团结协作的集体意识。

那么，怎样才能成为创新型教师呢？

首先，要成为一名创新型教师，必须创新教学方法。作为任课教师，要不断加强自身专业知识的积累，加强教学法的研究，努力提高课堂教学综合能力。看一个教师是否是创新型教师，就看他能否上一节好课。所谓一节好课，就是要求教师明确一节课的教学目标，善于设置和提出问题，正确处理课堂上的讲练关系，拓展学生知识，合理使用现代教育技术。在这样的课上，教师要坦诚率真，与学生零距离、无障碍交流；教学设计能够唤起学生的惊异感和想象力，能够使学生茅塞顿开。

其次，要成为一名创新型教师，必须创新工作理念。以人为本是新课标精神的核心，教师要坚持把以学生为本作为工作的出发点和落脚点，要始终把广大学生放在第一位，带着责任，带着感情，关注学生的成长，帮助学生树立信心。创新型教师必须对工作饱含热情，对学习、所教科目、学生和教学充满激情；要创造活跃的课堂气氛，注重与学生交流，引导学生体验探索、发现的过程，激励学生去挖掘自身的潜力，培养学生的创新能力。

再次，要成为一名创新型教师，必须坚持学习，接受新思想、新事物，具有反思和批判的意识和能力。通过反思，教师能对自己的教育观念进行客观的认识、判断、评价和有效的调节，并最终形成自己独特的教育观念。通过反思，教师的自主能力能逐步得到增强。建议教师们每天问自己几个问题，时刻警醒自己要为全体学生的全面发展负责，锐意创新，以适应时代的发展和教育的进步。比如，上课前还有哪些方面没有准备好？课堂上组织教学的情况怎样？课堂上充分调动学生主动参与的积极性了吗？课堂上尊重、激发、引导学生了吗？课堂上学生在知识、能力、方法、情感等方面有什么收获？课堂上恪尽职守、投入激情了吗？教学设计在课堂上落实得怎样？今天“得”与“失”在哪里？……

要想为祖国培养创新型人才，教师首先要成为创新型教师。新时代需要创新型教师，广大教师要认识到创新的重要意义，修炼自身的基本功，吸收先进的教育理念，不断反思，不断成长，形成自己的教育思想和特色，真正促进每一个学生发展，为学生的幸福人生奠基。

教育素养是教育工作者的生命

而要保障教育高质量，需要优质的师资。“教育大计，教师为本。有好的教师才有好的教育。”《纲要》已将加强教师队伍建设摆在了更加突出的位置。

对于作为一个完整生命而存在的教师个体而言，教书育人不只是其谋生的手段，还是其实现生命价值的事业。教师的生命价值不在于他们的物质所得，而在于他们的精神追求，在于他们不断提高自己的职业素养和人格魅力。因为教师的职业素养将会在传道、授业、解惑中悄无声息地发挥作用，潜移默化地影响学生。

一、没有深厚的教育素养，就没有教育生命的成长

什么是教育素养？朱永新教授认为，教育素养就是尊重人的天性，尊重人的自我选择，尊重人追求幸福和快乐的权利。作为教师，不仅需要扎实的专业知识和专业技能，还需要有理想与激情、奉献

精神和个性精神等丰富的精神世界。教师职业的特殊性，决定了教师必须有深厚的教育素养。

教师的教育素养主要包括职业道德素养、知识素养和能力素养三个方面。教师的职业道德素养是指教师要忠于人民的教育事业，甘于在教师的岗位上无私奉献，热爱学生，严于律己，为人师表。《纲要》中特别强调要加强对教师的职业理想和职业道德教育，增强广大教师教书育人的责任感和使命感。教师要关爱学生，严谨笃学，淡泊名利，自尊自律，以人格魅力和学识魅力感染学生，做学生健康成长的指导者和引路人。全国优秀教师、湖北省蕲春四中优秀教师汪金权，在平凡中显出伟大，用单薄的肩膀挑起沉重的负担，用微弱的光照亮学子夜行的路；全国优秀教师霍懋征从事小学教师工作60年，从没有对学生发过一次火，从没有惩罚过一个学生，从没有向一个学生家长告过状，从没有让一个学生掉队。他们都是智慧型、魅力型、爱心型教师的杰出代表。2011年，湖北省启动实施了"课内比教学、课外访万家"活动，通过比教学，提高育人能力和水平；通过访万家，了解、理解和关爱学生。活动的目的就是为了提高教师的教育素养，打造德艺双馨的教师。

教师的知识素养是指教师要掌握精深的专业知识、学习广博丰富的多种学科知识、掌握最新的科学知识和信息、掌握马列主义理论。如今，"学习型"一词被广泛运用于各种组织的建设中，如学习型社会、学习型政府、学习型学校等。要建设学习型学校，首先校长要读书。如果校长不读书，教师就不会读书；教师不读书，学生就不会读书，最终整个学校都不读书，这样，学习型学校建设就是一句空话。学习型，不是学习就行。教师只有具备较高的知识素养，才能更好地引导学生掌握自然、社会和思维的发展规律，领会人生的真谛。

教师的能力素养是指教师应具有较强的观察和判断能力，较强的科研素质和自我反思以及提升自信心的能力，健康的心理素质和较强的合作能力。教师应理解课标、理解学生，实施有效教学，通过同伴互助提升研究能力。还要善于利用现代教学手段，特别是信息技术，设计、创造学生易于接受的教学方式，调动学生的积极性，创造适合学生的教育，而不是选择适合教育的学生。

正是因为教育素养有着丰富的内涵，才使得有着深厚教育素养的教师拥有人生的幸福和幸福的人生。深厚的教育素养会让教师更容易在职业生涯中实现自己的人生价值，更具职业幸福感。让他们能够在从事教师职业时，体会到生命的意义。如叶澜教授所讲，教师的职业活动中表现出来的博大的胸怀、高尚的品格、坚强的意志、进取的锐气等，都具有精神超越性，这是人性之美、力量之美，是教师职业生命的流淌，是教师内在精神的显现。它既反映了教师教书育人的职业特性，又体现了教师自我完善的崇高追求。

在新的历史时期，保存教育生命需要我们在倡导奉献和牺牲精神的时候，不要把教师神化为超现实的“红烛”“渡船”“人梯”等职业形象。因为这样会误导出教师静止、被动、消极的人生定位。教师绝不是照亮别人却毁灭自己的“蜡烛”，而是在照亮别人的过程中也照亮自己前进道路的“火炬”。教师也能从职业中体验创造性的工作所带来的充实与幸福，获取人生价值的永存和人格的升华。

二、教育素养的深度决定了教育生命发展的长度

在大力推行教育教学改革的过程中，经常会出现教育改革难以推进、教育过程违背教育规律等现象，这往往跟教师的素养有关。学校对教师的培养往往会从学科的角度考虑，主要培训其教学方法和技巧，对教师整体素养的提升重视不够。其实，教师个体的发展如同树木的成长，主干就是教育素养，从主干上长出的分枝就是教学方法与技巧。主干长得越高，树木才能长得越大。如果一棵幼苗一出土就分枝，这棵幼苗注定不会长成参天大树，充其量只能成为一个灌木丛。教师要想像乔木一样为学生撑起一片绿荫，必须提高自身素养。教师教育素养的深度决定了其教育生命发展的长度。

教师的专业素养是当代教师质量的集中表现。教师在追求专业发展的历程中，应该具备自我教育生命发展意识，成为主动探究、积极反思、终身学习的“育己”专家。“人作为人的生活意义，主要不在于他的第一生命，而在于其第二生命的创造活动，人不会满足于仅仅活着——像动物那样的生

存，而总是要把第一生命引向第二生命，通过第二生命的创造去实现第一生命的价值”。教师越是不断地发展教育生命，才越有可能成为教育家。

教师发展有三个层面，即教育教学的知识能力（知能层面）、教育教学的实践智慧（智慧层面）和教育价值与意义。教师专业知识的多层复合性，还体现在这三个层面的相互渗透与有机整合上。只有通过知识的整合使教师的教育行为表现出科学性、艺术性和个人独特性，并表现在教师精神生活的丰富性和发展性上时，它才能充分显示出教师作为一个专门职业对丰厚而独特的专业知识的要求，绝对不比其他专门职业低。教师的专业知识具有开放性和实践性，随着社会发展、科学和教育理论的发展及教师个人实践经验的积累，教师对教育的体验与理解也将不断变化与发展。

教师的素养越高，对教育本质的理解就越深，对教育的感情就越深，对教育的激情就越浓，对教育技术的运用就越感兴趣；教育素养越高，教师的工作就越能呈现出自如的状态、和谐的美，进入科学和艺术结合的境界，充分展现出个性的独特风格。这时，教育对于教师而言，将不仅是一种工作，更是一种享受。

三、发展教育生命的过程就是培育教育素养的过程

2008年，我陪同教育部一位负责同志在湖北的中小学调研。他说：“教育是民族振兴的基石，是社会公平的基石。大家都在讲教育质量、教师质量重要，然而教育行政部门领导、校长们的时间和精力有限，不可能走进每一间教室，看每一节课教师在讲什么、学生学得怎么样。希望有一种制度，可以知道教师走进教室大概会产生什么效果。”也就是说，保证教育质量要靠机制，要靠提高教师的素质。提高教师素质，发展教师的教育生命，实际上就是在培养教师的教育素养。培养教师的教育素养可以从以下几方面进行。

（一）利用校本研修，给教师搭建平台

一是让德艺双馨的教师起到示范、促进作用，帮助中青年教师成长；二是校长要组织研讨活动，让教师在切磋中成长。改变原来一个人讲、其他人听的研训模式，确定每个人每周一个主题，让主讲教师积极准备，每位参加

研训的教师都来收集资料。教育行政部门应拟订一个计划，同时定期根据教师存在的问题，组织一些有针对性的培训。

（二）促进教师反思

大家风范离不开内外兼修、外察内省。反思意味着将自身工作纳入研究的视野，真正使研究根植于实践的沃土，从而在实践中找到一把开启当前教育教学新发展的金钥匙。

（三）鼓励教师阅读

教师读书不单要做“专家”，更要做“杂家”。不仅要读专业书籍，还要读心灵方面的书籍，学养心养身之道，那些有着高贵情怀与独特视点的书尤其要读，不只为升华自己，也为放大自己。

台湾要求从事教师职业必须本科毕业。有一个专科毕业的女孩去应聘，其他条件都很好，就是学历不够。应聘时，她说了一句话，感动了所有招聘的人，她说：“我成不了伟人，但是我可以成为伟人的老师。”这就是一种信念！正是这种信念，让她最终被录取。教师要有激情，有热情，有感情。只有专注的人，做事效率才会高，才会把事情做好。提高教育素养非一日之功，提高教育素养关键要有责任和爱，要有把事情做好的信念。

教研创新造就的是一种生动的力量

由于工作原因，我经常到各地调研，进课堂听课便是常事。从课堂的设计和教师的日常工作中，能明显感受到教研的力量。就像大家平时喝汤，虽然看不见盐，但盐却使得汤喝起来很有味道。教研就好比汤里的盐，它让课堂的盛宴变得有味道、有力量、有吸引力。

引导课堂教学改革是教研室的重要职责，但教研不应该只是教研室的专利，它应该成为每一位教师的必备素养。在推进教育内涵发展、推动高效课堂改革的过程中，教师的作用看似被削弱了，但事实上，退回幕后的教师在教育中起的作用更大，教研创新对教师的专业素养要求更高。由此，教育的内涵发展将一个紧迫而又崭新的课题——教研创新推到了广大教育工作者面前。

一、教研创新着眼于培养学生的创造力

创新是分类的，就教育来讲，政府层面的创新是体制、机制和制度的创新；学校层面的创新包括

理念创新、管理创新、特色创新和过程创新四个方面，主要体现为办学理念的创新，即怎么办学、培养什么样的人才。课程创新是在国家规定的课程之外，开设丰富多彩的选修课程。而教研创新包括教学创新、学生培养模式创新和学生评价创新，重点应该是教学创新和学生评价创新。教师要遵循教育发展规律和学生身心发展规律，对学生进行发展性评价。如果因循守旧，不进行教研创新，很难培养出有创造力的学生。

一次，我在恩施巴东一所初中听课，一位教师讲陶渊明的《桃花源记》。桃花源实际上是陶渊明政治理想的载体，是一个没有阶级、没有剥削、自给自足、和平恬静、人人自得其乐的和谐社会。这位教师由书中的桃花源联系到位于武陵山余脉的恩施，引导学生讨论恩施美在什么地方，恩施和课文中的桃花源有什么相同点，以及他们心目中的桃花源是什么。同学们各抒己见，有位学生的回答让我相当吃惊。他说，“如果没有战争，人们都和平相处，这个世界就是真正意义上的桃花源。”这个回答一下子就把课堂境界提高了很多。由此可见，学生的潜能是无限的，这个学生的身上就有创造的潜质，而如果这位教师只是照本宣科，不动脑筋地设计课堂教学过程，可能就扼杀了这个学生的创新能力。

我在仙桃听了一节小学数学课，这位任课教师虽然快要退休了，但还是非常积极地参加“课内比教学”活动。他授课的内容是“5的乘法口诀”，他设计的教学环节是让学生摆弄火柴棒，引导学生不断地观察、分析，还让学生自己编乘法口诀。我明显地感到这节课有教研创新的力量。

我还听过一节美术课，教师让学生画杯子的三维视图，但这所学校的教学条件非常有限，没有多媒体，也没有合适的挂图，只能让学生展开想象。我一直在想：如何在学校现有条件的基础上把教研创新的因素融入其中，让这节课更具有吸引力。

当前，许多农村学校选修课程门类不多，选修课开设不起来，有一个重要原因，就是教师的自信心不够，对课程的驾驭能力不够，教研创新的能力不够！湖北省教育厅实施的“农村教师素质提高工程”，就是要通过培训让教师的基础知识更扎实，让他们补充知识、方法，获得更多、更有用的教育信息，为教研创新“充电”。

美国西部盛产红杉木，很多红杉木可以长到90多米，相当于30多层楼房那么高。洛杉矶地区风沙很大，这些红杉木究竟为什么能长得那么高？科学家们研究发现：其实红杉木的根扎得并不深，但它们的根系都是串联在一起的，依靠相互的拉力向上生长，所以能够抵御风沙，长得很高。教研创新的力量就是要让教师，特别是让那些基础不太扎实的教师抱团成长，长得像红杉木一样高大。有了像红杉木一样的枝繁叶茂、千姿百态、别具风姿的教师，才能培养出独具特色、富有创造力的学生。

二、教研创新着力于教育教学的实际问题

在小狮子的成长过程中，母狮子总是把猎物捕捉回来让它吃。开始时母狮子会先将猎物撕咬开，后来母狮子就直接让小狮子自己捕捉并撕咬小羊羔之类的猎物。小狮子从被动地获得猎物到自己咬断小羊羔的脖子，就是一个不断创新的过程。很多教师讲课时，总想把知识讲全讲透，却忘记了要让学生像小狮子一样学会该怎么获得猎物、该怎么吃到食物。在新课程改革中，教师要大胆取舍，一定要对知识有所选择，要考虑效益、有所创新。

教研创新不是夺人眼球的奇谈怪论，不是写教研论文，不是玩新概念，而是成功地运用正确的新思想，解决教育教学中的问题，是在用心发现教育教学中的问题后扎扎实实研究其解决办法的过程和结果。创新起源于问题意识，这是创新的首要特点。不是只有那些宏大主题才涉及创新，教育教学的各个方面、各个环节都存在创新的机会，关键是教师要做有心人，要善于发现问题，进而去研究、解决它。当然，在创新的过程中，新的问题会不断涌现，那么就要不断地进行教研创新，不断地解决新的问题。例如，我们传统的“班级授课制”解决了效益问题，可以让很多学生在短时间内获取更多的知识，却无法避免班级同学的同质化，难以照顾学生的个性发展；开选修课虽然很好地解决了个性化发展的问题，但不便于学校常规教学管理；实行“学分制”虽然有利于学校日常教学管理，但新问题又出现了，哪些课程容易过关、容易得学分，学生就选哪些课程，这样不利于学生发展，于是又有了课程设置的解决办法……对待新问题，要不断想新办法，这一过程就是创新的过程。

离开教育教学实际的高谈阔论不是教研创新，离开教育教学实际的空

想无法产生真正的教研创新。教师应该用一颗平常心对待自己的工作，抓住备课、教学设计、与学生谈心、组织活动等一切机会，打破固有的观念和做法，创造性地开展工作。

三、教研创新着重于发挥教学技能和工具的作用

在开展“课内比教学、课外访万家”活动的过程中，有人提出要围绕新课改运用多媒体技术，要尽可能地多用多媒体课件。其实，新课改的实质是促进教学方式的转变，建立平等、和谐的师生关系。

这个问题其实也触及了教师专业化的问题。教师工作是一种高度专业化的工作，其核心不在于教师掌握了多少种教学技能，掌握了多少种教学工具，而在于掌握符合教育规律的教育理念。有了这种教育理念，教师才能创造性地运用教学技能和教学工具，使之发挥出最大的效益。技能和工具都是为教育教学服务的，不发挥教研的力量，不进行教研创新，技能和工具反而有可能阻碍教育的发展。

随着教育科技的发展，许多新教育技能不断涌现。教师当然应该积极接纳这些新技能，但同时要牢记掌握新技能不是最终目的，而要通过教研创新发挥教学技能和教学工具的积极作用。

现在，有不少教师往往觉得课时不足，比如，原来英语是六节课，现在只有四节，怎么办？问题的根源在于大家都喜欢系统化地讲知识，而没有用教研创新的眼光发现问题，也没有充分利用教学技能和工具，所以觉得课时不足。教师在课堂教学中应考虑把粉笔和多媒体技术结合起来，把传统教学方法的优势和新技术的先进性有机地结合起来，从而充分发挥教学技能与工具的作用。

进行科技创新，就在于教师能提出学生可以解决的新问题。如一节化学课，可以引导学生对实验进行分析，可以改进实验过程和装置，还可以围绕“低碳、环保”来设计实验。不管教育技术进步到何种地步，不管教师掌握的新技术种类有多少、程度有多深，都不能说明一位教师的专业化水平有多高。最要紧的是，教师要在先进教育理念的指引下，不断进行教研创新，使课堂永远保持生动。

用正确的教育观观照『减负』

“减负”是减轻中小学学生过重负担的简称。“减负”不是不要负担，因为正常的、合理的负担是学生学习取得效果的必备要素之一。然而，过重的负担严重影响青少年儿童的身心健康，显然违背了教育规律和学生身心发展规律，其“斑斑劣迹”，不仅被人们口诛笔伐，更为政府明令禁止。偏离规律的负担需要减掉，“减负”就是纠偏，就是要用正确的教育观来纠正偏离正常轨道的当前教育。

一、“减负”由教育问题变成了社会问题

“减负”话题由来已久。新中国成立后，国家就提出要减轻学生过重的课业负担。1955年7月1日，教育部发布《关于减轻中小学生过重负担的指示》。此后，国家先后出台《关于保证学生、教师身体健康和劳逸结合的指示》《关于克服中小学生负担过重现象和提高教学质量的报告》等。改革开放以来，国家先后六次出台政策措施，要求解决学

生过重的课业负担问题，保证学生的睡眠、休息和课外体育、文娱、科技活动时间。党的十七大报告提出减轻中小学生课业负担，提高学生综合素质，将“减负”列在“以改善民生为重点的社会建设”大题目下。2010年出台的《纲要》中，减轻中小学生课业负担与巩固提高九年义务教育水平、推进义务教育均衡发展并列为未来十年义务教育的三大重点任务，对“减轻中小学生课业负担”的阐述达到510个字，而对“义务教育”的阐述为1478个字。

从国家出台的一系列关于“减负”的文件中，我们不难发现国家对“减负”问题越来越重视，“减负”措施也越来越严厉，“减负”的动员面越来越广泛。《纲要》指出，“减轻学生课业负担是全社会的共同责任”，这充分体现了“减负”工作的社会性。

“减负”工作成为全社会的共同责任的背景是学生负担愈来愈重的现实，这已成为关系民生的一大顽疾。“减负”任重而道远，教育工作者应清醒地认识到自己肩负的崇高使命和责任，坚守正确的教育观、人才观和质量观，毫不动摇地做“减负”的倡导者和践行者。

二、“减负”的本质是教育观的改造

教育是为学生一时的考试服务，还是为学生的终身发展服务？人们可能会不假思索地选择后者。然而，当为学生一时考试服务的教育转变为做不完的作业、上不完的培训班时，许多人便丢掉了教育的本质——素质的培养，而选择了分数。学生过重的负担多与分数结伴而生，选择了分数，也就选择了过重的负担。

希望用分数叩开通往上层社会、通往幸福生活之门的愿望，让很多教育工作者和家长认为抓住了分数就是对学生负责，对家庭幸福负责。不这样做，似乎就成了千古罪人。

好的出发点不能保证到达正确的终点。为分数牺牲素质的现象是教育观扭曲的表现。追求高分与推进素质教育从本质上讲是不矛盾的，不能把两者放在对立面上。素质教育不是不要分数，可以说，应试、考高分也是素质的一个方面，但是素质教育绝不仅仅是考高分，比分数更重要的是提高学生的道德修养、开发学生的智力潜能、增强学生的身体素质、提升学生的审美情趣、发展学生的劳动技能等。一个人的综合素质提高了，分数也必然会同步增长，两者应是正比关系。

分数是素质教育的副产品，不能本末倒置。盯着分数抓素质，无异于戴着镣铐跳舞；盯着素质抓分数，好比一个人从武汉到上海办事，只把事情办成了，沿途的风景也领略了。素质教育是目的，在努力实现这一目的的过程中，自然会收获理想的分数。在处理分数和素质教育的关系时，宁可为了素质而暂时牺牲一点分数，也绝不能为了分数而丢掉素质。学校必须考虑转变分数增长的方式，摈弃向“时间+汗水”要分数的传统方式，改变由此导致的“学生疲惫，家长疲惫，整个社会都睡眠不足”的状况，转而充分利用教育规律和学生身心发展规律，采取“有效+素质”的科学的分数增长方式，提高质量增长方式的科技含量。

学校是教育的主阵地，教师是教育的主要实施者，学校应引领社会树立正确的教育观，而不能沦为错误教育观的跟风者。

人生处处是起跑线，孩子的路应自己走。很多家长因为对孩子成长规律、知识生成规律没有正确的认识，加上受虚荣心、功利心、从众心理等影响，往往成为学生负担过重的内在推手。身为家长，一方面总怕自己的孩子输在起跑线上，所以拼命恶补，或请家教，或把孩子送到各种补习班，把自认为对孩子有利的东西强加给孩子，往往造成孩子精神上的“虚胖”。另一方面，又怕孩子输在跑道上，所以不惜代价择校，希望自己的孩子能一直保持领先。起跑线或跑道，都是用单一的分数衡量的。殊不知，人生处处都是起跑线，孩子自己的道路也不应是家长凭自己的喜好和价值判断规划出来的。家长要真为孩子的终身发展着想，就要帮孩子找准他们自己感兴趣的、擅长的领域。一旦如此，他们随时可以起飞，在属于自己的天空画出美丽的人生轨迹。

目前，社会上一些不良现象或不良思想也为学生的过重负担提供了温床。比如，一些不负责任的培训机构为了经济利益，不顾教育规律，大肆标榜、鼓吹培训效果，诱惑家长和学生等。“减负”的社会环境不容乐观，在某种程度上社会环境已成为“减负”政策落实的障碍。

三、把“减负”作为系统工程来推进

“减负”的社会性决定了政府、学校、家庭、社会必须共同努力，把“减负”作为系统工程来推进，标本兼治、综合治理。

“教育是慢的艺术”，教师应该给学生留下思考和体验的空间，而不是一味地用考试和作业来占领本属于学生“反刍”的时间。同时，教师在方法上应给予学生必要的指导，教师需要做的是把马牵到河边，而千万不要做按着马头强迫喝水的傻事。学生的成长像桥梁的伸缩缝，要有能够自由伸展的空间，教师需要科学预留这一空间，过宽，会影响交通；过窄，会影响桥梁的安全。在教师的心中，学生只有一个身份。教师应着眼于学生全面的、长远的发展，对所有学生一视同仁，不以“分”取人。不同学生对学习的需要不同，正如猴子吃香蕉，兔子吃萝卜，猫喜欢吃鱼，这给教育的启示是：尊重差异，尊重选择，因材施教，关注学生的纵向发展，少做横向比较。

学校应始终注意要给学生提供合适的教育，而不是选择适合教育的学生。课堂是教学的主渠道，学校“减负”的重点应该在课堂。课堂不只是传授知识、追求分数的场所，而应该充满人性的光辉。学校“减负”，要多在减量、减压、增效上做文章，更要为学生提供多样化、个性化的教育，让学生学而有道、学而有悟、学而有获、学而有乐。

小学重在减量，即减少作业量和重复量。小学的教学内容难度不大，而且小学生注意力集中不了很长时间，所以不能让学生进行太长时间的连续学习，而应把重点放在培养学生的学习兴趣以及良好的学习和生活习惯上。

初中重在减压。初中生功课增多，难度相对加大，有很多东西需要独立思考，加上升学压力客观存在，这个时候的“减负”就应偏重于减压。而且初中生正处于青春期，如果不注意，容易引起学生两极分化，所以教师必须缓解学生的压力，培养学生的学习兴趣，同时加强学习方法的引导，给学生更多的辅导和帮助。

高中重在增效。高中课程的难度更大，对学生的要求更高。教师应更多地在方法上给予指导，培养学生的自学能力和统筹能力，培养学生的批判性思维和合作精神，提高学习效率，增强学习效果。

政府要通过建立和运用科学的教育质量评价体系、人才评价体系，引导社会形成正确的教育观、人才观和质量观。社会和家庭是学校教育的同盟军。学校做学生负担的减法，家长就不要做学生负担的加法，让学生有时间去参加各种实践体验活动。社会应该提供丰富健康的资源以充实学生的业余生活，满足学生体验与实践的需要。

学校管理是和谐与效率的统一

“管”是我国古代的一种吹奏乐器，形似笛。起初用玉制成，后改用竹，长一尺，有大小不一的六孔，发音悦耳、和谐。“理者，治玉也。”从词源的角度来看，“理”具有治玉、治理的涵义，可引申为规律、法则、行为规则。玉材变玉器，不可复制。因此，人们要策划在先，对每个步骤进行周密安排，讲究效率，以避免造成资源浪费。“管理”作为一个词语来表达人类的一种实践活动时，我们仍然能找到“管”和“理”本意的影子——和谐和效率。学校管理是一个由人、财、物和时间、空间、信息等要素组成的有机系统，而这些要素要和谐而高效地组合并产生效益，需要管理者在正确的教育质量观和人才观的指导下，形成科学的管理理念。

一、既要效率，又不失和谐是管理的最高境界

我国最早的管理思想出自《尚书》《周易》，

战国时期开始形成系统。孔子主张以“礼”“义”“仁”的伦理原则治理国家，墨子主张“兼相爱”“交相利”，孟子提倡“得民心”，韩非子提出要依靠法治管理国家。归纳起来，我国古代的管理思想主要有以下几种。

一是以人为本的理念。《论语》是儒家经典著作之一，从中可以窥见中国古代的管理理念。宋太祖赵匡胤的开国大臣赵普曰：“吾以一半佐太祖定天下。”（《论语》二十篇）从此，“半部《论语》治天下”的故事广为流传。以孔子为代表的儒家管理思想十分重视对管理者自身素质的要求，认为管理者道德人格的完善，对形成良好的社会风气具有关键作用，并对管理者提出以下具体要求：要提出合理的工作要求；要根据被管理者的个性发展提出不同要求；要对被管理者持尊重的态度。这种“以人为本，以身示范”的管理理念能让所有被管理者产生归属感，这种尊重人、注重精神建设的管理方式是儒家管理的最高境界，但它过于强调“修身”的理想教育，而弱化了管理中应有的基本规范，强调的更多的是管理者应该怎样做，忽略了不能怎样做以及管理中可能出现的问题。

二是以法为本的理念。韩非子是我国法家思想的集大成者，他的管理思想对当代管理有着重要的借鉴意义。“或让行不义者悔过自新，或让行不义者彻底销亡”（《韩非子》），说明人有悔过自新的特征，其本能是趋利避害的。人际关系的本质是利害关系，人与人之间的利害关系决定着他们之间的亲疏关系，我们不应用情感助长人们的欲望，而应运用正确的激励手段；不要指望人能自觉发生变化，而要通过管理避免其继续往坏的方向发展。“严家无悍虏，而慈母有败子。”（《韩非子·显学》）法家管理思想告诉我们，要依法办事、从严治学，应采取正确的激励手段，对不好的行为予以严惩。以制度的方式对被管理者进行约束，管理效果显而易见。然而，这一理念的不足之处在于，过于强调规章制度，不尊重被管理者的人格和尊严，是与当今社会以人为本的理念相背离的。

三是无为而治的理念。道家的思想核心是“无为而治”。“无为而治”并不是什么都不做，而是管理者经过努力才能达到的一种理想的管理状态。“治大国，若烹小鲜”（《道德经》），越大的国家越不能事必躬亲，越要简单管理。从管理的角度看道家思想，可以发掘出“事少而功多”的管理之道。当工作中出现问题时，就要检视管理方式是否出了问题，若管的太多，则证明出了问题。“治乱”，就是说因为“治”而乱。管理者不要人为干涉管理，顺其自然而治，对人寄予信任才是明智之举。

纵观我国古代管理思想的精华，不难发现，管理就是寻求效率与和谐最大化的手段。而19世纪末20世纪初产生于西方的管理思想，从经验管理阶段跃升到科学管理阶段，从某种意义上讲，正是从单一地追求效率向追求效率与和谐并重提升的过程。

二、道、法、术、器的自然融合是学校管理的最佳状态

把传统的管理思想跟学校管理相结合，就是在学校管理中实现道、法、术、器的相互融合、相互支撑。道是规律、理念，学校管理的“道”就是教育方针，就是教育发展规律、师生成长规律等；法是规章制度，即保证“道”实施的制度，学校管理的“法”就是教育法律法规、政策和各种规章制度；术是管理方法和技巧，学校管理的“术”，就是学校各个层面落实法律法规、政策和各种规章制度的策略和智慧；器是物态的操作工具，学校管理的“器”就是落实法律法规、政策和各种规章制度的载体，如监控录像、校务日志、管理手册等。

管理其实就是两件事：做正确的事；把正确的事情做正确。“道”回答的就是“什么是正确的事”；“法、术、器”则告诉管理者如何把事情做正确。

什么样的管理才算是做了“正确的事”？全面贯彻教育方针，坚持德育为首、能力为重、全面发展的学校管理才算是做了正确的事。如何把正确的事情做正确，考验着每一个学校管理者。

现代学校管理是一个由人、财、物和时间、空间、信息等要素组成的有机系统，其中人是最重要的，管理效率的取得，必须依靠人对这些管理要素的合理组合。这些要素不仅包括校内的，更包括家长、社会等校外资源。学校不是教育的孤岛，教育的发展离不开社会的关心与支持，在“法、术、器”的结合中，学校管理者不能忽略了校外因素。

学校管理中的“术”体现的是管理智慧，是学校管理创造力的重要方面。同样一项制度，不同的管理者会有不同的落实策略，有的管理者在悄然无声中落实，有的管理者则会使这一事件成为学校矛盾的焦点。管理效果的差别反映出了管理者智慧的差别。在物本管理理念指导下的学校管理者重视物质资源在学校管理中的作用，把人看成物质设备和制度的附属品，强调物质激励；而在以人为本的管理理念指导下的学校管理者重视人作为第一资源的重要作用，尊重人，满足人的多种需要；面对知识经济的挑战，学校管理者必须以人本管理理念为指导，重视学校成员的能力提高和自我发展。因此，学校的管理者要加强对教育管理理论的学习，并在实践中感悟和创造。同时，学校管理“法、术、器”的结合过程，也是学校管理评价、激励、矫正，从而形成最佳管理效果的过程。要充分发挥各个要素的作用，并通过评价、激励、矫正等手段，纠正不规范行为，促进管理要素之间的和谐。确保了过程的和谐，结果的高效便是水到渠成的事情。

三、德育为首、能力为重、全面发展是学校管理的最高追求

有道无法成事不足，有法无道则败事有余。学校管理中的“道”是最容易理解，却又是在实践中最容易偏离的。当片面追求升学率的应试教育大行其道时，教育功利思想在潜意识中便成为主导学校的管理思想，以德育为首、能力为重、全面发展的学校管理的最高追求便被异化了。在这种“道”的指引下，“法、术、器”成为帮凶，所有制度的采用都是为了提高升学率，将所有智慧都用在考试上，将所有手段都用在应试上。在这一思想主导下，有的地方因为片面追求升学率，将重点高中的招生指标分配到各学校，这就使得有的学校认为这下可以歇口气了，管理便变得松懈，导致学校管理从一个极端走向了另一个极端——这是学校管理迷“道”的表现。

为什么巴菲特炒股能赚到钱？因为他不怎么关心技术层面，他关心的是“道”，是方向。“走得太久，以致忘记了目的”成为许多学校管理者需要警惕的问题。德育为首、能力为重、全面发展是学校管理的“道”。不管在任何时候，在任何情况下，我们都不能偏“道”而行。偏“道”而行的学校

管理结果只有一个——南辕北辙。遵循学校管理的“道”，就要尊重规律，规范办学，规范管理行为。以尊重教师和学生为前提，在领导与师生、各科室与年级组、年级组与教研组之间建立一种相互信任、相互协作的和谐人际关系。教育管理者在管理过程中要同时注重落实课程标准、制订课程计划、实施课堂教学、引导教学互动等环节，自觉规避不规范的管理行为和杜绝片面追求升学率的倾向。

回顾20多年来的教育改革和发展，学校管理正在经历一个“经验治校——理论治校——依法治校——理念治校”的过程。我国现在处于理论治校和依法治校相结合的阶段。在这一阶段，我们时刻不能忘记一个最简单而又最重要的问题——学校管理到底是为了什么。

美育是沟通真与善的桥梁

德国哲学家康德曾经写了影响深远的“三大批判”，第一批判是《纯粹理性批判》，讲了自然界受自然必然律支配，揭示了科学的本质是求真；第二批判是《实践理性批判》，讲了人类社会服从道德或自由律，揭示了道德、宗教和社会的本质是求善；第三批判是《判断力批判》，从人性和教育的广阔视野论证了美育的价值和功能，讲了具有深厚文化教养、具有审美判断力的人在道德与功利的两难选择中，能够牺牲功利而选择道德行为，揭示了美是沟通真与善的桥梁。蔡元培先生认为美育在教育中占很大比重，它是沟通现象世界和实体世界的重要桥梁。美育在学校教育中，并非排在德育、智育、体育之后的配角，而是塑造人的灵魂的教育。认识美、体验美和创造美伴随着人的一生。

一、美育缺席的教育是失败的教育

2011年10月18日，中国共产党第十七届中央委员会第六次全体会议指出，要培养高度的文化自觉和文化自信，推动社会主义文化大发展大繁荣。中华文化本身就是美育的优质而丰富的资源库，增强文化自觉和文化自信的过程就是美育的过程。

现在许多学校仍然对音乐、美术课程理解不深刻，不够重视，仅仅是讲授知识，而没有在学习与生活中引导学生去感受美、鉴赏美、创造美。校园里没有歌声，学校的氛围是沉闷的，从人性的需要讲，这种教育是不完美的，甚至是失败的。

温家宝总理曾指出："德育、智育、体育、美育是一个有机整体。美育陶冶人的情操，提高人的审美情趣，激发人对真善美的追求和美好未来的向往。多年来我们所强调的素质教育，实质上就是强调学生的全面发展，就是促进德育、智育、体育、美育的有机结合。"美育是培养全面发展的人才的一个不可缺少的方面，它与德、智、体是互相联系、互相依存、互相促进、相辅相成的。

德育塑造规范感，美育塑造精神感。美育是德育的先导，德育是美育的中心。因此，鲁迅先生说"美育是道德的补翼"。德育主要是对人们进行思想道德品质方面的教育，解决世界观、人生观的问题，体现"善"的要求，所以它居于素质教育的首位。但是，美育有着自己特殊的教育方式，它的特点是引导人们在美的感受、鉴赏中，按照美的规律进行自我完善，并且凭借形象思维的方法，在不知不觉、潜移默化中进行。它不带有一般教育所具有的强制性，而是通过人们对美的感受，引起人们情感的激荡，使人心甘情愿地甚至不知不觉地受到美的熏陶，使人们的心灵得到净化，并在潜移默化中培养高尚的情操。

科学就是美。爱因斯坦的研究方法被认为是"美学的，直觉的"。他说，如果有两种可供选择的方案，一种是美的，一种似乎是更合理的，他宁可选择前者。美育培养的是一种敏锐感知和对整体把握的智慧，是一种感性与理性高度和谐的智慧。从这一角度说，智育根本就无法代替美育。因为智育主要是传授知识和技能的教育，提高学生认识和把握客观世界规律性的能力，解决的是"真"的问题。不管是社会学科还是自然学科，都具有各自内在的科学体系而形成独特的美。比如，数学是"美的王国"，不仅表现为数的美、形的美、比例的美，还表现在它的精确美、抽象美、逻辑美、简单美、符号美、和谐美、对称美、秩序美、统一美上。公式、定律、定理无不以简洁、优美的形式，显示已知和未知、定量和变量、数量和质量、空间和时间之间的关系，使人感到一种逻辑美的力量。智育为美育提供了必要的审美知识，人们知识越丰富，越有利于辨别美丑，越有利于创新。美育可以激发人们追求真理的热情和创造的欲望，可以发展人们的思维能力，增长人们的见识。

体育是一个给人健康的过程，也是一个让人体验力量美、速度美等体育之美的过程。人们对体育的热爱、对体育项目、体育节目的热爱，从某种意义上体现了人类对感受、鉴赏体育美的需要。因此，美育和体育是相辅相成的。

二、美育不等于艺术教育

一提及美育，很多人便将其与艺术教育等同起来。事实上，美育并非只是音乐、美术等艺术教育，而是利用一切审美价值对人进行教育。求知是科学研究中的审美价值；道德是伦理学的审美价值；艺术是美学（狭义）意义的审美价值；信仰是宗教的审美价值。

科学中的审美主义，是人们在对自然世界和谐完美秩序信念的基础上，认为科学研究的内在动机不是出于实用目的，甚至也不是为了认识自然真理，而是为了发现与展示自然世界和谐完美的秩序。以崇善为旨归的伦理与审美具有历史亲缘性及内涵的某种统一性。美育既是理解审美活动的过程，又是陶铸灵魂的过程，它致力于实现个体人格的完满以及群体生存的和谐，这既是社会发展的方向，也是伦理学所企求接近的理想境地。

宗教的审美意义在席勒那里得到了充分的体证。从人性的自由出发，审美教育是通过艺术把分裂的人性恢复到其本性的自由和完整。美育的特殊作用即是沟通感性与理性、自然与人文、知识与道德、感性王国与理性王国之中介，这就使得美育成为由自然之人成长为理性之人的必由之途。这就是席勒关于美育作用的“中介论”。席勒勾画了审美教育的历史过程，即由古代的素朴的诗到现代的感伤的诗，最后走向两者结合的理想形态的诗。

狭义的美育才是艺术教育。作为实施美育的核心途径和主要手段，艺术具有最好的思想性、整体性与可操作性。是人类心灵的伟大创造，是许多高尚心灵的展示，艺术的形象性与情感性对心灵具有较强的渗透和感染作用。艺术教育能否起到美育的作用常取决于教育者的指导思想。在教学中片面强调技能与技法的训练，误以为艺术教育的职责就是培养艺术尖子或天才，像生产标准件一样去从事艺术教育，把学生当作某种特定用途的生产工具来培养，放弃对每个学生艺术才能或潜能的发掘，忽视对学生艺术兴趣以及美感的熏陶，结果把学生铸成“艺匠”，而不是塑造成为热爱艺术、懂得美的人，只能使艺术教育与美育相去甚远。

美育是终身教育，它与生命同步，包括家庭美育、学校美育和社会美育三个阶段。家庭美育是最初阶段，胎教可以说是母亲对孩子实施美育的第一步。学校教育的根本目的在于通过学科教学或活动促进学生体力与智力、能力与性格、认识与意象、情感与理智、记忆与思维、逻辑思维与形象思维的健康和谐发展。其实施的途径是通过学科教学，在传授知识、原理、定律的同时进行美育。社会教育是美育的第三个阶段。老年阶段是人生的最高阶段，是人的潜能完美实现与施展的最佳阶段，老年人的生活亦离不开美育。

三、美育为创新提供不竭动力

今天的产品设计要求设计者也要同艺术家一样，打破科学和艺术之间的界限，迅速向主要与精神领域打交道的“艺术”接近。如甲壳虫汽车设计兼顾独创性、合理性、经济性和审美性；丰田汽车车身外壳呈流线型，并且根据不同地区对美的需要作出不同的设计，单置式空调的设计在北方制热多点，制冷少点，在南方则相反，在雷电多发地区，还注重防雷。又如苹果公司的乔布斯不断推出的系列创新产品，广受消费者青睐，也正是他独特的审美意识不断激发他创造的灵感。在科技愈来愈发达的今天，美已经成为创新之源。

在理论研究领域，美育同样发挥着神奇的作用。许多著名的科学家都会一两门乐器，如钱学森会吹笛子，袁隆平会拉小提琴等。爱因斯坦曾说，想象力比知识更重要。爱迪生认为，天才是99%的汗水加上1%的灵感。但是，那1%的灵感所起的作用甚至比99%的汗水还重要，而这份灵感往往来自于美育的影响。

有一个故事，中国、日本和美国的教师教学生画苹果，中国的教师教给学生画苹果的要领，先画正方形，然后按照不同的比例画；日本的教师告诉学生可以把苹果拿到面前看一看、闻一闻、摸一摸等，但是不能吃苹果；而美国的教师提着一篮子苹果进教室，告诉学生不仅可以看一看、闻一闻、摸一摸等，还可以吃，结果不少学生还真吃了。最终的结果是，中国学生一次就画出了最像苹果的“苹果”；日本学生的苹果还在，学生有了观察的对象，第一次画得可能像梨，第二次画得就有点像苹果了；美国孩子的苹果已经被吃掉了，学生第一次可能画得像南瓜，第二次可能像梨，第三次画得才有点像苹果。同样是美育，但不同的方式体现了课程文化和美育理念的差异，因此培养出的学生的创新能力也就存在差异。

教育部积极推行素质教育，通过中小学生艺术展演活动，如校园集体舞、大合唱等，培养学生的集体意识和对艺术的热爱，让学生在欣赏美的过程中，提高审美水平，潜移默化地培养创造能力。湖北省教育厅主持举办了“黄鹤美育节”，开展书法、绘画等竞赛活动，同时大力开展“大家唱、大家跳”等活动，目的不仅在于让广大学生在活动中感受美、创造美，体验艺术创造的魅力，更在于引导学生热爱美，将美贯穿于教育之中，贯穿于生活之中。

打造看得见的德育

社会主义教育的本质属性要求学校把德育工作摆在首位。党的教育方针提出要“培养德智体全面发展的劳动者和建设者”，就是要培养有责任、讲诚信、敢担当、有创造力的社会主义公民。《纲要》进一步提出了“坚持德育为先，立德树人，把社会主义核心价值体系融入国民教育全过程”的要求。然而，目前，实践中的德育依然存在“高大全、假大空”的问题，存在组织形式、教学内容、教学方法虚化的问题，使得德育给人看不见、摸不着的感觉。因此，在具体的德育实践中，需要加强学生道德主体的发展和独立情感的体验，坚持德育活动贴近实际、贴近生活、贴近未成年人；需要创新德育形式，丰富德育内容，不断提高德育工作的吸引力和感染力，增强德育工作的针对性和实效性，打造看得见的德育。

一、德育的组织形式看得见

学校德育是一项复杂的系统工程。学校德育

实施的组织，主要包括校委会、德育处或政教处、少先队或共青团组织和班级等。学校里岗位不同，分工不同，但共同担负的育人的职责是相同的。因此，应树立全员德育的观念，即人人做德育、时时做德育、事事有德育。

行政人员是全员德育的领导者和实施者，既要统筹学校各类教育资源，积极协调各责任部门职责，努力优化学校德育环境，又要参与全员德育实践，并发挥榜样示范作用，实现管理育人；班主任和学科教师是全员德育的骨干力量，是与学生打交道最多的人，也应该是学校德育最有效的实施者，他们是全员德育的主体；后勤服务人员（包括教学辅助人员）是全员德育的重要力量，是校园里不上讲台的教师，他们在后勤服务的过程中体现服务育人的作用。

二、德育的主渠道看得见

课堂是学生学习科学文化知识、形成技能和方法的主渠道，也是学生提升思想道德水平的主渠道。这主要体现为两点。一是学科渗透。每一门学科都可以成为德育的良好载体，关键在于教师要树立抓住一切机会渗透德育的思想，培养自己利用一切机会渗透德育的能力。比如，数学教师可以在传授数学知识的同时，引导学生认识数学的简洁、对称之美，通过美育促进德育，不仅顺理成章，而且深受学生欢迎。二是德育课程。目前我国德育课程的设置比较科学，符合学生的认知规律。小学低年级使用的德育教材是《品德与生活》，教材从儿童的生活实际出发，在对学生进行生活教育的同时自然地进行品德教育。小学高年级使用的德育教材是《品德与社会》，它为学生认识社会、参与社会、适应社会打基础，培养学生成为有爱心、责任心、良好行为习惯和个性品质的社会主义合格公民。初中的德育教材是《思想品德》，其任务是引领学生感悟人生的意义，逐步形成正确的世界观、人生观、价值观和基本的善恶、是非观念，学做负责任的公民，过积极健康的生活。高中的德育教材是《政治》，它十分重视高中学生在心理、智力、体能等方面的发展潜力，在尊重学生个性差异的同时，帮助他们认同正确的价值标准，把握正确的政治方向。

小学德育教材比较注重培养学生自律的精神，对小学生来说，榜样的示范作用非常重要，教育应以正面引导为主。初中和高中的德育教材主要是让学生认识他律的重要性和必要性，教育学生学会观察，理性分析问题。

发挥课堂的主渠道作用，就是要求教师在传授知识与技能的同时，注重把知识与技能、过程与方法、情感态度价值观贯穿其中，把对学生的德育渗透到教学的各个环节。通过采用自主、合作与探究等教学方式，把传授知识与陶冶情操、培养学生良好的行为习惯结合起来，寓教于乐，因势利导，丰富德育手段，让德育更加形象、生动、具体和现代，努力营造具有良好道德感染力的课堂氛围。

三、德育的资源看得见

目前，许多国家把加强和改进德育作为教育改革的重中之重，并且采取多种途径开发和利用德育资源。

美国的思想道德教育推崇人本主义的教育理念,关注个人的价值、人的尊严和人的发展。在美国，随处可见美国国旗。每个州都建有各种各样的博物馆、纪念馆、历史遗迹、名人故居和公园等，这些场馆是美国向国民包括学生进行美国政治制度和价值观教育的重要基地和生动教材。

在韩国，儒家伦理深深扎根于文化之中。韩国人有非常强的民族自豪感，在1997年亚洲金融危机时，韩国人变卖珠宝首饰换取美元，以帮助国家度过难关。韩国人把消费本国产品视为“爱家乡、爱民族、不忘本”，孩子们从小就接受这样的教育。

日本也非常重视学校德育。德育被作为振国安邦的根本国策，并随着不同时期政治经济的发展而发展，但其中始终贯穿着共同的基本精神，如大和魂的日本民族精神和强调忠孝为本的德育本质。在日本，公民馆是社会教育利用最充分的设施，它的主要教育内容是针对日本个人主义风气进行教育和疏导，以培养日本公民正确的个性观。

我国的德育受传统文化的影响，其思想文化渊源是先秦哲学。其中墨道二家侧重于“天道”即自然科学，儒法二家侧重“人道”即人伦道德。我国历史上产生了一批经典著作，如《道德经》《弟子规》《增广贤文》《三字经》《千字文》等。另外，我国的爱国主义教育基地也对学校的德育产生了重大影响。广大学生在参观、考察、访问爱国主义教育基地的过程中，接受了无形的教育。湖北省有着丰富的红色教育资源，值得好好开发利用。

面对丰富的德育资源，我们要用批判的态度吸收和继承，同时兼顾“三个面向”的原则，回顾过去，把握今天，展望未来，把传统与时代结合起来，体现时代特征。同时，要充分利用电影、电视、报纸，尤其是网络德育资源。利用德育资源时，我们一定要注重本质规律的教育，如在欣赏流行歌曲《狼爱上羊》和动画片《喜羊羊和灰太狼》时，不能忽略狼吃羊的本性，不能违背自然界的规律。

四、德育的方式看得见

德育应采取学生喜闻乐见的方式进行。德育应该“以小见大”，小故事、大道理，小场景、大舞台，小小的我、大大的社会。德育工作者必须根据学生身心发展规律和特点来开展德育工作，加强与学生的情感沟通和交流，和学生对话，尊重学生的个性，开展有特色的、生动活泼的活动。教师要用自己的个人魅力，发挥示范作用，引领学生发展。

建设浓郁的校园文化，营造浓厚的德育氛围对促进学生良好品质的形成、全面提高学生素质具有十分重要的作用。学校要利用一切细节倡导积极、高尚、健康的校园文化，包括校园的通知、路名、黑板报等，都可以渗透德育的内容。

活动是德育的有效载体。学校应利用好社团活动、重要节日、重大事件、国旗下的讲话等，办好校园电视台、广播台、校刊、校报和校网，定期更新宣传画廊内容，每天更换报廊的报纸，开放阅览室等，让学校每一个地方都成为育人的场所。

实施有效德育需要学校、家庭和社会三方面的共同努力，形成以人为本的共识，建立起学校、社会和家庭三位一体的德育合力网络，使各种力量凝聚成一股德育优势力量，这样德育的效果才会更好。

五、德育的核心看得见

爱国主义是德育的主线。学生爱国，首先表现在爱身边的人、爱家乡。2008年7月20日，国务院总理温家宝在广东考察时说，企业家不仅要懂经营、会管理，企业家的身上还应该流着道德的血液。三鹿奶粉事件、地沟油风波、瘦肉精事件等反映出社会道德水平的下降。在我们身边，也曾发生这样的故事：一位顾客去买油条，本来油条的售价是2元四根，但是这位顾客却花了2.5元买了五根油条，然后送一根给炸油条的人吃，因为他说这样做他吃起来才放心。

有本书叫作《自由与秩序》，书名取得非常好。自由就是以人为本，给人自由的权利；秩序，是共同的道德要求，受到道德、法律的约束，要讲诚信。诚信是自律与他律共同作用的结果。学校应注重培养学生的自 律意识和他律意识，教育学生有包容的心态，独立的意识，有责任感，懂得欣赏他人，和谐地处理个人与他人的关系，既要合作，又要竞争，又要始终保持着一种为他人服务的心态。

立足科学发展观，促进教育的可持续发展

新时期的教育改革和发展不仅是国家和平崛起的重要动力，更寄托着黎民百姓对幸福生活的美好向往。教育关系千家万户，事关千秋万代，对全社会的广泛影响用千言万语也难以表述。全社会对教育的关注和议论，实际上就是对教育的关心和重视，包含着人们对一种更好的教育的热切呼唤，蕴藏着人们对和谐、可持续发展的教育的守望。教育和社会民生密切相关，面对人民群众的广泛期待，教育工作者要充满自豪、要充满激情、要自尊自信，同时也要有忧患意识。

教育工作的复杂性决定了办教育要善于找到“抓手”，抓住教育工作的重点。在当前教育改革的新形势下，如何理解教育的科学发展，如何理解解放思想，如何理解教育的阶段性特征，如何在教育中落实科学发展观，是改进我们当前教育工作的重点和难点。

一、如何理解教育的科学发展

科学发展观的第一要务是发展，核心是以人为本，基本要求是全面协调可持续发展，根本方法是统筹兼顾。科学发展观的具体内容包括：以人为本的发展观；全面发展观；协调发展观；可持续发展观。正如胡锦涛同志指出的："我们要全面领会科学发展观的科学内涵、精神实质、根本要求，进一步增强贯彻落实科学发展观的自觉性和坚定性，更好完成新世纪新阶段我们肩负的历史任务，更加自觉地走科学发展道路。"

科学发展观与教育事业的发展有着非常紧密的联系，对教育事业具有特殊的指导意义。对此，我们可以从三个方面加以阐述。

首先，教育事业的发展状况是衡量一个国家科学发展程度的重要标志。一个国家的教育发展状况，如义务教育的普及程度、人均受教育年限、公共教育经费投入的比例、区域教育的发展状况等最能体现一个社会全面、协调和可持续发展的程度。

其次，教育是科学发展的重难点之一。我国人力资本对经济增长的贡献率在35%，但《BP世界能源统计2011》的报道中指出，中国煤炭生产和消费占全球比重接近一半，分别为48.3%和48.2%，GDP占世界的4%。由此表明，我国的教育发展相对滞后，创新人才不够。教育在推动高新技术发展和推进产业更新换代方面的潜力没有得到充分发挥。

再次，中国教育存在的许多问题必须在科学发展观的指导下才能得到真正解决。当今中国教育面临的问题与困境有哪些呢?从总体上讲，一是"以考为本"，使教育在很大程度上不能很好地满足人的发展需要和促进人的全面发展，使"以人为本"的科学发展观难以真正落实到教育上来。二是教育发展不平衡的程度远远大于经济社会发展的不平衡程度，也制约了经济社会的全面、协调、可持续发展。从外部看，教育的区域发展不平衡、教育城乡发展不平衡、教育群体（弱势群体的存在）发展不平衡。从内部看，教育目标发展不平衡，重成才轻成人；文科与理科发展不平衡，重理科轻文科，影响了学生人文精神的养成。

这些问题都是教育领域的真问题、难问题、大问题，要解决这些问题必然要依靠科学发展观。

（一）科学发展观深化了我们对教育全面性的理解

科学发展观在教育领域有三个内涵：一是全局性。要求把教育发展放在科教兴国、人才强国的高度来认识。教育的发展不是某一个方面、某一个领域的发展，而是要多方兼顾、全面把握，既包括各级各类教育，又包括教育的各个方面。这就要求我们建立完善的国民教育体系和终身教育体系，把握全局统筹各方，兼顾并突出重点，而且要将农村教育作为重中之重。二是全体性。面向全体人民是教育公益性的要求，是改革开放的要求，也是全体人民共同的要求。我们要正确处理大众教育与精英教育的关系，更加合理地配置教育资源和教育成本分担，让每个人都能得到成长、发展。三是全方位性。要全面贯彻党的教育方针，坚持德智体美全面发展，坚持因材施教，为不同特点、不同能力结构的学生提供可选择的发展空间；在教育过程中要重视学生与老师的共同发展。教育发展的内涵不只是数量的增长、规模的扩展，而是数量、结构、质量、效益等全方位的发展。

教育的全面性中有一个很重要的问题，就是教育要体现为所有人提供公平教育的原则。教育公平是现代教育的基本原则，也是人权的基本内容。美国教育在过去200年中经历了三个发展阶段，第一阶段是“让尽可能多的人得到教育”；第二阶段是“让所有的人受基本的教育，让更多的人受更多的教育，即在基本教育上实现教育公平”；第三阶段是“让所有的人受尽可能多的教育，即最大限度地扩大教育公平”。可见，实现教育公平要有一个过程。

（二）科学发展观深化了我们对全面发展的理解

以科学发展观为指导，可以帮助我们正确理解教育的全面发展。首先，教育效率主要由市场来调整；其次，从普及教育的达标情况看，质量问题是突出的问题；最后，大众教育并不排斥精英教育，社会的发展需要培养大量的高素质劳动者、千万计的专门人才、一大批杰出的创新人才。

教育的全面发展至少应该从三个层次上理解，即面向全体学生、使学生全面发展、使学生主动发展。义务教育的均衡发展要从公平、效率、质量三个维度的协调推进才能奏效。当前，由于认识及行动方式的失当，各地域各层次学校甚至同一学校师资、学生、场地、设施、设备的质量、效率、数量发展失调。公平而无效率支撑，是一种缺乏发展气息的整齐；公平而无质量引领，则落入平均主义窠臼；效率若无公平导向，义务教育可能变质。教育的全面发展要求以班级标准化限额和师资质量均衡化程度作为教育考核的重要指标，以此为基础着重关注教育质量的提升，培养出适应时代需要的人才。

（三）科学发展观深化了我们对教育协调发展的理解

科学发展观对理解教育的协调发展有着重要的指导意义。我们认为，教育的协调发展关乎下列方方面面：一是教育与外部关系的协调。教育要和经济社会协调发展，必须为社会主义建设服务，社会主义建设必须依靠教育。二是教育与内部关系的协调。教育系统内部的数量、质量结构和效益要协调发展。三是教育要适度超前发展。四是教育协调发展的重点首先是义务教育。义务教育的均衡发展、分区规划、分类指导对于教育发展很重要。除了义务教育，还有学前教育和特殊教育也很重要。五是教育协调发展的重要方面首先是数量和质量的协调，其次是职业教育与普通教育的协调。六是教育协调发展的重要对象从区域来看，是贫困地区和少数民族地区；从人群来看，是经济困难家庭学生和进城务工随迁学生。

协调发展中，建构教育结构要从教育内部、社会就业两方面去考虑，把教育和社会联系起来。当前教育发展过程中存在着一些问题，一是教育资源的短缺要求尽可能地实现教育结构的低重心；一是劳动力的需求关系要求缩短教育年限，这些问题与社会的发展要求提高教育结构的重心相矛盾，所以协调发展还有一个动态均衡发展的含义。

（四）科学发展观深化了我们对教育可持续发展的理解

教育的可持续发展包括三个要点，一是确定以人为本的战略思想；二是实现人的可持续发展，以能力建设为本；三是实现教育就业的可持续发展，建立终身学习体系，建设学习型社会。我们现在所处的社会倾向把学历、知识作为学习的最终目标。教育是要讲学历，教育是要传授知识，但是仅仅强调学历和知识而忽视能力的教育不是可持续发展的教育。因此，教育必须培养人的终身学习能力。

全面协调与可持续发展相辅相成。全面协调发展是可持续发展的基础，可持续发展是全面协调发展的结果。可持续发展就是保持发展的延续性，保持发展的动力，保持发展的与时俱进。要重视教育的可持续发展，就要坚持把教育放在优先发展的战略地位，坚持按教育规律办事，最大限度地协调好各级政府和社会力量办教育的积极性，协调广大教育工作者的积极性，为受教育者提供丰富多彩、富有创造性的发展空间。坚持依法治教是教育可持续发展的根本保证，坚持深化教育体制改革是教育可持续发展的关键，坚持政策制定的科学化、民主化是教育可持续发展的必要条件。我们要努力做好各个方面的工作。

二、如何理解解放思想

过去30年中，教育事业发展和改革的过程，是人们对教育在经济和社会发展中战略地位和作用的认识不断提高的过程；是解放思想、改革创新、与时俱进的过程。解放思想、改革创新、与时俱进是我们教育改革和发展的基本经验。这一经验将继续指导我们今后教育的改革与发展。我们应该如何理解解放思想呢?我认为，可以从以下十个方面来把握。

（1）解放思想不是务虚，是务实，必须实事求是，立足实际。

（2）解放思想是相对概念，它反对守旧、保守、墨守成规，提倡创新思路。

（3）解放思想要把握好度，不是凭空想象、漫无边际，也不是一种思想浪漫。

（4）解放思想的目的是要解决问题，而非空洞理论。解放思想是为了变“不可能”为“可能”，变“不好”为“好”。

（5）解放思想是要实现又好又快的可持续发展，而不是昙花一现。

（6）解放思想需要把握好大局，坚持“利大于弊”的原则，坚持统筹兼顾、协调发展。

（7）解放思想需要换位思考，从分析具体问题入手，还要站在更高的层面分析问题、思考问题。

（8）解放思想更强调思路的正确性、方案的可行性、效果的公认性。

（9）解放思想需要学习和借鉴经验，需遵循规律，包括社会发展规律、执政党执政规律等。

（10）解放思想要考虑现实与目标的差距，不是跃进地实施，而是分段地实施。

三、如何理解教育的阶段性特征

我国教育已进入一个特殊的阶段，这要求我们全面贯彻落实科学发展观，大力推进教育和谐、可持续发展。我国教育事业的发展取得了历史性成就，如完成了九年义务教育的普及任务，实现了高中阶段教育协调快速发展，特殊教育在普及九年义务教育的过程中受到了充分重视；基础教育管理体制实现了历史性变革，农村义务教育管理体制实现了从“人民办”向“政府办”的历史性转变，办学体制改革进一步深化，改制学校的清理整顿全面展开；农村教育质量有了新提高，城乡教育均衡发展有了新突破，农村教师队伍建设有了新办法；青少年学生思想道德建设进一步加强，基础教育课程改革稳步推进，素质教育的实施进入国家推进、重点突破、全面展开的新阶段。我们要充分认识当前教育的阶段性特征，更好地把握教育科学发展的大局。

现阶段，社会主义社会发展初级阶段与人民群众日益增长的物质文化需求之间的矛盾没有变；优质教育资源不足与人民群众对优质教育需求之间的矛盾没有变。要知道，我国正处在从人力资源大国向人力资源强国的过渡时期。从教育层面来看，“有学上”的问题解决之后，“上好学”的问题已显现出来，扩大优质教育资源、提高教育质量已成为各级各类学校最为紧迫的任务。我们要充分认识我国教育的现状。

一是要认识到我国教育事业迈进了一个新的历史阶段。实现了两个“跨越”：全面“普九”实现全员教育，高等教育跨入了大众化发展阶段。同时，教育公平迈出了重大步伐，确立了中国特色社会主义教育体制的基本框架。

二是要认识到我国基础教育处于从“有学上”向“上好学”的过渡时期。

三是要认识到坚持教育的公益性、大力促进教育公平的时代含义。现阶段的教育公平追求教育机会的均等；追求教育条件的均等；追求教育质量的均等。教育公平在教育中主要体现为：学习者机会公平——有教无类；过程公平——因材施教；结果公平——人尽其才。

四是要认识到随着社会改革的不断深入，教育系统自身存在的问题更加突出。

五是要认识到全球化大背景下，提高教育质量，培养学生终身学习的能力是各国教育的重中之重。

六是要认识到在新的历史阶段，基础教育面临的问题更加复杂。诸如机构设置的不合理、职能划分的不科学、工作关系的不顺畅等问题亟待解决。

四、如何在教育中贯彻落实科学发展观

科学发展观的贯彻重在实践、重在落实。我们要运用科学发展观来指导教育工作，推动教育的科学发展。

（一）抓住机遇，迎接挑战，开创教育科学发展的新局面

当前我们的教育面临许多发展机遇：一是经济快速发展，国家对教育的投入增大；二是我国制定了《纲要》，确定了教育中长期发展思路，为基础教育改革发展带来了重大机遇。当然，我们也面临着很多挑战：一是教育公平问题；二是教育均衡发展问题；三是队伍建设问题；四是教育评价问题；五是学校管理问题；六是教育质量提高问题。

面临机遇和挑战，我们要用足用好现有政策，并争取政策，争取上级领导和有关部门的重视和支持。同时要做好宣传工作，让全社会都来关心支持教育发展。我们要继续振奋精神，保持良好的精神面貌和工作状态，把自己的事情做好，努力办好让人民满意的教育。

例如，湖北省崇阳县的“两级集中”的做法面临着四个挑战：一是教师人事制度改革问题。如如何建立人才库，教师脱钩和挂钩问题如何处理。二是学生流动和学籍管理问题。如对进城和留在乡镇读书的学生如何安排。三是家庭教育问题。如如何建立家校沟通平台。四是大规模学校的管理问题。三四千人的学校如何管理好，值得好好探讨。

（二）加强教育系统自身能力的建设

教育系统是社会系统的一个子系统，教育问题从来都不单是教育自身的问题，而是社会问题在教育系统中的反映。特别是经过30多年的改革开放和社会发展，各阶层利益格局基本形成，推进教育发展和改革，无论是在促进均衡、提高质量方面，还是在实施素质教育方面，都会涉及错综复杂的利益调整、制度重建和文化重构。因此，各地教育部门要加强自身能力建设，不断提高驾驭复杂的系统变革的能力。

我们要以科学发展观为指导，坚持以人为本、统筹兼顾、全面协调；坚持两手抓，做到抓学校内部管理和抓学校发展的外部环境建设两不误。要加强检查和督导评估工作，创造条件让学生、家长和全社会参与和监督教育工作。我们有理由相信，在各级党政领导的关心和重视下，在各部门和社会各界的大力支持下，教育的明天一定会更好。

把新的教育理念转化为教育推动力

宜昌一中，久负盛名，发轫于1500年前晋代文学家郭璞在这里开创的墨池书院。学校正式创办于1910年，始名“宜昌府中学堂”，历经辛亥革命、北伐战争、抗日战争和解放战争，至1954年改为现名。新中国成立后，在党和政府的正确领导下，宜昌一中发展非常迅速，由刚刚创立时只有七八名教师，150名左右的学生，发展到今天的200多名教师、近3000名学生的规模。

改革开放以来，学校屡获殊荣，1998年被评为“湖北省示范学校”和“宜昌市名牌学校”，在全省乃至全国产生了深远的影响。作为湖北省基础教育界的一所明星学校，宜昌一中非常重视德育，很早就开展班级值周制度，所有的学生都参加劳动、参加管理，有一种主人翁意识；重视体育，其田径、篮球项目在全省中学生运动会中都取得了极好的成绩；重视智育，宜昌一中的学生，很多人都有发明专利，宜昌一中学生的创新能力、想象能力都有很好的基础。学校提倡“活”的教学，与我们现代经济社会发展的趋势是极其吻合的。学校教师的优势不在于他们掌握了很多知识，而是在于他们能够为学生指导学习的方法。教师教给学生的这些方法、经验将成为学生的内动力和能力。

如何让一所百年老校、楚天名校延续辉煌的历史，在基础教育改革的浪潮中继续独领风骚？这是所有宜昌一中人和所有关心宜昌一中的人士都很关注的问题。一所学校的发展，核心的问题是能否出人才。这正如中国能否在100年之后成为世界上作出最大贡献的国家，最终要靠的是人才一样。宜昌一中应在继承优良历史传统的基础上，与时俱进、锐意创新，倡导新的教育理念，进一步提高教学质量，培养适合时代发展的人才。

首先，要把新的教育理念转化为教育推动力，就要遵循教育规律。宜昌一中肩负着培养人才，为高一级学校和当地经济社会输送人才的任务。正因如此，在新的教育理念指引下，宜昌一中的老师们更要遵循教育规律，遵循学生身心发展规律，遵循社会发展规律，进一步推进教育的创新和发展。教师是学校发展以及教育进步的核心力量，遵循教育规律表现在教师身上就是要注意教育方法。一个小孩在他成长的时候，首先是要扶着他走路；当他能够蹒跚走路的时候，可以牵着他走；当他长大了，我们就应该放手，可以走到孩子的对面，看着他走过来。学习也是如此，作为教师，在开展“活”的教学的时候，要多给学生营造良好的学习氛围，要“空阔透天，鸟飞如鸟，水清澈底，鱼游似鱼”。就是说当天空很开阔的时候，鸟飞起来的时候才像鸟；当水能清澈见底的时候，鱼在里面游的时候才自在。我们认为，宜昌一中就为学生营造了这么好的成长环境。另外，我们的教学，还要给学生留下适当的自主学习的空间，这就像马路上的伸缩缝，当伸缩缝过宽的时候，到了冬天，可能会卡住汽车的轮胎。如果伸缩缝过小，当夏天膨胀的时候，可能会阻碍汽车的经过。也就是说，留多大的伸缩缝，应该精心设计、精心思考。

其次，要把新的教育理念转化为教育推动力，还要敢于创新。敢于创新是使宜昌一中受到家长和社会的青睐，在全国基础教育界享有盛名的原因之一。我们从宜昌一中的网站上看到，老师和学生在同步做操；看到了老师正参加体育锻炼和太极拳比赛；也看到了每年元旦的校长致辞。另外，宜昌一中提出的“1＋10”阳光工程，得到了中央组织部巡视组的高度认可。最后，宜昌一中不断提出新的办学理念，让所有的学生全面发展，让所有的教师都成为德育工作者，全员育人。

“尊重规律，敢于创新”，既是铸就宜昌一中辉煌历史的宝贵经验，也是成就宜昌一中美好未来的重要保障。我们相信，未来的十年，在新的教育理念的指引下，伴随着《纲要》的推进，宜昌一中一定会形成新的发展目标和新的办学措施。正因如此，宜昌一中一定要好好地总结100年来所取得的成绩，反思办学的过程中还存在的不足，把教育理念转化为推动力，铸就宜昌一中更加美好、辉煌的明天！

漠视体育的教育是失败的教育

长期以来，应试教育使人们为了分数而漠视对学生身体素质的培养，学生肥胖率、近视率等居高不下，学生的力量、速度、耐力等身体素质指标持续下降，已引起了国家对国民体质的担忧。蔡元培说："完全人格，首在体育。"健全的人格是学生素质的根本。如果把一个人的综合素质看作"100"的话，那么健康就是这个"1"，如果身体不好，这个"1"没有了，一切都等于"0"。作为一种将体质、意志和精神的教育有机融为一体的综合教育手段，体育已成为推动人的综合素质发展的催化剂。体育的价值不仅在于它具有促进人的身体发育、强健体魄和帮助人们劳逸结合的功能，更在于它可以培植、释放和提升人心灵深处潜存的激情，以及以身体感知世界的能力。重视青少年的身体健康，就是对国家的前途、民族的未来、人民的幸福负责。

一、体格比分数更重要

笔者在某地调查发现，小学四年级体育课时开设不足的学校有56.5%，不组织课外活动的学校有83%；初中二年级体育课时开设不足的学校有76%，学校不组织课外活动的有71%。下午4点后，许多学生都会去参加兴趣小组，但是兴趣小组的内容大多是书法、钢琴等，少有体育类，有的学校操场总是空荡荡的，没有学生锻炼。在国外，学校的操场上经常人满为患。美国华裔小孩的梦想是进橄榄球队，哪怕是当一名替补都觉得有地位，认为有体育特长是很了不起的事情；英国的孩子认为与父亲一起踢球和看球，是最重要的人生经历；中国孩子与父母的交流更多的可能是在去各种培训班的路上进行的。在西方校园里，“书呆子”被人看不起，橄榄球场上的四分卫才是校园偶像；而在中国，成绩好的孩子往往能得到更多宠爱。体育在校园、家庭和社会中一定程度的缺失，或许正是目前中国青少年相对缺乏冒险精神、协作精神、创造力和抗打击能力的原因之一。

社会心理学家孔令智等人认为，健全人格主要体现在体格、品德、心理、性格方面，主要表现为体格、品德、性格等得到平衡发展；感情的冲动常常受到理智的控制；内心无冲突；言行一致、可靠，容易得到别人的信任；社会关系融洽，易与人合作；有较强的义务感和责任感。青少年学生的性格、气质、能力、价值观等正处于逐步完善的阶段，可塑性强，而体育具有寓教于乐、模拟社会的特点，对学生的精神与身体均可产生深刻的影响。

体育能够让学生树立正确的成败观。正如肖川所说：“体育的精神就是游戏的精神，也许单纯的激情、勇气、智慧及挑战极限的无畏精神才是体育这种游戏的真谛。”体育课程中跑、跳、投等项目，因追求更高、更快、更强的目标而充满了竞争。体育竞争的结果或许是成功，或许是失败。作为教师，应该迅速抓住学生思想行为充分暴露的有利时机，因势利导，引导学生正确地看待成功与失败、顺利与挫折、长处与短处，激励他们勇于战胜困难，克服不健康的心理障碍，提高自尊心和自信心，保持稳定的情绪、乐观的心境。

体育能够培养学生吃苦耐劳的精神。体育教学以身体活动为主要形式，但却不仅仅会在生理上产生作用，还影响学生的知识传递、心理活动、情感体验等。在体育教学中，学生会因天气原因经历寒风吹、烈日晒，同时又要通过表现、表演、评比、测试、竞赛等形式向诸多困难与障碍挑战，备受肉体之苦和心理冲击之累。这对于培养学生坚强的毅力、吃苦耐劳的精神无疑是最好的实践与锻炼。

体育能够培养学生的集体观念。许多体育项目都是以团队形式开展的，如篮球赛、团体操、接力赛、拔河等，每个成员通过互相接触、切磋、合作、对抗等，个体与个体之间，个体与集体之间，人际关系的交流更直接、更广泛，因团队的胜利与失败，每个成员都分享荣誉与承担责任。作为教师，应充分利用这种模拟的社会环境，引导学生正确地认识自我，正确地交友，正确地处理个人与集体利益的关系，增强其社会适应能力，从而培养文明的行为规范和高尚的道德修养。

二、利用体育发展个性

体育凭借自身独特的魅力而备受追捧。体育比赛的最大魅力在于永恒的竞争，在于有规则的、公平的、和平的竞争。运动场上无论是总统还是平民，都要站在同一起跑线上，听同一声号令，没有尊卑贵贱之分。运动员通过团结协作和默契配合，不停地追求与超越，追求人类的健美、完善、聪慧、愉悦，追求人类社会的友谊、和平、公正、进步，挑战人类的生理极限，朝着更快、更高、更强的目标而不断实现自我超越。观看体育比赛的人们，当看到运动员以其娴熟优美的姿态跃过两米多的横竿时，会从心底里发出欢呼，获得一种精神上的满足与升华。欣赏体育，让人们缓解压力，享受生活；分清美丑，陶冶情操；丰富情感，感受竞争；认识自己，了解世界。

在体育运动中，学生最能表现出自己的个性，合群或孤僻、好动或好静、善斗或怕事、粗暴或文静等。体育本身就是一个丰富多彩的运动世界，为青少年的自由选择和自由发展提供了一个广阔的天地，每一个学生都可以尽情展示自己的个性。体育是学生获得生存所必需的各种知识与技能的必要途径，也是一种贯穿人的一生的生活方式。从这个意义上说，体育是实施素质教育的一个重要突破口。

教师应在充分了解学生个性的基础上，因材施教，通过多种有效的教育方法、课程设置、组织形式、教学模块、评价机制等，使学生既适应现实社会的发展又有利于自身的个性的解放。比如，打乱行政班，按学生的兴趣重新编班，根据学生的差异提出不同目标要求并给予学生个别指导，逐渐促进学生个体发展。

在评价方式上，教师应改变过去以几个竞技运动项目的成绩作为统一的评价指标的做法，以学生的体能与运动技能、学习态度与行为、认知与知识、交往与合作精神、情意表现、能力发展为主要评价目标，主要采取学生自评、小组评价、教师评价相结合的评价方式。教师应把评价作为一种期待，尤其对学生暂时表现出的不尽人意之处，更应巧妙地运用评价使其体验到教师的期望，进而使其转化为一种积极行动，体现学生在评价教育效果中的主人权利。

三、像抓分数一样抓体育

党和国家一直十分重视青少年学生的健康成长。新中国成立后，毛泽东同志针对当时学生的健康状况，指示时任教育部部长马叙伦先生“要注意健康第一，学习第二”，并强调“全国一切学校都应如此”。1951年3月，第一次全国中等教育会议提出：“普通中学的宗旨和培养目标是使青年一代在智育、德育、体育、美育各方面获得全面发展，使之成为新民主主义社会自觉的积极的成员。”这是新中国成立后首次提出智、德、体、美全面发展，同时把体育摆在了一个十分重要的位置。2006年，教育部、国家体育总局、共青团中央共同颁布了《关于开展全国亿万学生阳光体育运动的通知》，并提出“每天运动一小时，健康工作五十年，幸福生活一辈子”的口号。从2009年起，国家将每年的8月8日确定为“全民健身日”。

然而，学校体育的发展却不尽如人意。许多学校把不能正常开展体育活动的原因归咎于体育器材不足，体育场地缺乏。确实，体育器材的配备需要一个过程。现在湖北省教育厅每年拨付1000万元优先用于保证偏远地区体育设施的配备。其实，许多体育活动并不一定需要体育器材，如跑步、俯卧撑等，每所学校可以根据本校的情况开展相应的体育活动。

孩子是家庭的，也是国家的。家长要尊重孩子的体育爱好，给予孩子体育锻炼的时间。社区的场馆要向青少年开放，给学生提供更多的活动空间。学校作为实施体育教学的主要场所，应安排好作息时间，认真落实“阳光体育运动”“大家唱大家跳”活动，保证学生每天至少锻炼一小时。同时，要在各个环节中切实减轻学生的课业负担，让学生有更多的时间去思考、锻炼，接触社会，了解书本上没有的知识，即使放假，学校也应该让门开着，让学生自由到学校参加锻炼。校长要带头锻炼。南开中学创始人张伯苓曾说：“教育里没有了体育，教育就不完全。我认为体育比什么都重要。不懂体育的，不应该当校长。”南开中学重视体育锻炼，先后走出了50多位院士。教师在培养学生的过程中，应避免急功近利，从基础做起，循序渐进，就像美国篮球职业联赛一样，训练队员不只是让他们练习定点投篮，而是先练习跑步和力量，按照篮球比赛24秒进攻时间的规则，完成11组球场折返跑训练，然后再练习运球、传球和投篮等。教师在引导学生体育锻炼时，要告诉学生锻炼的技能和方式方法，如有氧呼吸和无氧呼吸的调节等，同时还要让学生注意安全，做好必要的安全防范措施。只有家庭、社会和学校三管齐下，才能让体育的价值真正实现。

均衡发展是教育工作的基本价值取向

2005年，教育部印发《关于进一步推进义务教育均衡发展的若干意见》，“均衡”首次以政策措施的形式“亮相”。2006年、2009年，教育部分别在四川省成都市和河北省邯郸市召开了全国推进义务教育均衡发展现场经验交流会，先后提出了“义务教育初步均衡”“义务教育基本均衡”的目标。“均衡”不仅成为“热词”而备受关注，更成为教育工作的基本价值取向而被摆到了义务教育重中之重的地位。

义务教育均衡发展的提出及推进，有着特定的时代背景。改革开放初期，为解决人才短缺问题，在短时期内多出人才、快出人才、出好人才，国家提出采取“重点校”政策，使优质教育资源向少部分地区、学校聚集，快速培育了一大批国家建设急需的优秀人才。这种不均衡配置在短期内起到了加速教育发展、迅速培养人才的作用，但同时也成为我国义务教育失衡发展的内因。不同地区间经济、人口、社会等条件的不同是造成教育发展失衡的外因。滋生“择校”热、乱收费等教育乱象的土壤就是“不均衡”。确保不同的受教育群体在接受教育权利、条件等方面达到相对平等，确保区域内的义务教育均衡协调高质量发展，便成为教育的一个历史性课题摆到了人们面前，均衡发展将成为教育工作的基本价值取向而被持续、强力推进。

一、均衡发展是教育决策的核心理念

前些年，曾经在街头看到一幅宣传学校的巨型广告——一样的孩子，不一样的前途。这是一所名校办成民校后做的广告，广告本身似乎没有什么问题，但是将内容放到一定区域来分析，问题就来了：一些公办重点学校，过多占有教育优质资源，一方面可以大量使用纳税人的钱，一方面又可以招收高价生，把计划经济的好处和市场经济的好处全占有了。所以就有了“不要把名校办成民校，而要把民校办成名校”的呼声。均衡发展本身就是一个教育发展理念问题，是一种教育发展观，是科学发展观在教育领域的具体化。教育能否实现均衡发展，首先还是观念问题。由于历史形成的城市和乡村的自然差距，再加上我国城乡二元结构体制的长期推行，导致城市学校条件好、农村学校条件差。而且，人们在心中已经认可或接受了这种差别。正是这种意识或理念的存在，维护了城乡义务教育发展的不均衡、重点校和一般校的不均衡。所以，必须使教育均衡发展成为全社会普遍接受的理念，然后才能使得教育均衡发展成为具体实践并得到真正落实。

政策和体制具有导向性和决定性。任何事业的发展都是在政策体制范围内的发展，是政策体制的反映和体现。无论是决策者还是人民大众，在对待义务教育适度超前并均衡发展的问题上都会有一定认识或见解，要引导这些认识统一到科学的理念上来，让社会、国家、政府以及每一个国民树立义务教育均衡发展的先进理念，进而再采取措施，让先进的理念成为成功的教育实践。而贯穿均衡发展理念的措施，就是法律法规、政策制度等。

国家应通过法律法规确保给公民或未来公民以同等的受教育的权利和义务，通过政策制定与调整及资源调配而提供相对均等的教育机会和条件，以客观公正的态度和科学有效的方法实现教育效果和成功机会的相对均衡。

在宏观层次上，教育均衡包括教育权利的公平和教育机会的均等，以及教育发展与经济社会相互协调发展等，它在整个教育均衡体系中以外在的形式体现了教育均衡的社会学特点，反映的是内在的教育权利和教育机会。首先，从决策的角度分析，宏观层次的教育均衡思想主要体现在：国家制定的各种教育法律、法规，以及各种教育政策都要充分体现教育均衡发展的基本理念和思想；各级政府和教育部门制定的有关教育法规、政策都要体现教育均衡发展的基本理念和思想；各级政府和教育部门在推动教育改革和发展的过程中要以教育均衡发展思想指导教育工作，把教育均衡发展的思想作为教育发展特别是基础教育发展的长期的指导思想。其次，从教育与经济社会关系的角度分析，教育的发展必须与经济社会发展相协调，教育所培养和输送的劳动力在总量和结构上必须与经济社会的发展需求达到相对的均衡，教育的各项方针政策也必须体现制度均衡的思想。宏观层次的教育均衡发展主要体现在：教育权利公平、教育机会均等和教育规模均衡、结构均衡、制度均衡。

在中观层次上，教育均衡包括区域均衡、城乡均衡、校际（包括各类教育之间）均衡、群体均衡。中观层次的教育均衡是内在的、实质的教育均衡，它在整个教育均衡体系中体现了经济学的特点，反映的是教育资源的配置。从内涵看，中观层次的教育均衡发展主要体现在各级政府要确保教育资源在区域之间、城乡之间、学校之间、受教育群体之间合理和有效地均衡配置。从资源配置看，中观层次的教育均衡发展主要体现在：学校公用经费、生均经费等投入均衡，校舍建设、教学实验仪器设备、图书资料等硬性资源的均衡以及学校教师队伍的学历、素质，学校内部管理以及学校教育教学理念等软性资源的均衡。中观层次教育均衡发展主要体现在：区域均衡、城乡均衡、学校均衡、群体均衡和硬件均衡、软件均衡。

在微观层次上，教育均衡包括课程、教学和教育评价的均衡，它是教育均衡的具体化，是实质性的、内在的、更深层次的教育均衡，在整个教育均衡体系中体现了教育学的特点，反映的是实质的、内在的教育质量和教育效果。微观层次的教育均衡发展主要体现在：生源均衡、质量均衡、结果均衡、评价均衡。

二、均衡发展是素质教育的核心内容

义务教育均衡发展是政府公共服务的法定职责，是全面实施素质教育的关键路径。义务教育的均衡发展与素质教育本质上是一致的。素质教育要求广大教育工作者依据人的发展和社会发展的实际需要，遵循教育规律实施教育，全面提高学生的素质，提高学生的综合能力，促进学生身心全面和谐地发展。推行义务教育均衡发展的目的是为了整体提升义务教育阶段学校的教育条件和办学水平，努力为每一位适龄儿童、少年提供平等受教育的机会和条件。教育的均衡发展和素质教育在本质上都是为了更好地促进全体学生的健康成长。学校教育必须有较高的教学质量和效率，教师的教育与教学必须尊重和发展学生个性的各个方面，这才是真正的教育均衡和真正的素质教育。

义务教育资源分配要相对均衡，为素质教育的实施提供硬件服务和智力支持。素质教育应促进学生全面发展，帮助每一个学生发挥特长，施展才能，实现个性成长。而推进义务教育均衡发展，就要推进中小学标准化建设，实现办学条件均衡，为更多的山区、农村学校提供实施素质教育的硬件保障，如图书馆、资料室、活动场所等。统筹教师资源，实现师资水平的均衡。建立区域内骨干教师巡回授课、紧缺专业教师流动教学、城镇教师到农村学校任教服务等多项制度，以指导、帮助薄弱学校提高教育水平，让更多的孩子享受更好的教育；广泛开展湖北省千万学生“阳光体育运动”，保证学生、教师每天一小时体育锻炼；落实体育大课间，深入开展中小学“大家唱、大家跳”等体育和艺术教育活动；严禁增加课时和教学难度，减少作业量和考试次数，减轻学生课业负担；切实关注弱势群体，让他们都能够顺利地接受义务教育，实现教育权利与机会平等；大力支持社会力量办好民工子女学校，建立贫困家庭子女助学机构等，关爱家庭困难、学习困难、品德有偏差的学生，引导他们逐步走上健康成长的道路。

面向全体学生，面向学生的每一个方面既是素质教育的要求，也是均衡发展的要求。教育均衡发展不仅包含教育、经济和社会的均衡、协调和持续发展，也包含教育内部各要素和教育形成要素的均衡、协调和持续发展，更包含教育对象的均衡、协调和持续发展。面向学生的均衡发展，就是应该让学生各得其所、各展其长，让李娜成为李娜，让李小双成为李小双。假如不管你是李娜还是李小双，上午都是文化课，下午大家都用一小时练习网球、一小时练习体操，表面均衡了，实际上却抹杀了个性差异对教育的要求。

三、均衡发展是教育实践的核心价值

教育均衡发展的理念应当渗透于教育工作的方方面面，不同岗位、不同层面都应该成为推进教育均衡发展的舞台，都应在推进教育均衡发展中发挥自身独特的作用。生动的教育实践必须充分体现教育均衡发展这一核心价值。

近年来，“均衡发展”成为湖北省教育工作的关键词。2009年，湖北省开始实施了“义务教育均衡发展行动计划”。该计划由一系列的工程和机制组成，比如，“两个机制”（经费投入保障机制和督导评估机制）、“三化目标”（基础设施标准化、师资配备均衡化、教学质量一体化）、“四项工程”（以县域为单位实施 “学校标准化建设工程”“教师队伍建设工程”“教学质量提高工程” “义务教育关爱工程”），具有很强的可操作性和可检验性。

2010年初，湖北省争取到三个国家教育体制改革试点项目：“义务教育均衡发展”“探索职业教育公益性的实现途径”和“高等教育综合改革”。湖北省教育厅针对“义务教育均衡发展”试点项目，研究制定了《关于推进义务教育阶段学校标准化建设的实施意见》等四个配套文件，设立“地方教育制度创新奖”，每年评选一次，设一等奖一名，二、三等奖若干名，奖金专项用于促进县域义务教育均衡发展。经过两年多的教育改革，湖北省的许多县市探索出了自己的经验，如通山县的“联校走教”办学模式，丹江口市的“教育发展协作区”管理体制，潜江市实施的“联校办学、联片管理”的“区域一体化”发展，崇阳县统筹城乡教育资源配置、建立城乡一体化义务教育发展机制等。

课堂是党的教育方针最直接、最具体的实施场所，也是素质教育最后的落脚点和归宿。因此，我们要重构课堂教学的理论范式和实践模式，真正让课堂教学成为教育均衡发展的生动场所、促进学生均衡发展的主阵地和主渠道。要确立均衡发展的课堂教学新理念，树立均衡发展的新的学生观，公平合理地分配课堂教学的宝贵资源，让每个学生都享有均等的话语权，在尊重学生差异的基础上实施差异化教学，让教育均衡发展在课堂中有效实施。湖北省教育厅开展了“课内比教学，课外访万家”活动。“比教学”活动围绕教师专业化来设计，引入竞争机制，通过创先争优来充分展示教师的能力和水平；“访万家”活动是加强教师职业规范的一项重要内容，全体教师要通过“访”来走向社会、增强使命感、提高职业素养。

湖北省的义务教育均衡发展有一个明确的路线图和时间表。2011年，湖北省有27个县市接受义务教育均衡发展基本均衡验收，2012年有18个县市、2013年有30个县市、2014年有37个县市，到2015年，全省基本实现县域义务教育的均衡发展。

教育均衡发展不只是理想、是境界，更是教育发展的战略。只有当均衡的理念在每一位教育决策者、每一位教育工作者心中扎下了根，成为一种主流的价值观时，均衡的理想图景才可能真正呈现。

第二篇 教育之律

DIERPIAN JIAOYUZHILV

把在生活中发生的一些小事记录下来并重新审视，发现其中的教育蕴含，从而引导一线教育工作者把自己的思维或思想引向教育生活的深处。帮助教师在平常的教育生活中发现教育机会，就是教育叙事的重要意义。本篇收集了作者25篇有关教育叙事与感悟的文章，对一线教育工作者深入思考教育生活，及时抓住教育机会有较强的指导作用。

教师，要多一点善意与宽容

什么样的老师才是合格的老师？老师应该具备哪些素质？这样的问题看似很简单，其实却很难回答。多年后，每当我们想起自己中学、小学的老师时，大脑中也许只有记忆的碎片——某位老师送给我一句很漂亮的临别赠言，或者某位老师曾经说我是“猪脑子”，或者某位老师嘲笑我考试只得了零分……

一些微不足道的事情，带来的也许是感动，也许是伤害，但都留在了学生的记忆中。为人师者，是否真正斟酌考虑过自己对学生说的每一句话、做的每一件事呢？

有一个孩子喜欢骂人，喜欢说脏话，他的父亲很想帮他纠正这个坏习惯。有一天，父亲将孩子带到家门口的一个木栅栏前，对他讲：“从此以后，你骂一次人，就在栅栏上钉一颗钉子。”一个多月后，栅栏上钉了许多钉子。父亲又讲：“从现在起，你每做一件好事就拔去一颗钉子。”过了一段时间，钉子基本上被拔完了。父亲让孩子看着栅栏，然后深情地说：“你看，钉子虽然都被拔掉了，但钉孔却都在；就像你伤害了别人，就算过去很久，伤痕还在，影响是很长远的。”

睿智的父亲用一件小事说明：给别人带来的伤害，即使经过很长时间也难以消除。教师也应该从这个小故事中得到一些启示：当学生犯错时或者达不到我们的要求时，我们会因为一时激动，对学生说一些不该说的话，那些话带来的伤害就像故事中的钉孔，也许永远都不会消失。作为老师，我们是否应该多点宽容和善意?

每个人都是不完美的，更何况是中小学生呢！当他们犯错时，我们应多些宽容，用真心去感动他们，用道理去说服他们；当他们无法达到我们的要求时，我们应多一点善意的鼓励，少一点打击和歧视。有时，教师的一句话可以让学生终身受益，也可能会浇灭他们探索的兴趣、会伤及他们年幼的心灵……不要低估一颗钉子的威力，一个钉孔会成为栅栏永远的伤疤。

其实，教师的指责嘲笑并不一定能帮助学生改正错误，或者达到教学目标。现在所提倡的以学生为中心的管理观，就是要相信学生具有自我反省、自我调控和自我发展的能力。学生出现一时的错误和落后并不可怕，教师应着重引导学生学会质疑自己的行为，培养其责任感、使命感、自尊心与荣辱观，并能自觉遵守纪律、法规和法律。

一名合格的教师不仅应该具备教学创新能力，还应该具备教育应变能力。做个应变能力强的教师，多从学生的眼神、表情、动作的细微变化中发现问题，多运用教育学、心理学原理解决问题，多艺术地处理偶发事件。更重要的是，教师应该对孩子充满爱，小心呵护孩子的梦想和尊严，避免不经意的伤害，让孩子快乐健康地成长。

教育需要和谐。当师生双方都学会了换位思考，即使学生做错了什么，师有谅解心，生有悔改意，一切问题就会迎刃而解了。

在乎每一个孩子

我的儿子上小学时有两件事给我留下了深刻的印象。一是儿子上二年级的时候，对我提了一个要求："爸爸，你什么时候能送我去学校？哪怕就一次！"说得我鼻子酸酸的。是的，平时我总是找多种理由推脱，从未送过儿子去学校。那次我终于送儿子去上学，到学校一看，孩子多是被家长牵着手走进校门，一脸的高兴。我心里终于明白，儿子同样需要这种公平、平等的待遇啊！另一件事大约是儿子上小学四年级的时候，有一个星期他总是闷闷不乐，在家不喜欢说话，也不喜欢谈学校的事情。我想：这是怎么了？后来从他的同学那里了解到，原来这一个星期没有一个老师点儿子回答问题，儿子是因为没有得到老师的关注，所以伤心了。

其实，每个孩子都一样，都渴望老师、家长、同学在乎他。

我们的教育要在乎每一个孩子，这是教育公平性的体现。教学要针对不同层面的、具有个性差异的学生，从各个方面满足每一个学生的需要，促进每一个学生的发展，在一定程度上让学生感受到教育、教学的公平，让学生感受到平等。现在许多学校注重升学率，重点抓“优等生”的学习，设计教学时往往忽略了“后进生”的认知水平，完全违背了教育的公平性原则。在一个团队里，一些孩子“掉队”了，不再被老师点名回答问题，渐渐被忽视，自然而然就会产生厌学情绪，接下来还可能出现更糟糕的情况。

有的孩子因为“掉队”了，不被老师在乎，所以不愿意去学校、不愿意见老师，这种现象值得我们反思。教师的重要责任就是经常检查自己管理下的班集体，看是否忽视了一部分人，是否有人掉队了？掉队的孩子也是团队的成员，更需要老师的帮助。

有这样一个小故事，说的是一个人在海边散步，看到一个孩子不停地将因退潮而搁浅的小鱼扔回大海。小鱼很多，这个人就对这孩子说：“你扔得完吗？谁在乎呢？”小孩头也不抬，边扔边说：“这条小鱼在乎，这条小鱼也在乎……”是啊，小鱼在乎，孩子在乎，我们为什么不在乎呢？一个孩子都知道尊重每一条小鱼看似卑微的生命，作为教师，我们是否该尊重每个孩子的生命，关注他们的行为，理解他们的心愿呢？

一名好教师应该懂得建立民主、平等、和谐、融洽的师生关系，应该懂得每一个孩子都是有潜力的，要善于因材施教。如果一个教师把关爱给了全体学生，在乎每一个学生，就会研究学生、了解学生之间的差异、尊重学生的个性。在乎每一个学生，教育就会成为服务，一切为了学生的发展服务，为了一切学生的发展服务，这样的教育才称得上是公平的教育。

每个教师都应时时提醒自己：在乎每一个孩子，然后引导、激励他们。坚持下去，相信他们的成长一定会让我们惊喜！

让天鹅能够飞得更远

——教育要以学生为主体

天鹅原本是能飞得很高很远的，可现在天鹅却飞不高、飞不远。因为天鹅在早些时候变成了富人的宠物，为让天鹅不离左右，富人想了三种办法：一是剪掉天鹅双翼一边的羽毛让其失去平衡不能飞；二是绑住天鹅的翅膀，使其不可能飞；三是缩小池塘，让天鹅因没有很大的湖泊助跑，飞不起来。原本极有灵性的动物天性就这样被扼杀了。

教育也是如此，爱孩子不是让孩子按老师、家长的意志去做，而应按孩子的真实想法和个性特长去创造环境，让孩子学会做自己想做、能做的事。教育的境界就在于：海阔凭鱼跃，天高任鸟飞。

人有一个爱好不容易，一旦受到打击，就很难再有新的爱好。没有爱好也就无从成就特长。没有爱好的生活就会缺少快乐，生活缺少欢乐，就会对学习失去兴趣，无一技之长何谈成才？只是许多老师没有意识到这一点，他们按照自己的想法修剪孩子这棵小树，他们怎么教就让孩子怎么学。教学教条化、静态化、单一化、模式化，使孩子完全成为知识的被动接受者，就如同被剪掉翅膀的天鹅，再也飞不高。我们现阶段的课改就是要改变这一现状，让孩子成为教育的主体。

要让学生的特长得到发展，就要实施素质教育。因为素质教育奉行主体性原则、问题性原则、开放性原则、创造性原则，把主体性放在了首位。因为真正的教育应该以人为本，始终以学生为主体，一切为了学生的发展，一切都着眼于调动和依靠学生内在的积极性，给学生提供安全、健康的环境，让他们真正成为学习的主人。

以学生为主体的课堂不是教师表演的舞台，而是师生交往、互动的舞台；不是训练学生的场所，而是学生发展的场所；不是传授给学生知识的场所，而是学生探究知识的场所，是教育智慧充分展现的场所。

以学生为主体的教学环境是质疑产生的自然、安全、宽松的环境。在这里，问题、答案、活动空间都是开放的，学生能体验到创造与成功的喜悦。

以学生为主体的教育，教师是“平等中的首席”，在教学中起到引导、开导的作用，绝不能包办一切、掌控一切。

以学生为主体的课堂教学模式有利于促进教学改革，落实素质教育；有利于优化课堂教学，提高教育质量；有利于培养创新型、研究型教师；尤其有利于激发学生的兴趣，培养学生的特长，促进学生的全面成长。

在中国的大部分医院里都设有急诊室，而在美国的医院里设的是急症室。急诊室的意思是，凡是有重病、急病的人可在此治疗，凸显的是医生的神圣地位，忽视了病人的地位。急症室的意思是，病人感觉患重病、急病，可到此治疗，主角是病人，病人有权判断与选择，急症室是为患者服务的。一字之差，表达的意思却有很大的区别，体现了中美文化的差异。急诊室是以医生为主，急症室是以病人为主。急症室更能体现对病人的尊重，更能体现以人为本和人际关怀，拉近了医患之间的距离。我们的教育是否也应像“急症室”一样，体现学生的主体地位，尊重学生的天性，考虑学生的喜好，真正做到因材施教呢?

新一轮的课程改革已经做出了许多有益的尝试，我们的课堂也发生了翻天覆地的变化，但是我国的教育弊端由来已久，有着深厚的文化基础，真正确立学生在教育中的主体地位，尚需教育工作者的不断努力。

海鸥为什么能飞渡大海

——给学生们的学习建议

小华并不是十分聪明的孩子。上幼儿园时，小华模仿游戏时总是比其他的小朋友慢些，显得笨拙些，他得的大红花相对也少些。妈妈总是安慰他说：“你以后会得到很多的。”小华上小学时，同桌的小磊学习在班上排第23名，小华是班上第35名。小华问妈妈：“我是不是很差？”妈妈说：“你会进步的。”上初中二年级时，小磊和小华都很用功，小磊得了班上第五名，小华得了班上第21名。小华又问妈妈：“我为什么总比小磊差这么多？”妈妈说：“其实你也有很大进步啊，妈妈对你是满意的。”就在初二这个暑期，妈妈带小华去看了一次海。后来，小华中考时考上了省重点中学，再后来又考上了清华大学。小华大学毕业后母校请他回校谈感受。小华说：“我现在取得的成绩得感谢我的老师，感谢我的妈妈，特别是我的妈妈那一次带我去看海，印象太深了。”于是小华讲了自己在海边的见闻。

在海边，一些小鸟喜欢在海滩旁追逐嬉闹，当海水涨潮时，小鸟们便不停地拍打着翅膀想飞起来。灰雀反应很快，几乎从未被海水打湿过翅膀，可海鸥总是很慢，每次总是被海水打湿翅膀，海鸥得努力几次才能摆脱海水的侵袭。可恰恰在这些鸟中，只有海鸥才能飞过大海，因为它从未停止过努力，从未因受到挫折而放弃，反而因连续的挫折练就了飞越大海的意志和本领。

我们是否能从海鸥的故事中得到一些启示呢？有的孩子学习成绩不好，几次名次靠后就会怀疑自己的能力，便不再努力。我们只看到了海鸥展翅飞翔，却没有看到它背后付出的努力。小华虽然并不十分聪明，但是经过自己的努力，照样可以成功。

学习是个渐进的过程。在这个过程中有的同学进步快，有的同学进步慢，但最终获得成功的往往是那些不服输、勤奋，又逐渐掌握方法的人。他们靠顽强的毅力、靠一点一滴的进步激励自己，最终领先到达终点。就像长跑一样，有的队员起跑快，体力消耗大，不一定能坚持到终点；而有的队员开始时相对落后，但他把握好了节奏，克服落后与体力消耗带来的挑战，咬着牙，一步一步地坚持着，一小段一小段地去实现目标，最终就能实现大目标。

万丈高楼平地起。建造高楼大厦首先要打好基础，从一点一滴做起，包括地质勘探、打桩、灌混凝土等一道道的工序。建筑必须重视基础，学习必须注重积累。

庄子说：“水之积也不厚，则其负大舟也无力。风之积也不厚，则其负大翼也无力。”荀子说：“不积跬步，无以至千里；不积小流，无以成江海。”看似细小的知识，只要积累起来，就能构建学问的大厦。学习就要从掌握基础知识开始，戒除浮躁，静下心来，认真理解，深刻领会。学习过程中不怕不懂就怕不问，不怕出错就怕不知错在何处，不怕落后就怕放弃。学习的要领是积累、借鉴、选择、比较、提炼，而其中最重要的就是“积累”。

假如海鸥最初飞翔时因被海水打湿翅膀就放弃努力，我们还能看到那道靓丽的风景吗？假如小华落后了就不再坚持，能取得后面的成绩吗？学一学海鸥，把一点一滴的努力积累起来，坚持不懈，就一定能实现人生的理想。

『状元』与素质教育

许多家长或者老师害怕实施素质教育和课程改革，一个很重要的原因就是他们有顾虑：课程改革后会不会使学生分数下降，会不会影响学生的应试能力？其实这种忧虑是完全不必要的。素质教育要提高学生的综合素质，培养全面发展、适应社会需要的人才，这与考试并不矛盾。

笔者从网上查阅资料，看到对2005年高考状元的一系列采访，发现那些高考状元并不是死读书的书呆子。湖北高考理科状元朱师达性格活泼、诚实、自信，爱好踢足球、打篮球、看电影；文科状元朱静的学习经验是要培养好的学习习惯。江苏文科状元曾出了一本《船家心雨》的书，理科状元则认为因为自己的学习方法胜人一筹所以才能取得好成绩。在状元里面，有当学生干部的，有音乐、体育、科技、文学等方面的爱好者，多才多艺者居多，而且这些学生从未因个人爱好影响学习。有的学生家庭非常困难，但个性非常乐观、非常有毅力。

通过对一些高考状元的特质进行归纳，我认为这些学习佼佼者之所以能取得骄人成绩，主要原因在于：

（1）学习极自信；

（2）自主性强，学习极自觉；

（3）有较强的承受挫折的能力；

（4）人际交往和谐，为人随和、乐于帮助人，与同学、老师、父母相处很好；

（5）学习认真，有不怕输、不服输的精神；

（6）学习习惯良好，学习效率较高；

（7）爱好广泛，既对所学学科有兴趣，又对文学、体育、艺术等有爱好；

（8）学习很执著，懂得自律，善于控制情绪和行为。

这些孩子把学习看成享受，看成一种丰富多彩的生活；把困难看成一种挑战，把失败看成一次磨炼。他们身上体现了中学生的综合素质，不管是学习能力、动手动脑能力，还是心理承受能力、与人交往的能力，都是素质教育所追求的。但在应试教育背景下，这样的学生毕竟是少数。因此我们才要提倡课程改革，就是为了培养更多全面发展的人才。

我们现在所提倡的新课程包括学科课程和活动课程、分科课程和综合课程、形式课程和实质课程。除了传统的学科教育，教师还应注重培养孩子的能力，陶冶孩子的情操，培养更积极、更乐观、更开朗的幸福生活的创造者。我们的课程改革就是为了让学生动起来，体现个性和差异。就像我们的高考状元很少是那种只会读书的书呆子，相反，他们活泼好动、兴趣广泛，这正印证了课程改革的正确性。

其实，课程改革是全球经济一体化和政治民主化的需要。社会需要乐于分享、善于沟通、勇于承担、敢于创新的具有时代精神的人才。传统教育下的学生的特点主要是被动与依赖，缺乏主动性，过于服从权威，这样的人已难以适应当今时代的发展。

没有落后的学生全体，只有落后的个别教师。作为教师，应该从应试教育的桎梏中解脱出来，放下心理包袱，大胆革新，探索出一条素质教育实施之路。

为人之道要重于为学之道

教育家陶行知曾说过："先生不应该专教书，他的责任是教人做人；学生不应该专读书，他的责任是学习人生之道。"一句话道出了教育"育人"的真谛。清华大学的校训"自强不息，厚德载物"，上海交大的校训"饮水思源，爱国荣校"，复旦大学的校训"博学而笃志，切问而近思"等，都蕴含着一定的为人处世的道理。

不管是以前，还是现在，我们的教育工作不仅仅是教给学生固有的知识，还要塑造学习者健康的人格和健全的心智。学校教育的根本任务在于使学习者学会如何学习、如何工作、如何合作以及如何生存。这就要求教师教给学生一些为人处世的道理。

几年前的一个刚下过雨的冬天，我上街给孩子买荸荠。在一个小摊点前，一位靴子上满是泥巴的农民坐在用草铺垫的石头上，不停地搓着双手取暖，他面前摆了一小筐荸荠。经过一番讨价还价后，农民答应每斤按荸荠6毛钱卖给我。整个筐子里也只有十来斤荸荠，我都买下了。收了钱后，他说："这十来斤荸荠，我花了两个钟头从地里挖起来，又花两个多钟头洗干净，从家里到集市要一个钟头，在这里等了一个钟头，回去又是一个钟头，7个多钟头6元钱，不包括种子和栽种的工夫。钱，来得多么不易啊!”这段话给我留下了非常深刻的印象，每当想起就会觉得心情很沉重。钱是来之不易的，而我们的孩子又能体会到多少呢？

我们曾到农村做过一个调研，发现现在的高中生、大学生在学校的生活消费水平差别很大。有的家庭困难的学生每月200～300元，不足的通过打工来贴补。有的学生家庭虽然不富裕，但是每月费用超过500甚至700元，这些钱他们大部分用于交手机费、上网、开生日Party、吃零食等，很少有购书的，可以说花钱大手大脚，十分奢侈。

家庭经济条件好，多用点无可厚非，但也不能浪费，更不能为满足个人的虚荣心不顾家庭现状打肿脸充胖子，因为那样对不住劳累、勤苦、善良的父母。如果学业荒废，做人又成问题，那不更伤了父母的心？崇尚节俭、艰苦朴素是中华民族的优秀传统，这在任何时候都不能丢！

中央电视台曾做过一期特别节目：分别对不同年龄段的人进行采访，了解“个人获得幸福的三条理由”。18～30岁年龄段的人认为获得幸福的理由是：有很多朋友，有自己的爱好，有很好的爱情；31～45岁年龄段的人认为获得幸福的理由是邻里和睦，有称心的爱人，儿女有出息；46岁以上年龄段的人认为获得幸福的理由是邻里和睦，儿女有出息，儿女孝顺。三个不同年龄段的人对幸福的感受不一样。年轻人追求的是事业与爱情；中青年需要的是和谐的邻里关系、和谐的家庭关系，儿女健康、快乐、好学、懂事；中年以上的人需要人际关系、邻里关系和谐，希望儿女健康、守纪、事业有成、懂得爱人、懂得孝敬老人。

有了儿女的人只要儿女顺利，受再多的苦也心甘情愿、无怨无悔。而青年人却少了对父母的关心和牵挂，也少了对邻里关系、融入社会的关心，他们关心的是朋友和自己的个性自由，这虽然也正常，但毕竟有缺憾。

年轻人的这些特点与我们的教育一味地重视成绩，忽略了对孩子为人之道方面的教育有关。学校追求升学率，使得学生也把学习放在第一位，这样培养出来的人才难道就是我们社会需要的人才吗？孩子小时候不懂得为人处世，长大后就不能很好地融入社会。我们的年轻人奢侈浪费、不懂感恩、不懂孝敬父母，我们在抱怨的同时也应该反思一下我们的教育。

错失的，不只是两个练习本

——评价要基于科学的教育价值观

有这样一件小事。一次小学生数学测验，老师说成绩95分以上的奖励两个练习本。小倩很高兴，困为她考了96分。老师在最短的时间内兑现了诺言，奖励了小倩两练习本。老师在发完奖之后发现有道题判错了，于是问学生谁的考卷判错了。小倩一看自己的试卷判错了，就告诉了老师，结果她的分数就没过95分，老师理直气壮地收回了两个练习本，小倩很不开心。

这件事虽然很小，但是引人深思。老师判错后，让学生自己举手，这是一次多么难得的教育机会！虽然指出错误就意味着试卷上的分数减少了，小倩还是很诚实地告诉老师，这种诚实不应该得到表扬吗？应该再奖励两个练习本才对！可老师却收回了练习本，这会对学生的心灵造成什么样的影响呢？

好成绩值得表扬，诚实的品质也同样值得表扬。小倩的老师就是过于注重考试成绩，而忽略了孩子身上表现出来的闪光点，错失了利用情境教育孩子的机会。

奖励与鼓励在教育中的作用不可估量，我们的课程改革的一个重要的内容就是建立新型的评价机制。

首先，我们的评价应该是发展性的评价，以形成性、诊断性评价为主，评价的是学生的发展。其次，评价应该是多元的，除了考试，我们还可以采用情境观察法、档案袋法、实际任务操作法等来评价学生。

心理学家加德纳的多元智能观认为，个体身上相对独立地存在着的与特定的认知领域或知识范畴相联系的智能有八种。这八种智能分别是语言智能、音乐智能、逻辑数理智能、视觉空间智能、身体运动智能、自我认识智能、人际智能和自然观察智能。加德纳的多元智能理论给教育带来的启示很多，尤其是在教育评价方面。根据多元智能观，我们应该摒弃以标准的智力测验和学生学科成绩考核为主的评价观，树立多维的评价观。多元智能理论所主张的教育评价就是通过多种渠道、采取多种形式、在多种不同的实际生活学习情境下进行的、确实考查学生解决实际问题的能力和创造出初步的精神产品和物质产品的能力的评价，这和我们的新课程评价不谋而合。

虽然说表扬和鼓励对于我们的孩子有很大的激励作用，广大教师要善于捕捉学生的长处、优点加以表扬。但是，表扬也需要一定的技巧。老师不能一味地表扬，因为表扬分为有效表扬和无效表扬。有效的表扬前后一致，指明表扬的具体人和事；表扬的方式灵活，能引起学生的注意；表扬学生有能力或完成的任务有价值，能引导学生更好地评价自己的学习，使学生更关注自己的努力付出和成功喜悦，把成功归因于学生的能力和努力，暗示其以后还会取得成功。无效的表扬多是随意或不系统的，笼统地给予表扬；方式单调，引不起学生的注意；只表扬行为参与，不涉及行为过程和结果；只表扬学生所取得的名次；以学生同伴的成绩为基础描述学生当前成绩，引导学生与他人做比较，进行竞争；表扬时不涉及学生所付出的努力，把成功要么归因于能力，要么归因于外部因素。

教师要树立科学的教育价值观，在目的上要从为应试服务向为学生发展服务转变，功能上要从分层鉴定向诊断激励转变，结构上要从重结果向重过程转变，内容上要从重知识向重全面素质转变，情感上要从与情感无关到与情感相关，标准上要从统一性向多样化、开放性转变。不能把眼光仅仅盯在学生的学习成绩上，要深刻理解学生综合素质提升的重要性，把学生全面成长、素质提升放在首位，时刻找机会用恰当的方式表扬先进，树立榜样，激励学生成长。从这一角度来讲，上面案例中这位老师的教育价值观还有缺陷，还处于成绩重于素质的认识层面。

教师只有完成了这几个转变，才能从多方面观察、评价和分析学生的优点和弱势，并把由此得来的信息作为依据，选择和设计适宜的教学内容和教学方法，使评价确实成为促进每一个学生全面、充分发展的有效手段。

把探究性思维带入课堂

我们的课程改革一直在重复的一个词——“探究”，到底什么是“探究”，什么是“探究式学习”，什么是“探究性思维”？很多老师对此有些困惑。

举一个简单的例子。在我们的历史科目测试中，很容易涉及曹雪芹哪年出生、活了多少岁、是哪一年写成《红楼梦》的等直问式试题。要回答这样的问题，学生只要记大量的数字就可以，不需要太多的理解。其实也无法理解，因为事情的发生是已定之事。回答这样的问题自然不需要探究。

有一则报道，说日本的一次历史科目测验中有一道题是：中日一百年打一次仗，19世纪中发生了1894年的甲午战争，20世纪发生了1937年的中日战争（中国称之为抗日战争），那么21世纪的中日之战将在什么时间、以什么方式发生？如何防范？这样的问题不需要记忆，但是需要学生探索研究，与我们的历史测验试题完全不同。

这里且不谈日本这道测试题的目的，对比一下就会发现，我们的教学、测试偏重于机械记忆，忽视引导学生理性思考。其实，教学的目的除了要求学生掌握知识、技能之外，还要培养学生正确的情感、态度、价值观，要总结历史经验教训，面对现实问题，用所学知识去解决问题并关注未来发展。这些能力是怎么得来的呢？靠的就是探究式学习，即靠探索研究解决问题。因此，我们应该把探究性思维带进课堂。

新课标五大基本理念是重视共同基础，构建发展平台；提供多种选择，适应个性需求；优化学习方式，提高自主学习能力；关注学生情感，提高人文素养；完善评价体系，促进学生不断发展。而探究式建构主义的教学模式正是把互动、合作、平等带进课堂。对于有的问题，学生需要认真思考，老师也没有标准答案，两者共同研究探讨，这不正体现了学生的主体地位，强调了学生的理性思考吗?

把探究性思维带入课堂也对教师提出了更高的要求。首先，教师要具备教学创新能力，能根据教学内容创造新的教学方法，优化教学过程；其次，教师要具备教育应变能力，在教学的过程中从学生的眼神、表情、动作的细微变化中发现问题，灵活组织教学过程，适时调整内容，适宜变动程序，合理调控教学节奏，灵活改变教学方法，巧妙避免失误，从而取得良好的教学效果，并运用教育学、心理学原理，抓住学生的问题点，艺术地处理偶发事件。另外，教师还要具备教研能力、自学能力、试验能力等。

教师要改变课程过于注重知识传播的倾向，强调使学生形成积极主动的态度；改变课程“繁、难、偏、旧”和过于注重书本知识的现状，加强课程内容与学生生活以及现代社会和科技发展的联系，关注学生的学习兴趣；改变课程实施过于强调接受学习、死记硬背、机械训练的现状，倡导学生主动参与、乐于探究、勤于动手，培养学生收集和处理信息的能力、获取新知识的能力、分析和解决问题的能力、交流与合作的能力。

新时代的教师应越来越少地传递知识，而越来越多地激励思维，真正把探索性思维引入课堂。在课堂上，教师应成为一名顾问、一位意见的参考者、一位帮助学生发展矛盾论点而不是拿出现成真理的人。

上一节好课的教育智慧

有一游客在印度想买一把艺人手工制作的木椅，问艺人价钱，艺人说：“每把50比索。”游客说：“那我买4把，能便宜多少？”艺人说：“买4把250比索。”游客很奇怪地说：“买多了不优惠吗？为什么还要多要钱呢？”艺人回答说：“一个人重复地做4把椅子多枯燥啊。”做一把椅子是快乐的体验，做四把椅子就是枯燥的劳动了，而学生为什么在课堂上昏昏欲睡，我们大概也能猜出原因来。难道真的是学生冥顽不灵、朽木不可雕？我们是不是应该反思一下我们的课堂？

教学的重点和难点是规定好的，教学方法也是教师从教几十年一直用的，这样的课学生怎么能愿意听呢？我们的教学得多为学生考虑，要让学生感觉到课堂有吸引力，而绝不能让学生希望尽快下课。

什么课才是一节“好课”。评判标准有很多，但是最关键的标准就是学生爱听、能培养学生的能力。

美国来华执教的青年教师丁大卫回顾他在中国当老师的体会时说："当老师首先应该知道自己所教的东西值不值得学生学习；教育就是交流，任何课程，尤其在初中教育阶段，有没有电脑、多媒体都是次要的，关键在于师生、生生之间的交流；强调交流就必须尊重学生，就不能单纯把他们看作知识的容器，就必须挖掘他们身上的创造潜质，让学生的才能充分地展示出来，使每一个学生都体验到成功的欢乐；在课堂上，孩子最需要知道的不是二加二等于几，他需要有人关心，需要一个成年人做榜样……"丁大卫给我们上了一课。

其实，教师首先应明白该告诉学生什么：知道知识从哪里来，培养学生的探索精神；知道知识间的内在联系，使知识有系统性；知道知识到哪里去，使知识有实践性。教的内容要有选择性，教的方法要有引导性，注重启发、交流、合作、探索，关注学生的情感，赏识自己的学生。

学生需要的是生动的课堂，是能表达自己的真情实感、真实想法的课堂，哪怕是可笑的想法，因为那毕竟是真诚的。学生最讨厌枯燥的生活，正如成年人不喜欢生活过于单调一样。我们换位思考一下，如果每天几个小时重复听同样的故事该多难受。

"好课"就是实惠课、科学课、特色课和创新课，一切能教给学生知识、提高学生能力、带给学生快乐的课。

具体来说，好课的"一级"指标为：真诚——师生之间坦诚率真，彼此尽情表露瞬间的感情和态度；深刻——能够给学生匠心独运之感，能够唤起学生的惊奇感和想象力，能够使学生茅塞顿开；丰富——能够让学生的心灵荡漾在博大、温暖、充实的精神氛围中，多元地理解问题。

上好一节课的七个要素：

（1）明确教学目标是上一节好课的前提。

（2）教师在课堂上的激情是上好一节课的决定因素。

（3）善于设置和提出问题是上好一节课的关键。

（4）正确处理课堂上的讲练关系是上好一节课的突破口。

（5）即时点评是强化正确认识的重要手段。

（6）拓展知识是创新教学的具体体现。

（7）合理使用现代教育技术能为上好一节课“锦上添花”。

我们的健康课堂再也不能出现学生睡觉的情景了。亲爱的老师，你们做好为学生上一节好课的准备了吗？

校长必修课——有计划的学校管理

《说文解字》对“管”和“理”作了这样的解释：管，一种竹制管状乐器，类笛，有六孔；理，“治玉也”，即将玉材变玉器。由此可见，管是为了一个统一目标，强调和谐，音调和谐，吹奏的乐曲则悦耳；理则强调不可重复性，玉材动一点则少一点，在制玉器时必须设计、策划在先，对实施步骤作出周密的安排，避免浪费，充分利用材料，提高使用效率。

这给我们一个启示：学校管理也应该在强调和谐的前提条件下，制订科学合理、可操作性强的计划，依据计划，调动多方面的积极性，使人尽其才、才尽其用，在和谐中提高效率。有计划的校园管理是校长的必修课。

曾经看到一个《扁鹊三兄弟》的故事。魏文王问名医扁鹊：“你们家兄弟三人，都精于医术，到底哪一位医术最好呢？”扁鹊回答说：“大哥最好，二哥次之，我最差。”文王再问：“那么为什么你最出名呢？”扁鹊答道：“我大哥治病，是治病于病情发作之前。由于一般人不知道他能事先铲除病因，所以他的名气无法传出去，只有我们家里的人才知道。我二哥治病，是治病于病情刚刚发作之时。一般人以为他只能治轻微的小病，所以他只在我们的村子里才有点名气。而我治病，是治于病情严重之时。一般人看见的都是我在经脉上穿针管来放血、在皮肤上敷药等大手术，所以他们以为我的医术最高明，因此，我的名气响遍全国。”扁鹊三兄弟中，大哥因为有预见性能防患于未然，而最节约成本。由此可见，医术最高明的就是扁鹊的大哥了。一个校长也应该有扁鹊的大哥那样的预见性和计划性。

一所学校的发展必须有计划，工作必须讲程序，讲规律，这样才能最大限度地节约成本。制订计划时必须根据学校现有规模、教师状况和未来生源变化以及教育改革的总的要求来思考。有些问题在解决的时候若不科学规划则会产生很多弊端。如果因为学校目前生源增加就马上建校舍，马上招聘教师，几年后一旦生源骤减就会有大量的校舍闲置、教师富余，造成资源浪费。学校发展如果缺乏明晰的指导思想，只求一时的轰轰烈烈，虽能暂时解决些问题，但最终会造成高成本的付出，得不偿失。所以好的计划、科学的规划就是节约成本、持续发展。

一个校长要做的工作很多，如规划发展、培养干部、建立制度、科学决策、协调关系等。要实现有计划的管理，现代校长应具有系统思考的思维方式，具有预测能力，能够制订战略发展规划，扬长避短，趋利避害；思维空间要具备开放性，思维结构要具有层次性，能借鉴他人的管理思想，学会授权。

合格的管理者应完成思维方式的几个转变：即经验思维向科学思维升华；单项思维向全方位思维拓展；常规思维向超常思维发展。

在知识经济时代，校长要遵循唯有变才是不变的规律，以长远的战略眼光看待学校的发展，实现有计划的管理。只有这样，他才是合格的校长，才能使一所学校获得更大的活力。

教育、更需要弹性空间

在修建水泥路面时，建筑师傅们特别重视一道工序，那就是要在路面上留一条伸缩缝。这伸缩缝的宽度，要根据路的厚度和所用的原材料并参考当地一年的气温变化来确定。缝小了，气温一高，路面发生膨胀就会出现开裂的现象，直接造成路面的损坏，影响车辆行驶；缝留大了，气温低时路面会发生收缩现象，让缝隙更大，同样影响车辆正常行驶。如果路面上没有留伸缩缝，工程验收就过不了关。

小小的伸缩缝蕴含着大道理。修路、造房子要留伸缩缝，发挥人的才能要给人才以空间，而教育也应该给孩子更多的空间。

在中国，幼儿园的孩子学画画，画完以后就会问别人自己画得“像不像”，他们习惯被老师评价像不像，因为老师追求模式和范本，没有给孩子更多的空间。而美国的孩子画完后爱问“好不好”，因为老师给了他们更大的空间，从不要求他们按照模板画，美国人追求的是创造性。自然，追求创造性的孩子能给我们更大的惊喜。

我们应该给孩子更多的空间，让他们自主学习、独立思考、选择自己擅长的和感兴趣的爱好，这样才能真正促进孩子的全面发展。

在新课标指导下的课堂上，教师应发挥主导作用，教师的教学设计、教学节奏的控制、教学的引导在教学中起着关键作用。学生是学习的主体，其知识和技能的获得要靠教师的教授、个人的领悟以及亲身体验。在这个过程中，教师需要给孩子一些时间和空间，因为知识的接受和应用需要有一个吸收、消化、积累、反思、提高的过程，而这些主要是靠学习者个人去完成，谁也无法替代。从这个角度讲，教育更需要弹性空间。

这就好比伸缩缝，教师讲得过多过满，忽视学生的体验，就等于没留伸缩缝或留的伸缩缝过小，随着时间的推移，就会影响学生的后续学习；教师的教学过于放松，对学生引导不够，则等于留的伸缩缝太宽，对于探索者来讲，由于空白点、困惑太多同样会影响后续学习。教学要给学生自主学习、自我发展的空间，但同时教师一定要把握好这个空间的度，设立适当、适度的伸缩缝，这就要看教师驾驭教学的能力和水平，要看教师对学生学习情况的了解程度。

同样，在评价方面，教师也要留有余地。有的教师因学生犯一点错误就紧抓着不放，三天两头批评，完全没有给学生改正的时间。这样下去，本来无大错的学生也许会在某种心理暗示下自暴自弃。在学生犯错时，教师要给学生更多的改正和表现的机会，这就要求教师遵循几条原则：一是关注学生当前的行为；二是要求学生自己评价、决定自己当前的行为是否合适；三是一旦学生对自己当前的行为作出评判，教师要帮助学生制订现实的计划来改善这种行为。

其实，学生是不是错了，其标准是我们教师的非常主观的判断，而这种判断有时也会有失偏颇。所以，一个民主的教师要让学生更多地参与制订课堂规则；用较多的时间要求学生反思制订某些规则的原因以及他们产生不良行为的原因；应当给学生一些机会，让他们去考虑怎样控制和调节自己的行为。

不管是在学习上还是在纪律上，我们都应多给孩子一些空间，为他们创造一个宽松、愉悦的学习环境，让他们自我体验，自主发展。就像苏霍姆林斯基所说的："只有能够激发学生进行自我教育的教育，才是真正的教育。"

校园文化要生成精神力量

我上高中时刚过15岁，学校离家有100多里，那时学校条件很艰苦，但我的每一个同学在回忆高中生活时都很留恋那段经历，都很珍惜高中时的情谊。那朴素却有鲜明个性的校园，那树木、那走廊、那食堂……总是给人无限遐思。为什么高中能给我们留下难忘的印象？我在寻找答案。

现在想来，那时我们把自己看成是学校的主人，珍爱它的一切，关心它，爱护它，总是在寻找它的好处，并从中感觉到生活和学习的充实。那时的学校，一些细节时时吸引着我们，校园里一些不起眼的设计常常让我们静思，看来，文化的力量太强大了。

是的，我的高中时代是在充满文化的校园氛围中度过的，当时的感受是有所收获，现在的感受是终生受益。那时，班上没订多少报纸，可每天的读报活动让我们学到不少知识；学校的报栏更换及时，我们经常如饥似渴地浏览报纸，端着碗边吃边议论。学校每一个有黑板的地方都精心设计了内容，有小说，有对联，有文学常识，有科技、体育、政治知识，有师生的佳作，有“问题求答”……这些随处可见的知识专栏，拓展了我们的视野。

那时，学习氛围十分浓厚。老师在晚自习是不讲课的，我们都很自觉地自习、看书、探讨问题。老师布置的作业不多，平时发一些油印资料，我们称为页子纸，上面有阅读资料，有习题，很少让我们交，老师也很少讲，只是定期把答案贴在教室内，我们相互批改，往往很少有不懂的问题，这极大地营造了民主、宽松的探究式学习气氛。老师评讲试卷也不是题题都讲，讲前，统计出错得多的习题，集中讲；在讲解时总是说这是某某同学的解法，它好在哪里。老师总是在挖掘能鼓励、激励我们的素材，我们备感亲切并逐渐建立起自信。不管是在学习上还是在生活上，我们总是得到老师的呵护，这让我们感觉到学校就是家。

现在我们高中毕业20多年了，当年的同学并不是都考取了大学，可现在见面个个都是一脸自信，一脸的成就感。事实上，我们不管是经商的，当教师的，当医生的，搞研究的，从事管理工作的，都做得不错，我们之间从不在乎地位高低，而在乎一个人做事的认真程度和待人的坦诚态度。这些特点很多是来自高中校园文化潜移默化的影响。

现在的学生，学校学习条件比以前好多了，文化生活更丰富、更富有个性，但是如果学生不懂得去关注学校的细节，没有用欣赏的眼光去看学校的校园文化，便难以将自己融入学校生活，而有的学校在片面重视成绩的同时忽略了文化的作用。

健康、丰富的文化生活是衡量人们生活质量与社会安定和谐的重要标志，文化中蕴含着民族的生命力、创造力和凝聚力。其实，教育应充分发挥文化的熏陶作用，这是建设社会主义核心价值体系的需要。一些学校强调时间管理、制度管理、科学管理，恰恰忽略了文化管理。其实，文化管理的思想恰好与新课标以人为本的理念吻合。校园文化于细微之处见精神，于细微之处见真功，重在以细节感染人、影响人、激励人。

回忆我的高中时代，我发现，积极向上的校园文化为我们营造了浓厚的学习氛围以及和谐的人际环境，让我们去掉一些浮躁，静下心来，真心实意地做学生、做学问。校园文化使我们受益终生。

当一种影响力真正渗透到你的精神世界时，它的力量是无穷的。

足球激情与学习激情

法国思想家、教育家蒙田曾说过："最好的办法莫过于培养对学问的兴趣和爱好，否则我们将只是教育出一些满载书籍的傻子。"我们常说"兴趣是最好的老师"，讲的就是这个道理。

2006年足球世界杯时，我在网上查到一个有趣的资料：有关世界杯32强各具特色的口号。32强来自五大洲，虽说都是强队，其中差别也很大，但均代表着所在洲的最高足球水平。从32强的口号中撷取部分来欣赏，感觉挺有意思，觉得足球激情与学习激情有很多相似之处。

财大气粗的东道主德国队的口号不一般，"我们代表足球"。法国队的口号是"自由、平等、儒勒斯·雷米特"，表现出法国对足球精神的诠释和法国人的精神追求，法国人为自己的优秀足球传统和足球名士而自豪。无冕之王荷兰队屡次在世界杯足球赛上有不俗表现，但屡次都让人扼腕叹息，他们的口号很务实，"橙色军团在金杯之路上"。而五届世界杯得主巴西队显示出超强的自信，"被一亿八千万颗心关注的巴西战车"。瑞士是钟表王国，为反映自己的斗志，口号非常有特色，“2006，瑞士的时间”。亚洲强队韩国在2002年世界杯上创造出了亚洲队的最好成绩——世界杯第四名，被誉为创造了神话，他们的口号是“神话尚未结束，韩国团结一心”。强队中的弱队多哥的口号最为朴素，“对胜利的激情与对成功的渴望”。其他的球队也都提出了充满自信、激情又务实的口号。

学习也如同一场足球赛。学习者首先要表现出对学习的热爱，其次，学习者要对学习投入，再次，学习者要对自己有个合理的评价。尽管学习者基础不一，但都要对自己有比较客观公正的评价，实事求是，同时又对自己提出明确适中的学习目标，并为实现目标而努力。就像世界杯的32强一样，学习者需要正确对待学习过程，虚心向他人学习，学习他人的长处弥补自己的不足，采众家之长，保持自己的风格，这样才能不断进步，并取得最后的胜利。这一切就建立在对学习的“激情”上，有兴趣才能有动力，才能饱含激情地投入学习。

在城市的一些公园、广场里，我常看到一群快乐的孩子在玩滑板。他们也许就是家长、教师头疼的“毫无学习动力”“注意力不集中”的落后生，但是他们却能全身心地表演着滑板的高难动作，没有观众，也没有任何奖励，却很努力，这就是兴趣使然。老师、家长不明白这个道理，往往会一味地责怪他们不爱学习，这只能让他们对学习更加反感。因为有了兴趣，这些孩子在滑板那里满足了胜任感的需要、归属感的需要、效用感的需要、潜能感的需要、乐观感的需要。归纳起来就是他们具有参与感（都可以参加）、投入感（有一点进步、得到认同）、主人翁感（主人是自己，不是被动的角色）。

我们所提倡的优质教育有三个基本特征：

（1）学生的学习是愉快的，学生对学习有兴趣，学习内容适合学生的个性，学生的学习负担合理。

（2）学生的学习是高效的，学生的学习是主动的、有动力的。

（3）学生的学习是可持续发展的，学生的学习能持久。

学习需要有个好环境，那就是一个关心学习者、理解学习者、帮助学习者、激励学习者的环境。如果教师发觉学生厌学时，与其一味地抱怨学生，不如找找教学的原因，从激发学生的兴趣着手，为学生营造这样的环境。

相信孩子能自己学会走路

一个父亲站得远远的，让孩子学走路。“一步二步三步，好！跌倒了别哭，自己爬起来再走，好！”朋友们说他是“开孩子的玩笑”，父亲却说：“这不是开玩笑，这是人生之路的第一步，将来在社会上闯世界，全靠这第一步呀！”这个父亲名叫宋嘉树，他生有三女三子，他们便是名闻中外的宋霭龄、宋庆龄、宋美龄三姐妹和宋子文、宋子良、宋子安三兄弟。宋氏家族对于近现代中国有着深远的影响，尤其是宋氏三姐妹，在中国近现代史上具有特殊的地位。

我们经常看到，小孩在学走路的时候，刚开始是大人扶着走，再大一点是大人牵着走，再后来是大人蹲在小孩对面看着他自己走。扶着走，是打基础，是必要的一步，让小孩去体验走的感觉；牵着走，是让小孩逐步有自我意识，同时是鼓励、引导和纠偏；看着走，是让小孩充分自主，让他明白走路是自己的事情，同时是放手、信任、激励和欣赏。小孩子一次次地跌倒，慢慢就越走越稳、越走越快，越走越知道节省体力，对不同的路能判断也能选择，应对自如。本文开头故事里的父亲就是懂得放手的教育者，在孩子能迈步时让他去一点点地体会，跌倒了自己爬起来。

孩子的学习也像走路一样。教师首先要教学生基本的知识和技能，打牢基础；然后让学生自己去揣摩、思考，允许学生犯错。在这个过程中，教师要多引导，但绝对不能包办代替，必须让学生自己去动手动脑。待学生养成了好习惯，掌握了好方法，教师可将学生引进适宜他学习的领域，充分发挥学生的积极性。教师多些激励欣赏，学生的学习会更顺利些，耐力会更长久些，对知识的应用也会更自如些。很多家长、教师不懂得“放手”，总是怕孩子摔倒，想让他少走弯路，恨不得去代他走路，这是不对的。

我在大学进修时，曾听一位老师讲到他在俄罗斯经历的两件事。一是在莫斯科红场旁，一位母亲在陪小孩玩。台阶较高，小孩试了几次都迈不上去，母亲却置之不理。这位老师看不下去，就顺手帮了小孩的忙，母亲却说：“谢谢你。事实上离这里不远有一条路可以走上去，我是想让他自己去找这条路。”另一件事是在一个海滩边，这位老师发现一个小孩摔在地上，试了几次还是爬不起来。这位老师就赶快把他扶了起来。小孩很懂礼貌地说：“谢谢你，叔叔。”说着，又故意倒下去了。老师纳闷地问他这是为什么，小孩说：“我妈妈说了，自己跌倒了要自己爬起来，争取不要别人帮忙。”

这位老师的做法很符合中国家长的思维。中国家长就会尽可能地帮助孩子，不让孩子吃苦吃亏，所以就有了经常抱着、背着小孩走路，追着小孩喂饭，摔倒了责怪地面等现象。因此有人说，外国人是教孩子，中国人是养孩子。比如，中国家长和外国家长教小孩吃饺子。中国家长将饺子做熟后告诉小孩可以吃了，外国家长准备了一盘生饺子和一盘熟饺子让小孩自己去尝试，尝过之后，孩子会加深印象：生饺子是不能直接吃的。诸如此类的教育差别还有很多。

素质教育强调孩子的自主学习。自主学习是一种自我调节的学习、主动的学习、自律的学习、自我定向的学习。自主学习时，学生的学习动机是内在的或自我激发的，内容是自己选择的，方法是有计划的，学习时间是定时而有效的。自主学习可分为三个方面：一是对自己学习活动的事先做好计划和安排；二是对自己的实际学习活动的观察、评价、反馈；三是对自己的学习活动进行调节、修正和控制，自主学习具有能动性、反馈性、调节性、进程性、有效性等特征。采用题海战术、满堂灌等传统的教育方法是不利于学生掌握并应用知识的，多给孩子提供自主学习的机会，多引导孩子自主学习，定会产生意想不到的效果。

任何家长都是喜欢孩子的，但不能溺爱，孩子自己能做的绝不能去包办代替。孩子是父母的，更是国家的。教育孩子不是不让孩子动手，而是让孩子从小就开始去尝试错误，去吃苦，去辨别，去思考。

中学教师教育行有余力，而后学文

——学校要重视文体教育科研的定位与方法

2006年，教育部、国家体育总局、共青团中央共同发布了开展全国亿万学生阳光体育运动的决定。教育部之所以倡导体育运动，是基于对体育运动的作用的深刻认识，体育运动在强健体魄的同时，也能训练孩子们的心理素质。但是有些学校片面强调分数，忽略了文体教育，使体育课、音乐课被别的学科挤占。学校难得听到歌声，难得看到学生在操场上生龙活虎的身影，学生显得了无生气，学校缺乏活泼和欢乐的气氛。这种现象非常值得我们深思和重视。

古人说“行有余力，而后学文”，在中国古代六艺“礼”“乐”“射”“御”“书”“数”中，音乐艺术排在第二位，强调身体强健的“射”“御”排在第三位、第四位，足见其重要。在古希腊七艺“文法”“修辞学”“逻辑学”“算术”“几何”“天文”“音乐”中，音乐艺术不可或缺，且古希腊哲学崇尚人体的健美。古人（不论是东方人还是西方人）关于音乐、体育对人产生的影响的认识是趋同的。在中国现代课程纲要中，对音乐、体育的教学课程标准有明确规定。音乐熏陶人的情操、净化人的心灵，体育锻炼人的意志、强健人的体魄。

有这样一个故事。孔子年轻时听说晋国有一位叫师襄的音乐家，精通古代的音乐，就不顾路途的艰难险阻，迫不及待地前去拜师学艺。师襄看出这位年轻人具有非凡的天赋，就与他进行了深入的交谈。孔子听得如醉如痴。为了证明自己的观点，师襄还操古琴为孔子弹了周文王谱写的《文王操》。文王是周王朝的开国之君，是孔子心目中智慧的化身，是伟大的英雄，孔子静心地聆听着。在以后的十天当中，师襄反复演奏此曲，孔子也不厌其烦地学习。一天，师襄想要孔子在其他学生面前演奏这首曲子。孔子以娴熟的技法弹了一遍这首曲子。师襄听了后非常高兴，说："这首曲子你已经心领神会，我们现在开始学下一首吧。"谁知孔子一听此话，突然跪下请求道："请让我再学几天吧。多谢您精心教导，教我准确弹奏此曲，但我还没有把握住文王的真心用意，我不能就此罢休。""好吧!多给你五天时间。"师襄答应了。五天过去了，孔子来见老师，但仍犹豫不决："再给我五天时间吧!文王的意图深藏在曲调之中，我就像被重重浓雾包围了一样，辨不清方向。五天后，我再来演奏。"五天时间又过去了，这一次孔子高高兴兴地来见师襄。他一进门就喊了起来："我终于明白了！我好像就站在文王的面前，看着他那双充满智慧的眼睛，听着他那深沉、忧郁的声音，我完全理解了他的思想。"师襄静静地听完孔子的弹奏，然后说道："您已有了这么高的见识，我不能再做您的老师。请让我拜您为师吧!"孔子学音乐的故事告诉我们，音乐蕴含着智慧与道德的力量。好的音乐让人振奋、怡人性情。成长中的学生需要音乐的滋养。

同样，体育也在学生的终身发展中占据重要地位。"每天锻炼一小时，健康工作五十年，幸福生活一辈子"。素质教育，健康第一。学生没有健康的身体，就算学到再多的知识也难以拥有幸福的生活。体育还对学生的德育有着巨大的促进作用，通过体育课教学内容的编排和组织，可向学生进行集体主义、勇敢顽强、吃苦耐劳、拼搏进取等良好品德的教育。体育锻炼还能促进大脑发育，改善机能，为人们从事智力活动打下良好的物质基础，使学生反应迅速，注意力集中，感知敏锐准确，思维敏捷灵活，判断能力加强。

在国家大力提倡深入开展“亿万学生阳光体育运动”的背景下，学校要改变原来觉得文体教育可有可无的观念，让学生在文体活动中强健体魄、陶冶情操、锻炼习惯。学校还应将文体教育与教育教学评价紧密结合，真正体现“以学生为本”和“为学生的终身幸福奠基”的中心理念。

每个孩子都是与众不同的

美国篮球明星科比说过这么一句话："请不要拿我和乔丹作比较，乔丹是伟大的球员之一，我只是想用自己的方式打球，让人们欣赏我的篮球艺术。"科比道出了一个真理——每个人都是与众不同的。同样，每个孩子也都是与众不同的。

我们经常见到这样的现象：某位妈妈刚开完家长会，见了自己的孩子有点来气，指责说："你们班谁谁今天又受到老师表扬了，你不学着人家点!"孩子自然心里不高兴，觉得自己在父母眼里简直一无是处。《中国教育报》记者评论说，成功的家庭教育是更多地关注个体，是让孩子和自己比，家长不因孩子一次没考好就有太多埋怨，不要对孩子期望太高。学生总是希望父母能够理解自己，能够看到自己的优点并及时给予鼓励。如果过分相互对比，刺激孩子，时间长了就会使孩子陷入自卑之中。

世上万物，各有各的不同。茉莉花、栀子花、荷花不张扬，香味却很浓厚；白天我们感觉不到夜来香、桂花的香味，它们的香味在夜晚却很浓郁；

玫瑰花虽然美丽娇艳，但是有刺，这就是它的个性。花的习性有喜寒、喜潮、喜热的，有群居群长的，有独立生长的；开花的季节有四季开花的月季，有春天开的杜鹃、夏天开的荷花、秋天开的桂花、冬天开的梅花等。开花的次数有一年一次的，也有一年两次或更多次的。虽然花儿们绽放的时间不同，但都为世界增添了一抹色彩。

每个孩子都是与众不同的，每个孩子都有与生俱来的上进心、自尊心，家长和教师应让孩子按照自己的思路去学习。科比承认乔丹是伟大的球星，但同时希望人们理解他的打球方式。科比和乔丹有着各自的长处，我们不能要求他俩一模一样。我欣赏一位教育工作者的观点：用欣赏的眼光看孩子的优点，用发展的眼光看孩子的缺点。

有这样一个小故事。一个小男孩上小学时对许多事物都好奇，他看到气球能在充满气之后飞上天，就找来一些发酵粉，动员想上天的同学来吃。不幸的是，吃了发酵粉的同学肚子疼得在地上打滚。校长知道后非常生气，把他开除了。孩子的母亲知道后非常气愤，认为学校不懂教育，她将孩子接回家，亲自给他上课，鼓励他搞实验。这个男孩就是爱迪生，他一生的发明高达1628项。校长没有发现这个孩子的与众不同之处，才会粗暴地把他归到坏孩子一类。

我们的教育让孩子渐渐被“同化”，他们不能自由表达，不敢与众不同，所有价值观都被标准化。这样做的结果就是，很多有个性、有潜能的孩子很痛苦地活在大众化的标准里，他们独特的价值被掩盖。从这一点上来说，我们的教育是失败的，所以我们要转变观念，要进行教学改革，但这并不意味着父母不能影响和引导孩子，只是家长不能把自己的意愿强加给孩子。

教师和父母应该懂得，每一个孩子都是独一无二的，都有自己的创造性，都在努力塑造自己。教育者的责任是引导孩子，用赏识与信任引导他们认识自己，发现自己。当孩子感受到自己生命的特殊之时，就可能有一种“生命的觉醒”，认识到自己的优点，发扬自己的长处，进而变成一个有责任感的人。

好习惯使人终生受益

英国作家查·艾霍尔说："有什么样的思想，就有什么样的行为；有什么样的行为，就有什么样的习惯；有什么样的习惯，就有什么样的性格；有什么样的性格，就有什么样的命运。"一句话道出了习惯对人生的影响。

某报社的一位女记者，聪明、美丽、能干，写一手漂亮的文章，在当地知名度很高。有一次，她约一位教授采访，两人交谈不到三分钟，教授就很有礼貌地中止了这次采访，弄得这位记者很尴尬。她自问："我的采访有不礼貌的地方吗？提出的问题对教授不尊敬吗？"她仔细反省自己的行为举止，没有发现什么问题。这次失败的采访让她困惑不解。过了很长时间，教授的一位学生给她提供了一点信息，说教授之所以中止那次采访，是因为女记者采访时当着他的面把鞋脱了，跷起了二郎腿。女记者一听恍然大悟，原来是坏习惯误了事。原来这位记者只要不是走路，坐下来时，不论是工作还是休息，总是把鞋脱了，让那双饱受鞋子束缚的脚轻松一下，久而久之，形成了习惯，习惯成自然，才导致那次采访的失败。

习惯，是人在后天养成的一种在一定情况下自动进行某些行为的特殊倾向。习惯有好坏之分，好习惯是一个人的无形资产，是他一生享用不尽的财富。凡有好习惯的人，既容易得到他人的尊重，同时也能极大地提高工作和学习的效率。读书养成自学、预习的习惯，带着问题听课，学习效果好。听课养成记笔记的习惯，就能有所收获。课外养成搜集材料、整理资料的习惯，才能拓宽知识面，才能融会贯通。除了学习工作，为人处世也要养成好的习惯，当着人的面抠鼻子揉眼睛、反复看表、反复起身，会给人留下一种不耐烦的印象；当着人的面无所顾忌地大声说话、唾沫四溅，听人说话时随时插话，给人一种无修养的印象。现代社会需要会交往、善沟通、能合作的人，需要会独立生活、生存能力强的人，需要办事认真严谨的人，要成为这样的人，首先要养成好习惯。所以说，好习惯是一笔巨大的财富。

学校作为学生接受教育的最重要场所，除了要教授学生各种各样的知识和技能外，更重要的是要帮助学生养成各种良好的习惯，培养学生的诚信品质，帮助学生了解、遵守各种规则制度，学会对自己、他人、社会负责。只有这样，中学教育才能做到为学生的终身发展打下坚实的基础，才是真正贯彻了党的教育方针，实施了素质教育。

亚里士多德说："总以某种固定方式行事，人便能养成习惯。"家长和教师有责任帮助孩子从小养成良好的习惯。"新课改"强调的"授人以渔"就是要求教师要教给学生学法，使其养成良好的学习习惯，使学习成为有计划、有目的、有过程、有检查、有反馈、有诊断的学习，让学生专注于做好每件事。家长在日常生活中要关注细节，从一点一滴做起，以身作则，使孩子养成良好的习惯。

不管在学习中还是在工作中，善于倾听、积极思考，懂得收集信息、整理信息、运用信息，待人接物礼貌大方，时时充满自信……这些习惯是一个终身发展所必需的，将会使人一生受益。

竞争、不断提升生命质量的砝码

电视剧《康熙王朝》里有一个场景：康熙在中秋之夜举办千叟宴，邀请1000名60岁以上的老人赴宴。席间，康熙举杯三次敬酒，第一杯敬清朝列祖列宗、孝庄太后，认为没他们打下的基业，就没有现在的鼎盛。第二杯敬各位臣工，认为是大家团结合作，才会有清朝牢固的江山。第三杯敬对手鳌拜、朱三太子、吴三桂、噶尔丹等，认为没有他们，清朝就没有竞争对手，就没有压力，就不会谨慎行事，就更不会珍视发展的机会，不会不断约束改变自己。敬酒后，康熙长叹一声，可惜对手已死，自己已老，再没有激情了，为清朝的明天担心。由此可见，康熙把竞争看作是事业成功的一个重要因素。

有一事业有成的老领导，自学生时代开始，一直有一个对手与其竞争。二人在学习、工作历程中，时刻感觉到对方给自己带来的巨大压力。二人一生恪尽职守、兢兢业业、谨慎行事，当二人看到周围的人纷纷落马而自己安然顺利退休时，才发现对手实际上是自己最好的朋友，是对手让自己一生学业有成、事业顺利、家庭安定和睦。

教育是培养人的活动，培养人需要良好的学校环境、负责任的团队和过硬的教师队伍。作为教师，我们要为孩子搭建竞争的平台。无论是在学校里，还是走向社会，获得成功都需要同伴间的合作，还要有把同伴看成对手的平等竞争的意识。缺乏竞争就会缺乏动力，没有动力的学习会使孩子丧失激情。因此，在平时的教育中，我们要给孩子更多的竞争的机会，同时注意引导学生正确认识同学之间的平等竞争，避免出现同学之间因为不正当竞争而不择手段的现象，要让孩子把同伴看成对手、把对手看成朋友。

首先，我们要引导孩子正确看待竞争。竞争是一件让人紧张也让人兴奋的事情，胜利固然值得欢呼，失败也让人回味。无论是成功还是失败，结果都会转瞬即逝，人生会面临无数的竞争和考验，没有哪一次可以决定我们的一生。对于结果，无论输赢，我们都不要太在意，而是应该看看我们能够发现什么、学习什么。我们应该教会孩子看重和享受竞争的过程，让他们意识到人的进步在于不断超越自己。

在悉尼奥运会上，中国选手王义夫非常艰难地拿到了气步枪冠军，俄罗斯选手屈居第二。比赛结束后，王义夫如释重负，全身虚脱。显然，他把冠军看得很重，因为竞争时心理压力过大的情绪已写在面部表情里。俄罗斯选手给我的印象倒好像他就是冠军，他双手举过头顶，一次又一次地向观众致敬，一脸的微笑，一脸的轻松，一脸的兴奋，一脸的喜悦。这是对体育精神的最好诠释。尽力了虽不是第一，同样是成功。我们就要教育学生像俄罗斯运动员那样，放下包袱去努力争取最好的成绩。即使结果不如意也要乐观，因为战胜自己就是成功，人做任何事情不是都去追求第一，也不可能都是第一。学习亦如此，学习本身就是参与，参与就是享受。

其次，要教育孩子懂得尊重对手。同样是在悉尼奥运会上，杜丽为中国拿下了首枚金牌。比赛结束后，她竟只顾自己喜悦而忘了与对手握手，有点失礼节。从某种意义上说，她的成功是对手成全的，尊重对手就是尊重自己。学做人首先就要学会尊重别人，不管对方的实力与你比是强还是弱。当他比你强时，你要知道你与他的差距。当他比你弱时，你要帮他树立自信心，同时你要更谦虚。

挪威人喜欢吃沙丁鱼，尤其是活鱼，市场上活沙丁鱼的价格要比死鱼高许多。所以渔民总是千方百计地想办法让沙丁鱼活着回到渔港。可是虽然经过各种努力，但绝大部分沙丁鱼还是在中途因窒息而死亡。

但有一条渔船总能让大部分沙丁鱼活着回到渔港。对于怎样将沙丁鱼活着运回渔港，船长一直严格保守着秘密。直到船长去世，谜底才被揭开。原来船长在装满沙丁鱼的鱼槽里放进了一条鲶鱼。

鲶鱼的主要食物是沙丁鱼。鲶鱼进入鱼槽后，由于环境陌生，便四处游动。沙丁鱼见了鲶鱼十分紧张，左冲右突，四处躲避，加速游动。这样一来，沙丁鱼缺氧的问题迎刃而解了，沙丁鱼就不会因大量缺氧而窒息死亡了。

可见，竞争的另一层作用就是产生危机感，危机感一旦产生就会使人正视眼前现状，产生积极心态，努力去改善现状，从而促使生命质量在不断超越的过程中得到积极有效的提升。

要让孩子正确面对竞争，教师和家长也要正确面对竞争。竞争是为了让孩子更好地发展自己，其目的绝不是让他所在的班级取得好名次，也不是让他父母“脸上有光”。如果孩子获胜，我们应该向孩子祝贺而不是奖励，也不要马上提出新的目标。失败了，切记不要惩罚、斥责，因为没有一个孩子喜欢失败，也没有一个孩子不想摆脱失败。只有在孩子确定自己毫无希望达到成人所希望的目标时，才会得过且过，放任自流。

竞争可增强孩子对压力的承受能力以及顽强的意志，但是竞争不能滥用，以免打击孩子的积极性，或使孩子产生嫉妒心理。教师可根据孩子的愿望尽可能多地为他们创造参与比赛的机会。相信在老师和家长的正确引导下，孩子不仅能积累竞争的经验，也会提高自我调节和控制能力，能更好地应对未来的挑战。

德育工作任重道远

某日中午收看中央电视台的《新闻30分》，节目报道一些不法商贩用废弃的光盘生产奶瓶，执法部门从中检验出有毒有害物质；市场上的儿童食品抽查合格率仅为66%，儿童玩具合格率仅为60%，儿童服装合格率仅为40%。这些报道不禁让人提心吊胆。

于是记起曾发生在山西省左云县的煤矿透水事故，国家安全生产管理局调查发现，黑心矿主不顾矿工生命安全，明知不能生产却强行让矿工下井生产，造成50多人下落不明。事后又隐报、瞒报实情，赚昧良心的钱，为人不齿，其背后还有默许其做昧良心事的保护伞。

这些新闻让人触目惊心。在经济利益的驱使下，人们可以不讲道德，不顾他人的利益，一味追求财富，这对于我们这个社会来说是多么危险的事情，而我们的教育，多年来陷入应试教育的误区，忽略了道德教育的重要性。

其实，公民道德是衡量社会进步的标尺。古今中外的教育家都十分关注道德教育，教育家陶行知就曾经说过："道德是做人的根本。根本一坏，纵然你有一些学问和本领，也无甚用处。"我国传统的善恶观，强调的就是道德的问题。湖北当阳有个玉泉寺，寺内有句禅语："为善者，福虽未至，祸已远离；为恶者，祸虽未至，福已远离。"虽是佛教语言，但给人明确而强烈的道德要求——为人要善。刘备在教育儿子刘禅时也说过："勿以善小而不为，勿以恶小而为之。"儒家学说也提到："道之以政，齐之以刑，民免而无耻；道之以德，齐之以礼，有耻且格。"意思是说对人施刑约束，民众可免于做错事但无道德；对人施以道德教育，行之以礼，民众有羞耻心而且行为不出格。

大教育家孔子对人的道德自觉寄予了厚望，虽然其中不乏不切实际的幻想，但是他提出了人要有为善不为恶的道德，这给我们启迪，让我们深思。有位学者曾对善恶发表自己的见解，他认为，好人与坏人均有为恶的念头，只是好人想方设法让恶念消失，而坏人都是想方设法让恶念变成现实。由此可见，善恶区别在一瞬间，关键是自身的道德约束力。

今天，全社会都在努力建设和实现和谐社会，这需要强大自信的社会主义道德观和社会主义荣辱观，同样，道德约束力是至关重要的。这样的道德约束力是怎样产生的呢？我们的品德教育可以起到关键作用。我们现在提倡的素质教育就是提高全体受教育者综合素质的教育，它以促进人、社会、自然和谐发展为价值取向，以培养德、智、体、美等全面发展的合格公民为目标。在经济飞速发展、社会深刻变革的时代，我们的德育工作尤其任重道远。教育要引导孩子树立正确的思想，养成健康的生活方式，追求有为的价值取向；要让孩子明是非、知荣辱、辨善恶、分美丑，自觉形成良好的社会道德风尚；更要让孩子遵纪守法、诚实守信，用法律、纪律、自律约束自己，成为一个有道德的公民，时刻牢记社会主义的核心价值观。

一篇新闻报道说，一个人陪同他的朋友去买腐乳，朋友原准备买四块，后却要拿五块，说是要赠一块给卖主，卖主很高兴地吃了一块，朋友随后很快付了款。又有一次朋友去买油条，原准备买五根，却多买一根，说是卖主辛苦了，奖励他一根，卖主很感激，马上吃了那根油条，朋友很快付了款。这个人有些纳闷，为什么朋友总是要多买一些呢？朋友笑答："卖主肯吃自己卖的东西，说明东西可靠，多花些钱能买个放心，值。"两位卖主就这样赢得了信任。由此可见，市场经济需要诚信，我们的成功需要良好的道德保驾护航。

真正的和谐社会是建立在公民道德水准高的基础上的。做人首要的一条是诚实，不昧良心。不昧良心就是有爱人之心而无害人之心。如果我们的学生长大成人，掌握了科学文化知识，却没有严格的自律意识，不懂得诚实守信，心中没有国家没有人民，又何谈构建和谐社会呢？我们绝不能允许那样的事情发生。

关注孩子心理成长的细节变化

心理学家对学生的成长做了大量的分析研究，得出两个重要结论：学生成长的内在动力是自身的需要，如自尊的需要、自主的需要、自我认可的需要、自我调节的需要等。

从学生自我意识发展的特征看，幼儿园和小学低年级学生关注的是榜样和偶像，此时的孩子在家里说得最多的是“我们老师说”或“我们老师今天表扬了谁，批评了谁”等。幼儿园小朋友的偶像是老师和母亲，小学低年级学生的偶像主要是老师，没得到老师的表扬，他就感到不快；到了小学中年级，孩子有了一些他律意识，在集体活动中，他会很关注群体，欣赏一些同伴，如果同伴不喜欢他，他就会不开心；到了小学高年级和初中，孩子又有了一些狭窄的自律意识，这个时候，孩子开始逐步注重个体性的东西，开始好打扮，追星，也开始欣赏自己，很在乎同伴对自己的看法和认可度，如果同伴对他的认可度不高，他就会产生烦恼；到了高中阶段，学生开始学会理性思维，对自律的理解也深刻一些，开始注重自我评价，做事交友选择性强了一些，这个时候他希望别人欣赏他，或更多地在同伴中表现自己，特别是展示某些特长，一旦未达到目的，就会产生烦恼。

少年时期是学生成长的关键时期，这时他们的心理发生了微妙的变化。他们可能敏感、脆弱，产生各种各样的烦恼，这个时期的他们特别需要老师的关心和呵护。少年并不是不知愁滋味，切不可认为他们是“强说愁”而置之不理。教师应从细节处关注孩子，呵护他们的心灵；要尽可能做学生的知心朋友，倾听学生的心声，同时要关注学生的一些变化，特别是反差极大的变化，并及时帮助他们矫正，让他们恢复活泼的天性。如果不关注这些心理细节，一味粗暴干涉和批评或者只把学习放在第一位，可能会影响孩子的健康发展。

如果孩子伴随着批评长大，他将学会谴责别人；如果孩子伴随着敌视长大，他将学会与人争斗；如果孩子伴随着耻笑长大，他将学会胆怯；如果孩子伴随着惩罚长大，他将终生感觉有罪；如果孩子伴随着鼓励长大，他将学会自信；如果孩子伴随着赞美长大，他将学会赞美别人；如果孩子伴随着正义长大，他将学会坚定信念；如果孩子伴随着关怀长大，他将学会关爱别人；如果孩子伴随着友谊和宽恕长大，他将会在全世界都能找到爱。每天送给学生一个微笑，每天说一句鼓励学生的话，每天找一名学生谈话，这些都是很简单的事情，作为教师的你，做到了吗？

21世纪教育工作的中心不再是教给学生固有的知识，而是转向塑造学习者的新型、健全的人格。学校教育的根本任务在于使学习者学会如何学习，学会如何工作，学会如何合作以及学会如何生存。一个成功的教师，要善于不断自我更新观念、发现问题，把学生的学习心理辅导落实在课堂。

教育工作者是在学生心灵中行走的人，稍有不慎，便会贻误一颗心灵，一个生命。真正的教育是走进孩子心灵的教育，是润物细无声的教育，也许只是一次不经意的提醒、一个宽容的微笑、一个会心的眼神、一个无意的举动……都能打动孩子的心。这就是教育的细节，像春风细雨般呵护着春天的幼芽。

著名教育学家马卡连柯说过：“教育必须从细节开始。”教育工作虽是大事，但它是从细节做起的，尤其涉及儿童心理的时候。注重教育细节的教师不仅认真对待工作，将小事做细，而且注重在做事的细节中找到机会，从而使自己成为学生爱戴、家长尊敬、同行敬佩的好老师。

教师的爱与责任

2005年教师节的主题就是“爱与责任”，多么中肯，多么符合教育实际。我们的教育对教师的职业素质提出了多条具体要求，但最根本的就是爱与责任。如果教师不热爱自己所从事的职业，他对工作就不会有激情，而可能只是把工作当成一种谋生的手段，按部就班地去做些事情。教师不爱学生，只像例行公事、开展机械的教育，没有师生互动，没有情感交流，教育就失去了自身的魅力，就等于没有教育。

托尔斯泰说：“如果教师爱自己的事业的话，那他就会成为一个优秀的教师；如果教师能够把爱事业和爱学生结合起来的话，那他就是一个完美的教师了。”爱事业体现了教师的“责任”，爱学生体现了教师的“爱”。爱是前提，责任是动力，两者缺一不可。

关于责任，我想到世界医学大会《日内瓦宣言》中所讲到的医生的神圣职责：“我将用我的良心和尊严来行使我的职能。我的病人的健康将是我首先考虑的。”武汉市第六医院的张应天教授就医生职业讲过三句话：医生的头脑里不应该有“放弃”；医生不能做仪器的奴隶；在医生的眼里，病人只有一个身份。这些理念都可借鉴到教育领域：教师要讲职业道德，要严于律己，要有高度负责的精神；对学生要始终充满信心，不厌其烦，相信学生会不断进步；要善于学习，善于研究，要根据学生的学习、心理、身心发展规律来改进教与学的方法；平等对待每一个学生，还要做到“有教无类，因材施教”。如果教师心中没有责任，对所从事的工作、所任教的学科没有追求，没有要求，什么都无所谓，是根本不可能把学生教育好的。教师有高度的责任感，才会安心于工作，才会乐业，才会在艰苦的环境中从事神圣的职业。

“爱”是师德之魂，没有爱就没有教育，教育事业是爱的事业，教师的职业是爱的职业。教师工作是平凡的，是由每天点点滴滴平凡的事情组成的。崇高的师爱表现为对学生一视同仁，绝不厚此薄彼、按成绩区别对待。无论在生活上还是学习上，教师要时时刻刻关爱学生，对学生要有耐心，要善于发现学生的进步，并且多加鼓励，培养学生健康的人格，树立学生学习的自信心。因为有爱，教师才能与学生建立平等的关系，才能够倾听，才能尊重、欣赏、鼓励、帮助学生。作为教育工作者，应该多问问自己：我们是否真心实意地爱我们的学生？我们是否用完整和健康的爱关注我们的学生？在学校的管理中，我们对学生的爱是否包含了对孩子的了解、尊重、关怀、给予、责任？

前几年，英国曾经做过一个问卷调查，要求用案例来说明什么是幸福。在收到的八万封回信中，一致认为最能说明幸福的有四个案例：（1）一名外科医生在给病人成功地做完一个大手术后，轻松地用毛巾擦汗；（2）一名画家在完成一件作品后，得意地加盖自己的印章；（3）两名小孩光着脚嬉笑着堆沙子玩；（4）一名母亲开心地给婴儿洗澡。以上四个案例如果能给教育工作者提供借鉴的话，即要求教师要达到四种境界：（1）给人帮助并且尽可能帮助其成功；（2）对自己的工作负责且始终感兴趣；（3）善于寻找快乐；（4）对学生的爱是无私的，不需要回报。懂得爱与责任的教师才是幸福的教师。

教育切忌拔苗助长

——有感于补习班现象

拔苗助长的故事，大家不会感觉陌生，大凡有理智的人，都不会模仿故事中的那个愚人，犯类似的错误。可是，在我们的教育中，家长和教师却往往在不知不觉中犯了“拔苗助长”的错误，比较典型的现象就是上补习班。

暑假有提前学习高年级课程的补习班，寒假有专门针对某一学科的补习班，周末还有各式各样的特长班……一到节假日，一些家长习惯于带孩子到处补课，孩子疲于奔波，又不得不听命于家长。家长的理由很简单，竞争太激烈，不能输在起跑线上。

其实补习班产生的原因很复杂，其根本原因就是人们对教育的认识存在误区。社会评价学校，往往一看学校的“升学率”，二看教师的“知名度”，三看学校教学抓得“紧不紧”。有人说：“这个学校不补课，学生早早就放学了，教学抓得一点都不紧！”学校抓得不“紧”，家长就怕孩子被“耽误”了，要求学校办补习班，或者自己去帮孩子找补习班上。在这个问题上，媒体也起到了推波助澜的作用，他们忙着公布高考、中考的分数段，忙着公布高考录取榜，使得学生在这种氛围中产生焦虑，怕自己落后，怕同学超越自己……社会上的一些补习机构抓住了人们的心理，花样翻新，不断推出新的补习班，吸引家长的眼球。

孩子上的补习班若是经过正规渠道审批的还好，可能还有些效果。若是一些急功近利的人所为，效果则令人担忧。孩子已经在学校上了五天课，从学习规律来讲，需要休息，也需要梳理、巩固知识，消化学习内容，若课外再加码，孩子如何能承受呢？

梳理知识靠教师引导，遗留问题也得靠教师来帮助解决，因为教师在教学中对学生了解得多些，对学生在课堂上和作业中出现的问题也摸得透些。补习机构往往是上些新课或是根据自己的考虑设计教学，把内容加深加宽，对学情不怎么了解。再者，孩子在补习中上新课，提前掌握了知识，到学校与未上新课的学生一比较显得有优势，极易给孩子造成我已学好的假象，于是放松对自己的要求，时间稍长，同学之间的学习状况差不多时，参加了补习的孩子又会怀疑自己是不是不补就不行，于是乎恶性循环，表面上有所得，最终还是失去的多。

针对这种现象，家长和教师都应该反思。家长是不是真的了解孩子的学习情况，孩子是不是真的需要补习，不能盲目为孩子作决定，在孩子还没有消化已学知识时又去上补习班；而教师平时应重点抓课堂教学效率，明确让学生在课上、课后还要思考什么，学生在学习过程中出现问题时，教师要及时予以辅导。

其实，补习班中超前学、提前学、过量学的效果是暂时的。教育必须遵循规律，拔苗助长只能是得不偿失。

学一学美国的教师行为守则

什么样的教师才是合格的教师？我们可以从美国的教师守则中得到一些启示。

美国为教师行为制定了26条守则，其中有的内容非常具体，如要记住学生姓名；不在大庭广众之下让学生丢脸；不能因少数学生不轨而责怪全班；对同一错误行为要坚持一个标准；要求学生尊敬教师，教师也需对学生以诚相待；合理安排课程教学；讲课时力求思路清晰、明了，突出教学重点；要让学生理解教学意图，布置作业切勿想当然，应抄在黑板上；熟悉讲课内容，切勿要求学生掌握教师所传授的全部内容；善于研究如何根据学生需要和水平进行问卷教学等。其中一些理念正和我国的课改理念相符，一些做法在我国也十分值得提倡。

我到美国进行教育考察时，就发现美国课堂教学是开放的，到了7年级（相当于初中一年级）后，教师在教室等学生上课，学生是走班制。教师在课堂上管纪律，管考勤，管评价，课堂气氛相当活跃，教师随时可与学生讨论问题，而且科学实验室就在教室里面，学生做实验非常方便。我们了解到，美国教师大多非常敬业，工作守时，履行职责到位，和学生关系融洽；尊重学生，善于保护学生的自尊心，教学上敢于放手，尽可能让学生发表各自的见解，鼓励学生的个性特长发展。而学生对选择的学科学习是认真的，到了10年级以后，学生往往是非常主动地开展课外学习，这一方面是源于学习的压力，另一方面也说明学习的兴趣可以转化为学习动力。

长期以来，由于受“师道尊严”思想的影响，我国的许多教师还是习惯以自己为中心，无法与学生建立平等的师生关系，因此也很难做到尊重学生的主体地位，不能把课堂还给学生，不能在充分了解学情的基础上教学。教学质量来源于教师的深入研究和调动学习主体——学生的积极性，让学生活跃起来，思考起来。

教师塑造着孩子的未来，也在塑造国家的未来。教师对教育的作用至关重要，所以我们要对教师提出更高的要求。如美国对教师的要求是：一要能够在课堂上使用有效的教学策略；二要能够通过分析测试数据找到有效的教学方法；三要能够针对学生的多样性进行因材施教、个别指导；四是能够使用科技手段进行教学，提高教学质量。

针对我国的教育状况，我认为优秀教师应该具备六大特点：一是对工作饱含热情，对自己所教的学科、学生、教学都有一种使命感和激情；二是知道该教什么，如何教，如何提高自己；三是擅长营造活跃的课堂气氛；四是擅长与学生交流；五是能激励学生去挖掘自身的潜力；六是教学效果十分理想。

第斯多惠说：“教学的艺术不在于传授本领，而在于激励、唤醒和鼓舞。”平庸的教师传授知识，一般的教师解释知识，好的教师演示知识，优秀的教师激励学生自己去学习知识。希望我们的教师能从美国的教师守则中得到一些启示。

一切从孩子的视角出发

有一个大人带小孩去逛商场，发现小孩总喜欢站在柜台旁一个不起眼的地方聚精会神地看。大人说：“这有什么好看的？”说着他就拉着小孩走，孩子执意不肯。大人心里纳闷，就蹲在小孩所在的地方，朝小孩看的方向一看：“哦，这可是最好的视角。”大人没有站在孩子的角度，所以看不到孩子所看到的风景。一所幼儿园让幼儿评选“最喜欢的老师”，没想到平时不是很特别的王老师几乎是全票当选。园长问幼儿为什么选这位老师，幼儿说，老师总是蹲着和他们说话、讲故事。

其实，很多时候，大人应该蹲下来，从孩子的视角去看看世界，与孩子平等对话。只有这样的教师和家长才能让孩子打开心扉，才能赢得孩子的信任。

素质教育已经提出了十几年，但有些学校的做法至今跟不上素质教育步伐，不懂得以学生的视角去思考问题。如有的学校热衷于排名，任何一次考试都把学生的成绩排名公布出来，完全不顾及一些孩子的感受，使孩子因成绩落后抬不起头来并焦虑不安，害怕面对家长的指责。还有一些教师热衷于请家长，学生对此非常畏惧，知道请了家长就要受惩罚，于是乎花钱在社会上请人代替家长来学校，以避免自己的家长知情。近几年，学生出现精神疾患、心理问题的现象越来越多，原因是多方面的，这和我们教育中的弊端也息息相关。我们在批评如今孩子心理承受能力差时，也该想想我们的教育是否站在孩子的角度去思考问题、解决问题。学校的管理者和教育者往往从自己的立场出发，把自己的需求当作学生的需求，用自己的兴趣代替学生的兴趣，终以牺牲学生的利益为代价实现自己预定的教育目标，而最冠冕堂皇的理由就是“一切为了孩子”。

我们应该反思，学校管理应该怎样改进？教师应该怎样做？

学校应该是爱学生的学校，学校管理应该是关注学生视角的管理。在爱学生的学校环境中，学校成为学生乐于学习的学校，学生的学习是有效的。考试回避不了，但成绩可以告知学生本人，使隐私得以保护，因为人都是有自尊的。学校绝不能为了追求高分数，而把本是善意的想法变成了对学生的“心罚”，“心罚”比体罚更可怕。

教师应该与学生建立平等的关系。当学生成绩下滑或出现其他问题时，教师应尽量在学校内解决，不要动不动就找家长。当然这需要教师懂得沟通的艺术，讲方法，会与学生沟通，要让学生感觉到老师是在真心实意地帮助他。

另外，教师要懂得尊重学生，特别是要站在学生的角度，以学生的视角去设计教学，以学生为本，关注学生眼里的世界，这样的教学才有生机，才和谐，才有趣，才有针对性和实效性。

如果我们的教育工作者都能从孩子的视角看问题，多研究教育规律，多研究学生的成长规律，多些真心实意的关心和帮助，就会使更多的学生脸上多一些欢乐。

第三篇　现状之研

DISANPIAN XIANZHUANGZHIYAN

他山之石，可以攻玉。对教育进行研究与考察有利于转变教育思想，确立新的教育理念，有助于借助他人的成功经验解决我们教育实践中的问题，提高科学育人、科学管理的水平，进而提高广大教师的专业水平。本篇收集了作者的一些相关文章，其中有作者在对国外教育考察基础上的一些思考与比较，也有针对我国一些教育现象的思考与研究。这些比较与研究对当下基础教育的改革与发展有着重要的指导作用。

对中美基础教育的比较思考

一、美国基础教育的管理体制

（一）地方分权制

美国的教育管理体制与其国体一致，属于分权制。联邦教育部对各州的教育没有统一的规定，教育行政权主要在各州，各州主要通过学区教育委员会负责管理本学区的教育事务，学校根据自己的实际情况进行管理，不受统一的模式束缚。虽然联邦政府、州政府和地方政府的教育部门是分权管理，但彼此之间是相互支持和配合的整体。联邦政府对教育的介入和干预首先是通过立法来进行的，如2001 年制定了《不让一个孩子掉队法》（也有译作《有教无类法》）。其次是通过经费调拨来干预。各州教育厅负责本州的教育行政事务，主要包括教育立法、教育准入（学校设立、教师资格制度等），制定教学大纲和高中生毕业标准，对公立教育机构进行资格认证、评估，主要突出其对教育质量的管理与综合评价职能以及制订教育预算等功能。各州对教育事业的发展有较大的统筹权，但不介入学校的行政管理。州以下的教育行政机构是学区，学区设教育委员会，由学区所有居民通过选举产生，一般由五至七人组成，任期三年。学区最高行政长官是学监，学监对教育委员会负责。学区直接管理本辖区内的学校，具有较大的自主权，对学校有较强的影响和干预能力。校长要定期向学监报告工作，学监向校长提出工作方面的要求和改进工作的建议。校长是学校的行政首长，对学区教育委员会负责，执行学区教委的有关决议及管理学校的日常行政事务，有较大的办学自主权。可见，美国教育采用联邦教育部、州教育厅、学区教育委员会、校长四位一体的管理模式。

此外，各州还设立中学校长委员会、中职校长委员会、小学校长委员会，负责校长交流、学习、培训等活动，类似我国教育领域的社团组织。学监委员会、校长委员会都有专职人员办公，工作经费由州教育委员会提供。

各州还设立学监委员会（成员由学区推荐），学监委员会负责学区各学监的岗位培训以及其他业务活动，有专职人员办公。厅长、学监、校长、教师均是合同制，一般任期为一至五年，学区教委委员任期为四年。

（二）权责分明的教育运行机制

美国宪法规定，必须建立高效的学校系统。根据经济和社会状况，每一个行政区划都设立若干学区。如俄亥俄州一共有614个学区。与此相对应，实施经费责任分担机制。义务教育由联邦政府、州政府和学区委员会大体按1∶6∶3的比例来分担教育经费。实施义务教育的主要责任在州政府，联邦政府主要是引导与激励，学区发挥主体作用。这种经费分担机制，既突出了地方政府统筹发展基础教育的主体责任，又明晰了中央与地方（学区）的责任，明确了中央与地方各自的职责与任务，形成了全民兴办义务教育的局面，让教育与每一位社区居民密切相关。

这种基础教育管理体制与运行机制，既保证了联邦政府的宏观调控主权，同时又能充分调动各州的积极性和主动性，让基础教育的发展与地方、学区居民密切相关，有利于基础教育在服务当地经济建设和辖区居民等方面发挥积极作用，有利于各项教育计划落到实处。

与此同时，美国形成了全社会重视和关注教育的局面。美国的社会教育资源十分丰富，政府、社区和企业都建有大量的博物馆、图书馆，并对学生和公众免费开放。学校也充分利用这些资源，让学校教育向社会延伸，不断拓展学生的思维与视野。在波士顿期间，我们曾专程参观考察了当地的一家工业博物馆。参观过程中，我们看到一批批初中生、小学生先后来到博物馆接受技能培训。其中，初中生还必须亲自动手，体验纺织工人工作流程中的每一个环节，感受竞争的残酷和被淘汰、失业的滋味。美国的一些重要部门对学生也是开放的，如州政厅、白宫、国会山庄等，学校只要提前预约，均可以免费参观，目的是让学生了解美国的政治制度及政府运作情况，了解公民的权利与责任。我们在参观俄亥俄州政府期间，正巧碰上几名教师带领小学生们参观州政府大楼，他们参观的目的就是了解政府的运作情况，增强公民意识。除此以外，社区也十分支持学校的工作，不仅为学生参加社会实践提供各种机会，而且在关爱帮教学生、支持学校工作等方面尽一己之力。

二、美国基础教育的外部环境

美国是一个发达的法治国家。《独立宣言》事实上是一个个人主义宣言。美国1791年通过的《权利法案》明确具体地提出保证个人的各种自由和权利，强调个性、个人价值、个人权利和个性解放。《权利法案》表明，争取和维护个人的独立、平等和自由已成为美国人维护民主政治的公民责任和义务。这一政治体制的确定预示着美国的教育表现为权利论的公民教育观。

美国是一个高度重视教育的国家。《独立宣言》的主要起草人、著名思想家、第三任总统杰弗逊在教育上有一句至理名言“知识就是力量，知识就是幸福，知识就是保障”。这一信念影响了一代又一代美国人对知识的执著与渴求。同时，美国人也清醒地认识到，美国在短短200多年创造了巨大的物质财富，成为世界上高度发达的国家，主要是由于知识在起作用，说到底是教育在起作用，因而美国人始终把教育作为头等大事。

美国是一个移民国家，其国民来自世界上100多个国家和地区，汇集了众多的优秀人才。长期不同文化的碰撞和艰难的创业使美国人意识到，只有教育才能将美国人的思想文化凝聚起来。因此，在美国人民心目中，教育是神圣的事业。

基于美国政治体制的重要特征——法治、追求个性、追求独立、追求权利和利益，美国教育的外部环境表现出与国体相协调的特征。

（一）法律法规保障青少年接受教育的权利

美国政府制定专门的教育法规，用法律的形式保障所有青少年接受从学前班到十二年级共十三年的免费教育权利，使基础教育得以普及。同时，美国教育部制定详细的教育发展战略；各州政府根据各州的具体情况，制定州教育方案；学校、教师、学生又根据此方案分别拿出更具体的学校年度工作计划、教师教学计划、学生学习计划。为保证计划的落实，州政府为学校提供足够的教育经费，既保证教师的薪水，又保证实施教学必需的设施设备，让校长集中精力抓教学。

（二）学区教委发挥教育监督和为教育服务的职能

美国提倡平等教育，在基础教育阶段提倡就近入学。为保证学校教育的有序实施，美国实行学区管理制度。学区教委由学区居民代表选出，其主要职能是发挥社会的监督职能，为学校教育排忧解难，与学校共同办让国民满意的教育，这样就保证了教育是所有人的事，即公共事业，人人都有义务关心和支持教育。

（三）家长参与学校教育

美国人做任何事始终坚持两个原则：一是计划性强，做任何事之前必须有明确具体的计划；二是坚持标准，不管是谁，只有按标准行事才能得到公认，不按标准行事则会受到相应处罚。办教育也不例外。由于美国人办事向来认真，既然教育受到高度重视，家长参与学校教育便成为自然。家长有权了解学校工作计划、教师教学计划，更有权发表自己对学校教育、教师教学的看法。家长参与学校教育工作是主动的，同时又是受到尊重的，这就保证了家庭教育和学校教育的衔接，使学校教育不再是孤立的、单方面的事情。

学校教育与家庭教育的有效沟通保证了校内教育和校外教育目的的一致性。

（四）社区教育是学校教育的延伸和补充

美国拥有丰富的教育资源。美国建有大量的图书馆和博物馆，而这些场馆对学生免费开放。学生可以根据需要自由查阅图书资料，甚至可以查阅政府重要文件。博物馆的种类很多，有自然科学博物馆、艺术博物馆、航天博物馆、历史博物馆等。这些博物馆大多构思新颖、设计精巧，不仅展示了足以让美国学生引以为傲的巨大成果，也为学生成长提供了大课堂。如洛杉矶自然科学博物馆在介绍了大量高科技知识的同时，利用电脑演示难度大的实验，还设计了大量的学生动手实验，帮助学生通过简单的实验来理解复杂的科学原理，这不仅让学生掌握了科学知识，更培养了学生的学习兴趣、科学精神（不认真即招致失败）和想象力，激发了学生的创造欲望。

有一个“找百万分之一”的实验，学生做完这个实验后所收获的不仅是找到目标后的欣喜，更多的还是培养了观察力、思维力和探究精神。这个实验是这样设计的：在一个透明的圆柱形玻璃罩内放有100万个不同颜色的小颗粒，其中蓝色小颗粒有888889粒，黄色的有100000粒，红色的有10000粒，白色的有1000粒，粉红色的有100粒，绿色的有十粒，黑色的有一粒，玻璃罩可以旋转，要求找出黑色颗粒。我们在此实验前站了20余分钟，看到学生那么认真、那么执著，不禁感觉到美国的教育是真正为未来着想，为学生的个性发展着想。迪斯尼乐园、国际环球影城内有许多高科技成果的展示，也有很多冒险的游戏，对学生进行着“没有冒险精神就没有创造，没有亲身实践就没有享受”的教育。

美国的学校教育对学生社区服务（做义工）和社会实践活动有明确的任务要求，社区也为学生提供了广泛的参与机会。社区及家长对学校十分关注，校长的一个重要责任就是要处理好学校与社区、家长的关系。校长们都深刻地认识到，只有使自己的学校成为整个社区居民生活的一个中心，而不是一个单纯传授知识的场所，学校才能被人们所持续关注和支持，才能发展得更快、更好。因此，他们常通过各种形式把社区的各界人士、学生家长甚至其亲戚朋友吸引到学校来参观访问，以提高学校的知名度，争取社区的理解，调动社区支持学校办学的积极性。有的社区学院还与社区企业及相关单位建立了一种长期互利互惠的伙伴关系，一方面，伙伴企业为学校提供资助，并帮助学校为学生提供就业机会。另一方面，国家规定凡与学校有伙伴关系的企业可减免有关税收。兴办教育和治理学校的民主精神成为美国的一个传统。校长既有充分的办学自主权，又受到学校内外广泛的监督与制约，学校既得到社区民众的极大关注和支持，又对社区民众负有极重大的责任，有使其满意的义务。

这些都说明社区教育是教育的重要组成部分，是学校教育的补充和延伸。缺少了社区教育，教育是不完整的。

（五）生活环境为学生成人起到了积极的导向作用

美国人的纳税意识很强，购买任何商品都要交税，交税多少表现出贡献的大小，体现着个人价值；美国是生活在车轮上的国家，十字路口有时不设红绿灯，四个出口位置画有停止线，车一接触停止线就必须先停下，若发现无其他车时可通行，若两个出口以上都有车停在此线上，则最先停车的优先通行；美国人购物、看节目等，只要人多，都会排队，不管什么时候不管多少人，无插队、拥挤现象，这就教育学生要讲秩序；美国市场上没有假货，这就教育学生要讲诚信；美国很富有，但很多地方仍在使用我们看起来早就过时的木制电线杆，这就教育学生不要浪费任何资源；美国的很多公共场所不准吸烟，不准高声喧哗，这就教育学生要尊重他人，不要干扰他人的生活；美国停车场最好的车位是留给残障人的，游玩场所也为残障人设置了专用工具，连电梯内也有盲文，这就教育学生要尊重人权，关心和帮助弱势群体，让他们自信地工作和学习。我们此行体会到了美国生活处处渗透着对学生潜移默化的教育。

（六）广阔的平台为学生的未来和个性发展创造了机会

在美国上大学不是难事，入学通道特别通畅，使“以人为本”得到了充分体现。高中学业结束后，有25%左右的学生可以找到工作，学分达到毕业要求的学生可选择社区学院，国家承认学历。社区学院毕业后还可申请上正式大学。拿到毕业证的学生可申请州立大学、联邦大学以及私立大学，机会很多，还可以工作几年后再申请读大学，边工作边读大学，有极大的自由性和选择性。美国的大学和高中都设有职业指导咨询机构，学生完全可以根据自己的爱好特长、学习情况来选择自己的出路，这样自然摆脱了沉重的学习压力，使得学习成了一件愉快的事情。

综上所述，美国教育的外部环境可以简单地概括为用严格的制度保证学生的学习权利，用宽松的环境培养学生的学习兴趣，用宽容的态度鼓励学生全面发展，用宽阔的平台满足学生的个人选择。

三、美国基础教育阶段的学校教育概览

美国的基础教育实施从幼儿园到高中阶段的免费义务教育，主要呈现以下四个特点：第一，全部免费。对所有适龄儿童，学区安排免费入学，并安排统一的校车接送学生上下学。对家庭困难的学生，学校还提供免费午餐。第二，保障机制健全。经费完全由联邦、州、地方三级政府按比例投入。第三，小班化教学。一般每班25人左右，很少有超过30人的班级。第四，依法治教。学校严格依法办学，并依照法律处理办学过程中的矛盾和纠纷。

美国的基础教育为12年，中小学的分段因地而异。有的小学六年，初中和高中各三年；有的是小学五年，初中三年，高中四年；还有的小学六年，初中两年，高中四年；也有一些地区的小学、初中、高中各四年。学生完成12年义务教育后再凭学业成绩及才艺、领导能力、社区服务水平、申请论文及推荐信等申请进入大学就读。

（一）在校时间

美国学生在校学习时间因学段不同，长短也不一。大体上年级越低，在校时间越短；年级越高，在校时间越长。一般来说，幼儿园在校时间为3.5小时左右，小学因年级不同在校时间3至7小时不等，高中为8个小时左右。

（二）课程设置

美国基础教育阶段的课程设置由学区教育委员会根据实际情况决定，分为必修课和选修课两部分。必修课（指需要通过高中学业水平测试取得高考

报名资格的课程）与大学招生资格考试接轨；选修课则五花八门，完全根据学生的兴趣爱好及当地经济社会发展水平而定。

大体上，幼儿园和小学低年级开设了电脑课、音乐课、艺术课、体育课、图书馆课等，小学高年级则开设了语文、阅读、数学、社会科学、体育、电脑、图书馆、艺术、音乐等。

初中课程有英语阅读、文学、英语写作、数学、科学（物理、化学、生物、综合）、社会（相当于思品、历史、地理）、综合实践、音乐、美术、体育等课程，还有少数选修课。

高中学生毕业必须修满225个学分，并且完成所有毕业生该完成的课程，同时还必须通过州政府规定的英文、数学高中毕业考试。高中课程学分分配如下：英文40学分；社会学30学分，其中世界历史10学分，美国历史10学分，美国政治经济10学分；科学20学分；数学20学分，同时还必须通过数学基本技能考试；外语或美术10学分；体育10学分；健康教育5学分；职业课程20学分；选修60学分；社区服务60学分，所有学生都必须参与社区义工，在高中的几年中，学生总共需参与社区服务60小时，并不计报酬。

根据考察所了解的情况，我们可看出美国中学的课程开设及学分制表现出三个鲜明特点：第一，课程开设和学分制是为学生自主选择从而实现个性化发展服务的，学生对自己的选择负责。必修课如英语、数学、科学等学科按范围的大小和内容的复杂程度还分为不同层次，学生根据自身学习实际和上大学的需要，在辅导员的指导下自主选择适当的层次进行学习。选修课开设的层次和类别更是灵活多样、琳琅满目，有各种类型的器乐队，有以激光和氢气为动力的机器人活动小组，还有模拟联合国活动小组等。不仅如此，目前全美国有56%的高中开设AP课程。AP课程就是把大学的课程提前到高中开设，参加AP考试已成为申请名牌大学的关键。第二，高中阶段选修课的开设占有相当大的比率，并随着年级的升高比率逐渐加大。以加州罗兰岗高中为例，高中四年中，九年级选修课课时在总课时中占23%，十年级占33%，十一年级占42%，十二年级占50%。选修课的开设是满足学生个性化发展的需要。第三，普通高中的职业课程和社区服务的学分占有相当分量。还以加州罗兰岗高中为例，高中阶段总学分为275个，其中职业课程20个学分约占7%，社区服务60个学分约占22%。

（三）学生管理

美国的学生管理有两种重要的组织形式。一是保安管理，一所学校一般有五位左右的保安。上课期间，学生由任课老师管理，上学、放学、课间、食堂就餐、学校校园及周边等主要由保安人员行使管理职能，这样，学校对学生的管理就能够落实到各方面。二是辅导员制度，学校设有辅导教师的岗位编制。辅导老师既可以是该学生的任课教师，也可以是非任课教师，主要向学生提供思想教育、行为习惯与人生规划等方面的引导与帮助。辅导员的职责主要是：在学前辅导学生制订学习计划，明确学习目标；在学中帮助学生克服学习障碍，让学生保持积极向上的学习状态；在学生临近毕业时，为学生升学和就业提供指导。这种辅导员制度能够为学生的正确选择和健康成长提供有效的服务。

（四）班级设置

美国的小学实行教师包班制，一名教师要教授所包班级的全部课程。教师没有单独的办公室，课堂即是其办公室。教师既是班主任，又是生活及行为导师，既教学又批改作业，既教书又育人。学校提供教材及教学条件，教师可以选择不同的方式和顺序授课。

中学不设行政班级，全部实行走班制。教师任课实行模块分割，一般主讲一门学科或一门学科的某一模块。必修课根据学生学业水平的实际情况，划分成不同层次的班级，打破年级界限，实行分层教学；选修课则完全由学生按照兴趣、爱好，在辅导老师的指导下自主选择。按照学校开设的课程，教师在自己所任教的教室办公，学生流动，教师不动。“走班制”是美国课堂教学的最大特色。

（五）教室布置

美国的教室布置也很有特点，没有类似中国的讲台和黑板，只有白板。学生桌椅的摆放成“堆”不成“排”，常常是几个学生的课桌围在一起，方便相互讨论和学习。教室的窗户很大，很明亮，一般不能开启。窗台上放有盆景、绿树、鲜花等。教室里另有书柜、学习栏、玩具及多媒体教学设备。

多媒体设备不同于我们的设备，是触摸式的，需要什么图案，用手点击拉出；要强调投影中的重点，只要用手在投影上画个圈，强调的部分就会放大并显得更加明亮，而其他部位就会黯淡下来。做题时，学生把答案输入遥控器，屏幕上就会有显示，还能显示出对错比例以及做错学生的名单。屏幕上还有可以上网的菜单，老师上课都喜欢点击上网，让学生随时接触网络资源。教师的办公桌上有电脑、打印机、打孔机，学生的课堂资料、作业都由教师打印，并在边上打孔，方便学生收放到讲义夹中。对于学生的作业，教师会写很长的评语，评语很富有激励性。学生订正错误时都用有黏性的小纸条，贴在讲义上，以方便日后复习。

（六）课堂教学

美国的课堂教学气氛十分活跃。教师十分注重学生的探究性学习，让学习成为学生探究和体验知识的过程，学生则在体验和探究知识的过程中形成学习能力，培养创新精神，不断创造新知。学生动口、动手的机会很多，教师主要是通过讨论、交流、辩论、研究等方式进行教学，同时重视学生的个性发展，尊重学生的不同意见，注重学生创造性思维的培养和研究性学习。我们在林肯中学观摩了一堂数学课，当时讲的内容是“黄金分割理论”，教师首先让学生用直尺测量自己或同学的“三围”和五官之间的距离，然后计算出相关数据，得出结论，教师只是适时点拨。无论上什么课，老师都讲得很少，每堂课教师大约讲20分钟左右，更多的是让学生动脑、动口、动手，充分发挥学生的积极性和主动性。课堂上学生都是坐着回答问题，可以随时举手质疑，有时还可以随意走动。作业当堂布置，当堂检测，因病因事请假的学生由教师另找时间补课，并完成课堂作业。

四、美国基础教育的显著特点

（一）无缝对接的成才渠道

美国的基础教育与职业教育、高等教育之间都是无缝对接的。在基础教育阶段，各学段之间也是可以相互认定的。在美国，不论是小学、中学还是大学，既鼓励高能学生超前学习，也十分关注学困生群体，因材施教，分层教学，综合评价。初中段的高能学生在完成七年级、八年级的学业后，可以跳到高中学习。高中段的学生如有未过关学科，也可回到初中的课堂学习。高中学生一般从十年级就参加ACT考试（知识掌握型考试，相当于我们的学业水平考试，通过该项考试的学生可以报考一般性本科院校），合格的学生可以申请AP课（大学课程）的学习，通过全国统考，也算作大学学分。学生从十一年级开始可以参加全国SAT考试（学习能力型考试，难度比ACT考试要大），每年七次，通过该项考试的学生可以报考美国研究性重点大学。

美国学生在读七年级（相当于初二）时，学校就会把全美现有的各种职业分成若干大类介绍给学生，并请各行业的专门人才到学校介绍这些职业的特点和要求。到八年级，所有学生对社会当前的各种行业都会有清楚的了解。学生进入高中之前，学校就通过填表调查摸底，掌握学生的职业兴趣和方向，学生自己确定不了时，有专门的指导教师与家长一起共同给予学生指导，并将市内各高中开设的必修和选修课程，学校的特点、地点、电话等介绍给学生，帮助学生选择学校课程，并及早进行职业定向。学生初中毕业，就确定了自己对口的高中和进修的课程，到了高中以后，学校再进行一次调查摸底，在学生进入九年级时就安排学生与社会接触，称之为校外活动。到十一年级，学校从社区、企业或公司为每个学生请一个指导人帮助学生进行具体的职业定向，并根据学生的择业计划进行跟踪指导，直到他实现自己的理想，找到职业。到十二年级，学生必须到社区某个部门单位或公司企业去实地见习，称为社会服务。其服务的情况鉴定是各大学录取的条件之一。所有这一切，学校和社会都不是处于一种被动的地位而让学生去盲目运作，而是对个案进行科学分析和主动指导。一般高中学校都建有专门的机构——学生升大学和就业指导中心，他们都努力使每位学生找准自己的兴趣特长和职业方向，让父母或监护人因孩子有满意的职业和发展方向而放心，用人单位因录用到合适的人才而振兴，社区、城市因人才各得其所、各尽其才而稳定、繁荣。

美国大学的录取主要看以下几个方面的成绩。一是看高中的学习成绩，这个成绩主要是由平时作业、小测验和期末考试等成绩按一定的权重组合而成的，此项成绩约占大学录取时考量比例的30%。二是从十年级开始，一年有七次的SAT（I）考试或美国大学考试（ACT），它们属于理论考试，此项成绩约占大学录取时考量比例的30%。三是参加一年有六次的SAT（Ⅱ）考试，SAT（Ⅱ）考试为科目考试，此项成绩约占大学录取时考量比例的30%，若要进名牌大学，还需参加AP进阶考试，该项考试主要根据报考专业进行选择。四是看特长、潜力和社区服务成绩，如领导能力和社会献身精神等，此项成绩约占大学录取比例的10%。

在高中阶段，学生可多次参加SAT考试，大学录取时只看成绩最好的一次。学生一进入高中就在辅导员的指导下，基本掌握了自己所向往的大学的录取要求和标准，并根据录取要求和标准，结合自身学习实际选择相应的课程进行学习，这样，学生学习的目标明确，主动性、积极性高。学生升大学的机会非常多，既可以在高中阶段多修AP课程以增加直接升入名牌大学的筹码，也可以在条件暂时还不具备上名牌大学时，先上社区学院然后再寻找机会上名牌大学。因为高中与大学、社区学院与名牌大学在学分上有很强的连通性，学生既可在高中超前学习大学课程，还可在社区学院修名牌大学的学分，这就在很大程度上避免了“一考定终身”和“千军万马挤独木桥”的现象。

（二）关爱弱势群体的平等教育

美国的教育宗旨是面向全体学生，关注和关爱学习上的弱势群体。《不让一个孩子掉队法案》从法律层面上保障了每一个受教育者的权利。此后，各州都制定了关爱教育特殊群体的教育法案，来保障他们的教育权益。如俄亥俄州在2004年制定了《身心障碍者教育改进法案》，告知了家长有关残疾孩子受教育的权利与救济措施。

由于有了法律保障，美国各学校都十分重视对特殊教育群体的教育工作。残障学生和学困生不仅能在普通学校就读，享受与其他孩子同等的教育权利，而且还会受到学校和教师无微不至的关怀。这类学生的免费教育年限可以达到22岁，各学校都设置了针对这部分学生的特殊教育班级。这种班级由两名教师授课（幼儿教育也是如此），一名教师负责主讲课程，另一名则负责在全班巡视，帮助学生解决学习问题。学生如有学习疑问，老师可以随时停止讲课，帮助学生解决疑难。不仅如此，学校为每个学生都安排了一名富有爱心、工作认真负责的老师担任辅导老师，随时帮助学生解决学习与生活中的困惑，答疑解难。学校还注意营造关爱身心障碍者的氛围，上自学校校长，下至普通教师，都特别关爱那些有特殊困难的学生，在开展各项活动时，总是把他们放在突出的位置，帮助他们树立信心。在普通学生中，学校还开设了关爱特殊学生的教育课程，如手语课、盲文课和对弱势者的关爱课等，让普通学生能够真正从内心深处关爱身心障碍者，而不是歧视他们。

（三）科学规范的教育管理

第一，注重标准设置。在美国学校，无论是课程设置、教学管理，还是质量评价、安全保障，每一个环节与细节都有详细的管理标准，学校的一切教育教学行为完全按标准程序运行。如学生午餐从10点开始，分年级错开进行，时间为20分钟，所使用的餐具必须由自己打理；考试每学期一次，如果教师随意组考，学生可以起诉学校或教师；校车每天必须由专职安检员对司机身体状况、车辆状况进行检查并签字后方可出车。

第二，注重性格培养。美国从幼儿园开始，就着手培养学生的行为意识和责任意识。如在小学阶段，教师在布置作业时，就为学生提供两种选择，即按时完成作业的，可以享受老师的奖励，不按时完成作业的，要到校长室继续完成作业，或请家长到校监督完成作业，由学生选择。这种唤醒自主意识的教育，让学生认识到自己的行为必须由自己负责。

第三，注重校园文化建设。在我们所到过的每一所学校，学校的走廊与墙壁上都有三样东西：学生作品、教师及优秀学生照片、国旗与奖杯。励志教育、爱国主义教育无处不在，学生开展比赛和活动前都必须展示国旗并宣誓，在幼小的心灵里种下祖国的利益高于一切、忠于祖国是自己神圣使命的理念。在这种浓厚的文化氛围里，学生们均举止文雅、激情澎湃、阳光可爱。

第四，建立了以安全为首的安保体系。安全至上，是美国学校管理的首要目标。美国学校的校车都有严格的行车规则，当校车停靠、学生下车时，后面的所有车辆必须停车，超车就是违法。学校还建立了以人权为基础的学生保护体系。在美国学校，学生的人格尊严神圣不可侵犯，如教师不得将学生的成绩进行排名公布，学生管理以表彰、鼓励为主。

（四）潜移默化的养成教育

在美国的日子里，最能吸引我们视线和冲击我们心灵的有两点，一是爱国氛围，无论你走到哪里，都能看到美国国旗在飘扬，不仅所有政府机关和社会机构有，学校、单位有，而且许多家庭、商店甚至私人的汽车、摩托车上也有。万人体育馆里升旗时，所有观众都会不约而同地肃立致敬，没有人照相，没有人讲话。试想一下，学生成长在这样的环境里，能不爱国吗？二是礼仪氛围。走在美国的街道上，感受到最多的是微笑和主动让道……可以说，美国这种潜移默化的道德教育无处不在。在与美国学生的交流中，我们也亲身感到了美国孩子自信表情中的天真快乐，看到了美国孩子眼神中对父母的感恩情绪，见到了美国孩子对动物的爱护，品味到了美国孩子深厚的素养，发现了美国孩子对艺术科学的向往，感悟了美国孩子做志愿者的愉悦。

（五）宽严有度的学生管理

在学生管理方面，美国的教育充分尊重学生的个人权利，但对损害他人权益的行为也绝不姑息，对此类行为的处理非常严格。如学生的发式、服饰等纯属个人喜好，学校不作统一要求，学生完全自主；上课时，学生可以随便坐，提问或回答问题时都可以坐着，不必站起来；对学校存在的问题，学生可以随时向教师或校长反映，学校和教师尊重他们的意见和诉求。

对妨碍他人的行为或损害公众利益的行为，学校也制订了多项纪律规定。如对上课讲话、迟到、不交作业、在校抽烟、打架等不端行为视情节轻重均有明确的处罚方案。对学生的处罚，学校也是严格按照规矩办事，处理程序相当规范。对违规学生的处理，学校制作了处罚通知书，一式四联，告知家长、学区学监、对方律师，注明违规行为、处罚措施以及对方的权益等。学生或家长如果不服处理决定，可以要求举行听证会，听证会由学校、学生及家长、双方律师参加，各方代表均到会。

学校对学生违规的处理规定明确，可操作性强。处罚形式有：①训诫、警告；②辅导；③课后留堂；④停学；⑤转学；⑥开除。有的学区规定任课教师对学生处罚的最高权限是放学后留校半个小时，校长对学生处罚的权限是停学（一般在五天之内），转学和开除的处罚决定由学区教委会作出。开除学生，一般要在学区召开公听会，公听会由学校、学生双方律师参加，各方代表到会。

因此，美国学生的规则意识很强，少有严重违规违纪者，学生中很少有抽烟、打架斗殴等极端行为，上课讲话、迟到早退、缺课、不交作业等也只是个别行为。

（六）重视绩效的师资队伍建设

美国对中小学教师要求比较高，实行严格的准入制度。中小学教师必须首先具备大学以上学历，获得学士及以上学位，然后再师从具有五年以上工作经验的教师实习一年，此后方能从事教师职业。新教师受聘后，还需试用二至五年。试用期内，校长不满意，可以予以辞退。试用期满后，合格者方能获得初级教师资格证书，连续任教若干年后，方能参加各州举办的教师资格考试，合格后才能取得教师资格证书。教师参加工作后，自己必须坚持业余学习和进修，要不断追求进步和提高。在职教师每四年要参加一次继续教育考试，合格者才能够继续从事教师职业。若要跨州执业，则必须参加另一个州的教师资格考试，考试合格后才能跨州继续从事教学工作。教师从教若干年后（因人而异，年限不等），可获得永久教师资格，能得到州教育协会和联邦教育协会的保护。此后若在每年的教师评估中不合格而遭开除，可以申诉。

在美国要成为一名教师，除了专业知识外，还要具有强烈的敬业精神、乐教态度和爱心。美国教育界的同行也普遍认为，基础教育的高质量、新标准，关键在教师。为此，许多学区和学校十分重视对教师的管理。一是随着《不让一个孩子掉队法》的实施，美国的学区和学校都相应建立起以学生考试成绩为重要依据的绩效挂钩体系，教师待遇推行绩效工资，教师的绩效将通过同行评议、学生的考试成绩、课堂评估或其他途径确定。不能胜任工作的教师将被替换，而帮助学生提高学业成绩的教师将获得更多奖励。二是强调教师的责任感。招聘教师时严格把关，每一个新招来的教师都要参加集体宣誓、诵读誓词仪式。评价教师时有三条基准，即是否用心工作，是否热爱并忠于本职，是否致力于学生的全面发展，以激励教师努力工作。三是实行教师培训的“双赢计划”。学区及学校都规定了教师的进修要求（俄亥俄州要求教师每五年必须培训180学时，教师资格证也相应五年更换一次），同时为教师的进修提供条件，并以合同的形式规定了双方的权利和义务。教师进修的形式和内容主要是课题研究以及新的教学方法、教学手段的运用。

（七）注重个性的教育方式

一是强化分类施教。最为典型的是美国高中毕业有三种毕业计划：合格毕业计划、推荐毕业计划、优秀毕业计划。在三类毕业计划下，学生的课程选择、教学深度、毕业去向等都有区别。学校会按学生的选择进行分类教学。二是鼓励个性发展。在美国，每所中学都必须有十个以上的技能培训实践基地，学生在修完基本课程的前提下，可根据自己的个性特长选修艺术、音乐、建筑、设计、汽修、护理等专业，为自己今后的升学或就业打下良好的基础。三是鼓励研究性学习。美国学校特别注重开发学生的思维、培养学生的创造能力，从幼儿园开始就实施“天才培训计划”，给特殊智商的儿童提供特殊教育。同时，所有学校都十分注重学生的阅读训练和动手、动脑能力的培养，激发学生的求知欲望和探索精神，这也是名牌大学录取的重要依据和首要条件。

（八）推行“实用主义”教学方法

美国的教育哲学是“实用主义”，因此，十分强调在实践中学习，并把不断提高学生运用知识的能力作为教学的主要目标。美国的教育教学总的原则是掌握知识，运用知识，并不断创造新知。因此，教师在教学中十分重视让学生动手、动脑、动口，广泛地参与教学过程，强调培养学生运用知识解决实际问题的能力，而不拘泥于答案的正确与否。如数学课上，教师对学生的四则运算就不作具体要求，允许学生使用计算器辅助学习。

为达到这一目标，不同学段采取的教学方法也不同。幼儿教学重视直观感知和生活教育，让孩子认识自己和周边的人与事。小学低年级重视学生听和说等实际运用能力的教育，如美国小学生学英文，在一二年级，教师对学生的书写不作规范要求，表现出宽松的一面，很多学生单词拼写错误，老师认为发音差不多就打对号，到三四年级再纠正错误，关键是要让学生通过学习，学会表达与交流。学生在小学高年级和初中开始了解社会，认识社会，树立公民意识。而高中和中职则重视学生的研究性学习，重点教会学生发现问题、研究问题并解决问题，关注学生的人生发展规划和有关职业的教育。

（九）灵活实用的中等职业技术教育

美国稍大的学区都会有一所中等职业学校，相当于我国的中等职业技术学校。职业学校的学生均来自各普通高中，这是美国职业教育的主体。此外，美国各州均设有为数众多的各类学院，相当于我国的职业技术学院，一般学制两年，属应用性较强的专科层次的社区学院。这类学校大都理论与实训并重，且以培养动手能力为先，它们的实训条件相当不错，设施设备亦十分完善。

与职高同属高中阶段教育的普通高中（九至十二年级）也开设职业技能课，而且学校一般都会提供能满足学生选课需要的技能课程供学生选择。普通高中一般都设有职业技能教育部门，专门负责引导学生选修技能课程，一方面可对学生进行职业教育，开展职业意识熏陶，另一方面，这些选修课可为将来有可能进入职业学校学习的学生提供专业参考和帮助。

美国的职业学校高度重视学生职业能力的培养，每个专业都配备了实训教室（基地），而且设施配备齐全。学生实训用的也是真正的工具，木工专业学生练手艺用的是真材实料，食品制作专业学生所用原料更毫不掺假。每个实训基地都是一个装备齐全的工厂车间，而且相当一部分专业实训车间对外承接订单，开展来料加工制作等。

五、美国基础教育的困惑

美国学校人性化的教育理念、先进的教育设施与完备的教育保障确实让人羡慕，但透过层层光环，我们又深切地感受到美国教育运行中的一些矛盾现象。

（一）学生中心原则下的师生关系失范现象

在美国，强调“以生为本”，突出强调学生在教育教学中的主体作用，这值得我们学习和借鉴，但美国过分强调保护学生的利益，师生关系有退化为雇佣关系的危险。在这种教育环境中，教师作为知识的传授者和学生人生的引路人的权威得不到应有的尊重与维护，这无疑给教师的教育教学工作带来了极大的麻烦，也严重地挫伤了教师工作的积极性。

（二）标准管理原则下的质量低下现象

在美国，学校的每个环节都有标准，但联邦政府却没有统一而规范的教育标准，州与州之间的教育标准也有差异，公立学校与私立学校的教育标准也不尽相同，这就造成地区与地区之间、学校与学校之间教育质量存在差距，同时也使得教育质量的提高极大地依赖于学监与校长的管理能力，而这大概正是美国基础教育质量始终难以提高的根本原因之所在。

（三）行为自主原则下学生的违法犯罪现象

虽说美国学校十分注重培养学生的行为责任意识，但在我们接触的不少学校中，仍有5%至10%的学生有吸毒、携带枪支进学校伤害同学与老师、损坏公共财物等现象，严重地扰乱了学校正常的教育教学秩序。同时，学校为了遏制各种违法违纪事件的发生，对违规学生进行较严厉的惩戒，学校都设有禁闭室、体罚室，有的学校还要求家长带疑似好动症的学生到医院检查，并强迫其吃镇静剂等。

（四）权利公平原则下的保障差异现象

在美国，各州的法律不一样，对学校的保障水平也有差异。有些学校的年生均经费达1万美元，有些学校却只有0.5万美元，特别是在执行免费教育政策时，有执行12年免费教育的，也有极个别地区执行八年免费教育。

六、中美基础教育的差异性

比较中美两国的基础教育，我们深知，中美两国教育的差异，既有历史文化的因素，也有经济发展程度不同的原因，更有制度设计不同的原因。与美国教育相比，中国教育应该更具有独特的政治与文化优势，但仔细琢磨，却又有一些值得我们深思的地方。

（一）分权与集权：看中美基础教育保障体制上的差异

美国教育在目标体系、课程设置、质量评价、升学选择、物质保障等方面都是依法分层负责的。国家层面、州级层面、企业层面、纳税人层面等的社会组织单元都依照法律赋予的权利和义务对教育承担责任，使教育的保障与监督完备而系统、真实可靠。而在我国，实行的是人民教育国家办，国家制定统一的教材与考试标准，特别是在九年义务教育阶段，所有费用全部由国家承担，基层政府和纳税人不承担学生免费阶段的费用，这就造成了基层政府和纳税人的一种责任缺失，使得他们认为现在学校的建设、维修及设备添置均由国家负责，与他们无关。在这种错误思想的指导下，即便是基层政府应该承担的配套经费和家长应该承担的相关费用，也会在教育投入大、不准乱收费的种种借口下遭到不同方面的抵制，致使改善学校办学条件的过程变得尤为艰难，导致学校的责任风险无限增大。更为严重的是，把“办人民满意的教育”这个政府主体责任全部转嫁到学校，让学校在经费困境和责任困境的双重压力下不堪重负、举步维艰，从而制约了教育的良性发展。

（二）内涵与规模：看中美基础教育发展要求上的差异

美国中小学规模都不大，学生人数从百人到千人不等，班额一般在20人左右。学校十分注重教师素质、课程效率、学生兴趣、设施保障、创新氛围、安全机制等教育内涵因素的强化。学校不求新求大，但教育教学内涵发展要素完备而精致，为培养创新型人才提供了优良的土壤。而在我国，在扩大优质教育资源的背景下，一些地方盲目撤并学校，盲目扩充优质学校的生源数量，出现了一大批基础教育新城，造成了学校规模越办越大，学校辐射的范围越来越广，而学校软环境却跟不上硬环境的发展步伐，出现了校舍好、教育质量差，领导满意、群众无奈的尴尬局面，使办真教育、育真人的内涵发展模式在求新求大的浪潮中变得十分脆弱。对这种趋势如果我们不警醒并予以遏制，必将产生严重的后果。

（三）分类与统一：看中美基础教育观念与方法上的差异

美国的教育同行认为，同一年龄段的孩子，有生理上的差异，也有心理上的差异，更有智商上的差异。为了有效地推进教育公平，必须为每个孩子提供适合其自身需要的教育。所以从幼儿园开始，他们就有天才班、学困班，根据家长和学生的意愿，实施分类施教，收到了很好的教育教学效果。而在我国，在规范办学的统一要求下，为同一年龄段的孩子提供统一的教育，即同一课堂、同一教材、同一教师、同一标准，教师要在这“四同”的情况下再因材施教，否则，就会被视为漠视教育公平，受到行政处罚。实际上，不为学生提供适合自身需要的教育就是最大的教育不公平，而漠视学生个性发展的教育更不是全面发展的教育。这种“大一统”的教育模式，从另一个层面上来讲，也把学校推到了家长的对立面，成绩好的学生吃不饱，成绩差的学生撑得慌，学生、家长自然不会满意。因材施教是我们祖先传承下来的教育法宝，而在今天却被自己的子孙遗弃，真是令人遗憾。

（四）能力与分数：看中美基础教育评价上的差异

无论是课程设置，还是教学组织，无论是基础评价，还是高校录取，美国的中小学校都把学生的能力培养放在首位，为每一位学生提供适合其能力及心智发展特点的教育。幼儿园就有二维和三维图像的认识与尝试，小学、初中也有阅读、课题研究的训练与实践，高中还有各种技能、专业探讨的培训与研究，着力培养学生把知识转化为能力的本领。我国过去推行的是应试教育，高校按分数录取学生。分数成了基础教育的指挥棒，出高分学生的学校就是教育质量高的学校。这样一来，就出现了要求上名小学、名初中、名高中的风潮，就形成了学校之间的生源竞争、学生之间的时间竞争、家长之间的财力竞争。

七、学习美国基础教育需要解决的几个问题

美国的基础教育对于当前我国推行的新课程改革的确有借鉴意义与参考价值，也代表了未来教育的发展方向：有利于培养创新型人才，让优秀人才

脱颖而出；有利于推进教育公平的实施，不让一个孩子掉队；有利于培养忠于国家、为社会发展而勇于担责的合格公民。我们认为，学习借鉴美国基础教育的做法，需要解决如下几个问题。

（一）处理好促进学生多元化发展和单一评价之间的关系

美国基础教育秉承多元化发展的理念，表现为尊重人的个性差异，实施有差别的教育，通过必修课实施分层次教学，选修课让学生根据学习基础、兴趣爱好选择，结合学校的师资和办学条件，由学校自主开设。它对于学生主动获取和感知知识、培养创新精神与实践能力、让不同的学生得到有差别的发展具有十分重要的意义，对于我们拓宽推行新课改的思路也不无启发。问题在于，如果不对我国现行的高考制度及其评价方式、选拔方式进行彻底的改革，学生成才的渠道不拓宽，学生学分不能相互转换认定，这种尊重学生个性、主张学生有差别的发展和智能的多元化发展的教育便很难得到有效实施。

现行的高考制度对于维护考试公平、同等分数下的公平选拔有一定的作用，但高考最大的弊端便是用一把尺子衡量所有的学生，很难顾及学生的个性差异和个性发展。而在目前社会整体诚信缺失的背景下，要维护教育的公平，又很难找到比高考更加有效的评价手段。高考制度不改革，考什么、学什么以及重知识传授轻能力培养的教学方式就很难改变。

（二）处理好“以人为本”与教育行政管理之间的关系

美国基础教育的核心是教育对家长负责，对学生的终身发展负责，体现了教育“以人为本”、促进人的个性发展的理念。与此相对应，美国在教育管理制度设计、教育行政管理及干预方面功能不强，学区教育委员会与学校自主权很大。这样学区及校长就能根据学生的个性差异，自主开设课程，鼓励学生的多元发展，实施有差别的教育。而我国现行的教育管理体制，表现为高度集权，行政准入及行政干预太多，学校根本不可能按照自己的意愿确立教学目标，不能自主开设课程、聘请师资、组织教育教学等。教育管理体制不改革，校长的办学自主权便很难落实，也就很难保障学生学习内容与学习方式的变革以及学生个性发展理念的落实。

（三）处理好经济发展与教育投入、教育发展之间的关系

美国教育体制及模式的健康运转源于强大经济基础的保障与专家型教师团队的支撑。美国基础教育投入很高，雄厚的经济基础保障了有个性有差别的教育的实施。另外，学校自主开发课程，实施个性化教育，需要专家型教师团队，教师需要有较高的专业素养，能根据学生学习实际开发适合学生个性需要的校本课程，并能自主选择教育方式。而我国目前的教育尚未摆脱温饱型、生存型的教育发展方式，表现为办学条件远远不能适应教育的发展要求，教育投入严重不足，根本无法满足个性化、多元化的教育发展需要。另外，多年受应试教育观念的影响、教师整体素质偏低、班额过大等现状，也难以满足学生多元化个性发展的要求。在条件尚未成熟的情况下，教育准备不足，“走班制”的教学效果必然受到影响。在笔者看来，没有“走班制”的实施，发展学生的个性、实施有差别的教育便是一句空话。

八、建议

（一）整体设计教育制度，加快推进教育领域相关工作的标准化建设

美国的教育制度有一个鲜明的特点，即高中阶段与大学阶段、社区学院与名牌大学之间有一定的衔接和贯通，这种衔接和贯通的有效机制就是学分制。有潜力的学生在高中阶段可选修大学承认学分的课程，在社区学院也可选修名牌大学的学分，学生在大学期间可中途休学就业。复学后以前的学分仍然有效。这种学分之所以能为大家承认，是因为学分基本上是等值的，能从制度和机制上确保没有投机取巧和打折的现象。我国目前教育制度中存在的“千军万马挤独木桥”的高考制度和高中教育与大学教育之间、职业院校与普通高校之间的壁垒需要改革，建立规范有效的学分流动机制，即考试制度设计与教育培养目标相一致，考试为实施素质教育、推进课程改革与发展学生个性服务；高中教育与大学教育、职业院校与普通高校、名牌大学相贯通；学校教育与社会就业相衔接。

美国作为一个法治文明高度发达的国家，反映在教育领域就是严格依法行政，依法治校。在美国，凡事都有标准，凡事都有规范。如对校长和教师实行严格的准入制度，按照职业化和专业化的要求制定了一系列工作规范，包括资格认定、见习、实习、上岗、培训等。虽然有些烦琐，但对于推进局长、校长和教师的专业化成长，实现教育家办学不无借鉴意义。为此，我们应该明确教育行政人员、校长和教师的工作职责，制订具体的工作规范，加强对教师、校长、局长的资格认定和岗位培训，并建立规范的评价体系。

（二）政府、社会大力兴建和开放公共教育设施，为学生提供丰富、优质的社会教育资源

美国的公共教育设施星罗棋布，服务优质。与学校教育相配套的公共教育设施如图书馆、博物馆、纪念馆、历史遗迹、名人故居等，大多免费向学生开放，让学生在参观、动手操作中学习科学知识，培养发现能力和探究精神；各类运动场馆也是免费开放，让学生在运动中增强体质，锻炼意志力，培养竞争力和合作精神；此外，还有各种各样的公园、游乐园和影剧院等向学生开放。如纽约市拥有大大小小的公园1000多个，博物馆150多个，画廊400多处，光百老汇剧院就有38座。这些公共教育设施既有国立的、州办的，也有私人捐赠的，大多服务良好。如华盛顿航天博物馆专门展示美国在航天领域的世界领先水平的仪器和辉煌成就，展示的方式以让参观者取得最佳效果为第一要务。适宜实物展示的就实物展示，适宜模型展示的就用模型展示，适宜图片、文字展示的就用图片、文字展示，适宜让参观者动手实践的就以让参观者动手实践的方式展示，并配有电视片；或讲解研究背景和过程，或提出问题供参观者思考，凡此种种，不一而足。

我国的公共教育设施与满足受教育者的需求有较大差距。中小学需有效实施素质教育，大力推进课程改革，特别是要满足中小学生开展研究性学习和社会实践活动的需要，最大限度地免费开放已有的公共教育设施。同时，需统筹规划，加大投入，充分调动国家、地方政府和社会以及个人的积极性，有步骤、高质量地改造和兴建公共教育设施，为子孙后代造福。

（三）加强各级各类教育督导机构建设，完善教育评估制度

美国的学校具有高度的办学自主权，对学校的管理主要是通过质量标准检测和综合评价来实现的。每年度，各州政府都要求每一所学校提交一份办学综合报告，州教育厅组织相关人员对报告进行评估，确定每所学校的办学质量与水平，再按照评估结果，实施表彰、警示和整改。特别是对办学质量明显滑坡、管理工作较为混乱的学校，州教育厅会派出督察组，深入学校帮助整改，直至合格为止。这些做法对于阻止义务教育阶段的学校发生随便停止招生、随意撤销办学资格等现象效果明显，意义重大。因此，我国的各级教育行政部门要加强教育督导机构建设，制订学校综合督导评估制度，对评估中不合格的学校，应派出专项督导整改队伍，深入学校，进行广泛调查分析，采取切实有效的措施，帮助学校将整改落实到位。

（四）采取切实措施，保障和促进特殊教育的发展

美国的学校教育特别关注对特殊群体的教育，包括残障学生和学习困难的学生。这些学生享受到了比同龄人更多的受教育权利和教育资源，并得到了许多特别的关爱。在我国推进以人为本、教育平等的今天，有必要更多地关注特殊群体的特殊教育。要加大对特殊教育学校的投入，加大对特教师资的培养与培训力度。同时，大力鼓励和倡导残障学生在普通学校随班就读，帮助他们尽快融入社会。对在普通学校就读的有学习障碍的学生，在某些方面给以特殊的辅导和帮助。

（五）以学生为本，切实推进新课程改革向纵深发展

美国的学校无论是在教室的布置、教材的选定，还是在教学内容的确立、教学方式的选择方面，都是以满足学生的需要为出发点的，着眼于学生个性发展的需要。教师在教学过程中极为关注学生间的个性差异，并及时准确地确立教学目标，选定教材内容，选择教学方法；重视引导学生了解知识的生成、发展和形成的过程，让学生通过分组讨论的方式进行探究性学习；关注每一个学生的成长，让每一个学生都能得到及时的指导，珍视学生学习兴趣的培养并把它作为终身学习的原动力。他山之石，可以攻玉。在我国全面实施课程改革的今天，很有必要借鉴美国的教学经验，把深化课堂教学改

革、转变教学方式作为实施新课改的突破口和主要工作来抓，把尊重学生个性差异、让每一个学生得到有差别的发展作为教学工作的重点，因材立标，因材施教。另外，还要改革教学评价制度，加大教师培训力度，为教师的专业成长创造宽松的教学环境等。

（六）实施《纲要》，拒绝华而不实

美国的中小学校从外观上看并不气派，走进去才知其内涵丰富。以学校的实验条件为例，学生需要的，学校只要能做到都尽力提供，不足的由社会资源作补充，这样能极大地调动学生的积极性，使美国学生在实验操作中充满了想象和激情。学校都普遍重视学生的体育课和艺术课。因为他们有体育是健康的基础、艺术是快乐生活的基础的共识。美国的德育走进了生活，我们认为这是看得见的“德育”。所有这些，既遵循了“以人为本”，同时又为学生提供了适合的教育，给我们实施素质教育提供了很多启示。实施《纲要》要求我们更新教育观念，更需要校长和教师的智慧与努力。只有站得高，看得远，做得实，才能换来教育的蓬勃发展。

澳大利亚教育考察散记

一、澳大利亚印象

北京时间2009年9月17日，我们教育考察团一行数人到达澳大利亚的墨尔本机场，开始了澳大利亚教育考察之旅。

与导游见面后，我们了解了一些澳大利亚的基本情况。

澳大利亚原为英属殖民地，1901年正式建立联邦国家，1927年获得独立权。澳大利亚国土面积为768万平方公里，人口2100万，平均每平方公里2.5人，地大物博，资源丰富，有“骑在羊背上的国家”“坐在矿车上的国家”和“手持麦穗的国家”之称。澳大利亚的主要城市集中在沿海地带，多雨但无台风，内陆无淡水源地，沿海的州和城市多建有水库提供生存水源。澳大利亚既是经济发达国家，又是移民国家，多种文化并存。因被划入亚太区域，故与亚太国家保持着良好关系，但同时又存在很多与欧洲国家相似的制度，如行车靠左、驾驶室在右侧等。

在澳大利亚，富人、穷人分别约占10%，中产阶级约占80%，社会结构呈典型的橄榄形。这里的社会保障制度十分健全，如养老金或救助金每周约350澳元，能保证一个人在澳大利亚过上衣食无忧的生活；孩子一出生，可以享受政府一次性补贴5000澳元和奶粉、尿布补贴，读公立学校全免费。

澳大利亚独特的地理环境、文化环境和发达的经济使它在整体上给人一种整洁、高效、休闲的感觉。在墨尔本机场，我们感受到高水平的服务，工作人员效率很高，10分钟的时间就完成换登机牌、行李托运手续。无论是在墨尔本、黄金海岸还是悉尼，城市绿化都非常好，到处都是可以休息的绿地。公园内桌椅干干净净，很多地方可见橄榄球场、高尔夫球场。墨尔本就以“Garden state”（花园城市）和“The place to be”（世界人居最好环境）作为自己的宣传语。

同时，得天独厚的地理条件、完善的保障制度和多元的文化在一定程度上也影响着澳大利亚的教育制度。

二、澳大利亚教育制度初探

澳大利亚的教育已达到世界一流的水准。这个人口前几年才突破2000万的国家，已先后有六位科学家获得过诺贝尔奖，其教育制度和理念有很多可借鉴之处。

澳大利亚学校分为公立学校和私立学校。公立学校是免费的，小学和初中实行就近划片入学，这一点与我国的政策相同。私立学校包括贵族精英学校和教会学校，孩子上私立小学、初中、高中需要缴费，私立大学每年费用大约6000澳元，非澳籍学生每年费用约2.4万澳元，且学生全部为走读，若需要住宿的话，得另外缴住宿费。另外，澳大利亚幼儿园全部是私立的，上幼儿园需缴费，但收入低的家庭可以得到补助。

在澳大利亚，教师收入稳定，工作时间短，假期长，相比之下，我国的教师工作强度高，心理压力重，尤其是中学教师。在澳大利亚，一般教师第一年可拿4万澳元，第二年可达4.5～4.8万澳元，随后每年按3%左右的速度增长。校长统一由教委聘任和管理，收入在10万到20万澳元之间。

澳大利亚中小学生的升学压力明显小于中国。他们认为考试不是衡量孩子能力的唯一标准，所以学校同样注重艺术、体育等课程，学生可以在轻松的氛围中发展自己的兴趣爱好，锻炼动手能力，这就形成了澳大利亚整体上的教育氛围。所有的澳大利亚学校教育都是根据个体的需要、能力与兴趣而设，使得每个学生都得以发挥个人各方面的潜能，并能运用于各行各业。

在考察过程中，我们了解到澳大利亚的父母并不是特别注重让孩子上大学，认为职业院校也是很好的选择，这与澳大利亚长期以来形成的教育观念有很大关系。

三、关于澳大利亚教育的几个细节

9月18日，我们到达昆士兰州的黄金海岸市，访问了黑利伯士齐学校。该学校是一所私立学校，12年制，有三个校区，主校区有1200余人。班容量普遍较小，如高中一个年级共340人，最大的班也只有18人。

我们参观了教室和功能室，通过校长的详细介绍，深入了解了澳大利亚教育的特色并注意到了几个细节。

（1）学生兴趣第一。该校为高中一个年级提供145门课程供学生选修，注重学生的全面发展，更注重学生的个性发展。选修课分类非常精细，如音乐一门课就分出录音、编辑、表演、舞蹈等多个小类，几乎每个学生都能找到自己感兴趣的课。在兴趣第一的课堂上，学生一般都表现活泼，参与意识很强。当地一所女子学校的校长认为我国的中学统一上的课程太多了，没有考虑学生的兴趣、能力，用吃苦精神去学习是不可取的。她的意见十分有价值。

（2）重视技能与运动。黑利伯士齐学校的校长在介绍学校情况时提到学校注重skills and sports（技能与运动），而且家长也要求重视体育、给学生充足的自由时间。由此可见，澳大利亚的学校十分重视技能训练和体育锻炼。因为上大学的通道很宽，学生升学压力小，心理比较稳定，因此能多参加自己喜欢的动手活动。

（3）使学生树立自信。学校的选修课拓展了学生的知识面，丰富了学生的想象力和创造力，能使他们在不同领域大显身手，获得成就感。教师也十分重视这种自信心的培养，为学生提供更多的机会展示才能。

（4）教师职业满足感强。学校开设那么多选修课，对教师也是一种挑战，教师也觉得上选修课不容易，创建学生评价档案难度也很大，但他们都很有兴趣很有耐心地去做，并没有表现出不乐意，体现了他们的职业追求和责任心。由此看来，澳大利亚的教育制度保证了教师的职业满足感。

因为学生每年上学的时间约40周，课堂作业完成的质量很重要，所以学生都养成了自学的良好习惯。优质教育资源加上优秀教师造就了优质的教育。

22日下午，我们参观了一所女子学校，这所学校的校长非常热情，她希望和湖北的学校建立合作关系，互相帮助共同提高。她提到，学校教育要注重引导学生去思考，去查阅资料，去发现问题、分析问题、解决问题，有自己的见解。这和黑利伯士齐学校的办学理念相同。

参观完这两所学校，我感触颇深。我们的课程改革在如何开设选修课程、如何实施学分管理、如何保证学习质量等问题上还处于探索阶段，澳大利亚教育的许多经验值得我们借鉴，我们可以积极探索合作方式，与澳大利亚的学校建立联系，使我国课改与世界接轨。

四、给留学生的几点建议

刚到澳大利亚的时候，我们就参观了墨尔本大学。墨尔本大学的本土生源主要是维多利亚州和新南威尔士州的学生，该校有20%的学生为亚裔。

中国学生从小受到的是中国式教育，到澳大利亚后会暴露出一些问题，也暴露了我们教育的一些弊端。我们的教育不应有过多的不许、严禁，而要从正面去引导、启发学生，学校的规定要人性化，要尊重学生、帮助学生。

为此，也给到澳大利亚留学的学生提几点建议：①要加强自学能力；②要提高自理自控能力（因多是远离父母）；③要提高耐力（大学每学期约12周，作业繁重）；④应主动与当地人沟通；⑤在课堂上要多想问题、多提问题，还要多表达自己的看法。

同时，中国留学生也表现出十分优秀的一面。9月22日上午，我们拜会中国驻悉尼领事馆教育部的白刚参赞，白参赞就提到，中国留学生有的学业成绩并不突出，但有爱好特长，也很爱国，在汶川地震和奥运火炬传递时表现出良好的素质；大都懂得尊重他人、懂礼仪。中国教育对礼仪的强调是十分必要的，这是我们教育中有价值的成分，需要我们进一步继承和发扬。

五、华人教育的困境

悉尼共有450万人口，华人就有67万人，所占比例很高。考察期间，我们接触了一些澳籍华人，他们最关心的就是孩子的教育问题。今天华人教育面临这样的困境：一是语言，在家父母说中文，孩子说英文。二是西方观念的影响，孩子从小接受西方观念，思想较开放，父母接受不了。

在澳大利亚自费学习的华人学生家庭大多有钱，其中有60%以上的孩子成绩不好，只知道吃喝玩乐，过早涉入社会。华裔谈到这种情况时都表示心痛和难过。

如何解决华人教育中的文化冲突，让华裔后代接受良好的教育，这确实是一个应引起足够重视的问题。

六、后记

澳大利亚之前从未出现过沙尘暴，但9月22日、23日连续两天出现了沙尘暴，据说是由中部干旱时间太长造成的。原本洁净的城市天空弥漫着灰尘，汽车上落满沙土，澳大利亚人显得有些不安，电视节目反反复复播放相关新闻。

悉尼时间9月23日上午11:00，伴随着沙尘暴，我们一行人离开了酒店，前往悉尼机场，17:40飞机起飞，我们结束了六天的教育考察之旅。

澳大利亚的教育考察之行给我们很多启发。在教育方面，中澳存在很多差异。对于教育改革，我们还处于不断摸索尝试的阶段，澳大利亚的许多成功经验值得我们借鉴。

由于时间短行程紧，心中还有许多疑惑没有解决，如在澳大利亚具备什么样的资格才能做教师，学校如何招聘教师，如何管理教师工作，什么样的教师才是好的教师，教师有无培训进修等。随着中澳教育合作的深入，我们将逐渐了解澳大利亚的教育制度，并将借鉴其成功经验以指导我国的课程改革。

欧洲教育考察散记

北京时间2010年元月16日13:00我们乘坐的飞机起飞，途径蒙古、俄罗斯、乌克兰、丹麦、瑞典、德国，于法国时间16日下午4:20（时差7小时）到达戴高乐机场，开始了为期十天的欧洲考察之旅。在这十天里，我们先后到过法国、西班牙、挪威和瑞典，体验了别样的欧洲文化。虽然时间匆匆，但是在思想上还是有很多收获的。

一、浪漫之地——法国

法国人口约6300万，面积约55万平方公里，土地肥沃，是世界上第二大粮食出口国，人均GDP近3万欧元，但是它给我的最初印象不是“富有”。我们一下飞机，就发现戴高乐机场并不大，只有七座候机楼，据说用了几十年了，跑道也很简单，完全不会让人有“豪华”的感觉。机场周边的天桥好像也与“经济发达国家”的头衔不协调，有些简陋，但是还算实用。

法国的建筑是非常“实在”的，质量和规划的要求是第一位的。电线杆仅装一盏灯，式样也并不讲究。一些看起来破旧的建筑，法国人却很喜欢，就像戴高乐机场虽然几十年没有怎么扩建，但利用率还是很高，说明它的设计有前瞻性，这本身就是对资源的节约。这些陈旧的建筑增加了法国的沧桑感，何况它本来就是一个历史悠久、文化积淀深厚的国家，到处弥漫着文化的气息。

法国人给我的印象一是随意，二是有修养。在波尔多市，我们乘坐的是一辆50座的大客车，因路窄半天掉不过头，后面被堵住的车没有一辆显得不耐烦，警察也很热情地帮忙。下午在另一处市区马路上，同样看到了几辆车后退让左转弯的车辆通过。我们去过的商店也很有趣，一个不小的商店仅三个营业员，收银员在商店最深处，没有怀疑有人会偷商品，顾客们也都主动交费，这种情况在国内很少见。18日上午，我们去参观一个较大的葡萄酒酿造厂，酿酒师非常好客，也表现出很好的修养，不厌其烦地介绍酿酒工艺，还让我们品尝了四种葡萄酒。

在法国，我们看到很多有意思的景象，如城市轻轨建在绿化带上，隔离带是葡萄架；公路两边有隔离带，防止小动物穿越公路，既保护动物又考虑到了交通安全。深入人心的环保意识正是我们国家所缺乏的，我们应在青少年教育中进一步强化。

法国小学为五年制，初中为四年制，高中为三年制。教学大纲由教育部制定，公立中小学必须坚决执行，私立学校则有一定弹性。小升初要按划分区入学，也有特例，父母中的一人在校工作，子女要随父母读，这样的规定比较人性化。校长无权决定孩子的择校申请，孩子要向学区提出申请，学校只能接受本学区注册了的学生。学区为确保分配学生的公正性，成立高一新生分配委员会，初中和高中的校长都可以观察员的身份旁听该委员会的会议。初四升高一，除考试成绩外只看平时表现情况，学校可以对学生作出评定，但这种评语不放入学生档案，不上交学区，一年后要销毁，这样做是为了鼓励学生“从头开始”。

校长和教师的选拔是十分严格的。申请参加校长考试的人，必须教书五年以上，年龄30岁以上。资格考试合格并获得证书后，还要经过两年的实习期，然后才能参加校长的竞聘。教师必须获得相应学位，然后参加教师资格考试，获证后，应聘实习老师，进入一至二年的实习期，实习期结束后，才能成为正式教师。

在教育方面，中法两国不乏相似之处，应在更多领域建立合作关系。武汉大学与法国一些大学联系比较紧密，但是缺乏固定的人员做经常性的工作，友谊多于合作，应召开专门的会议研究，以提高合作的针对性和有效性，争取事务具体化，这对两国教育的发展都有很大的好处。

法国时间18日下午3：20，我们从图卢兹出发，途径安道尔，短暂停留后，20日上午前往西班牙。

二、充满艺术气息的西班牙

西班牙面积约50万平方公里，人口约4000万，地理环境比不上法国，丘陵、山地多，交通设施规划也不是很好。西班牙住房很紧张，高速公路两旁民居的居住状况较差，但是养老医疗保险制度比较完善。

我们所到的巴塞罗那是西班牙第二大城市，城市呈井字型结构，到处充满了艺术气氛。这里的街道上雕塑特别多，喜爱艺术的人也很多，街上能遇到很多画画的人。毕加索就是巴塞罗那人，其艺术造诣大概与这个城市也有一定的关系。整体上来看，西班牙人好休闲、好运动，在地中海岸边休闲的人特别多。

西班牙的教育体制分为幼儿教育、小学教育、中学教育和大学教育，有几个特点值得注意。

一是对幼儿教育的重视。西班牙的学生从三岁开始起接受幼儿教育，幼儿教育的时间为三年，四岁开始学习读、写，学生要在幼儿教育期结束时学完字母表。学生大概从三岁起会涉及学期考试，但这种考试不等同于西班牙教育体系中的严格考试。西班牙的幼儿教育通常都是由专业教师为孩子们提供良好的教育。在这方面，我国的幼儿教育尚需努力。

二是中学阶段开设的课程种类多，包括法语、英语的学习。学生完成四年的学业后可以选择离开学校，也可以继续攻读两年的学术教育或两年的实践课程。学术课程包括四大类：艺术、人文科学、自然和健康及科学技术。

实践类课程包括：行政办公技能培训、机械学、餐饮服务技能和美容理发。这些课程都能为学生将来的发展奠定良好的基础。

三是大学学生可以用足够长的时间来完成学业，对规定的考试可以在几年中分次考。灵活的考试制度可以给学生更大的发展空间。

三、北极圈上的国家——挪威

1月22日上午9点20分，我们离开西班牙前往挪威。从飞机上往下看，茫茫一片白色，大地被冰雪覆盖。下午2点30分，我们到达挪威最北的一个城市——朗伊尔宾市。这个城市地处大西洋和北冰洋之间，距北极点只有1300公里，再往北就没有居民了。1月23日，我们到达奥斯陆市，在这个滑雪城，我们真正感觉到了寒冷。我们乘坐狗拉雪橇在冰天雪地里快速行驶，零下30摄氏度的气温让人呼出的水汽马上结冰。

挪威的标志一是北极熊，二是厚厚的冰川，三是北极光，四是三个半月的全白天和三个半月的全黑夜，五是鹿拉雪橇、狗拉雪橇、马拉雪橇，六是零下几十摄氏度还有车辆行驶。在挪威期间，除了没有体验到全白天和全黑夜的生活，其他的我们都领略到了，也算不虚此行。

总的来看，挪威人很客气，也很自信，他们为自已的生活感到自豪。他们说，幸福不是说有多少钱，而是有事做，有懂感情的狗。他们的幸福指数很高，一些在我国看起来不受欢迎的工作，他们也做得比较认真。我们在挪威餐馆看到服务员一手托起装有八个装满啤酒的杯子和碗碟的托盘来回跑，还不断地收拾餐后碗碟，这项工作没有技巧与耐性是做不好的。我们还参观了正在开采的矿井，自动化程度较高，巷道内通风很好，安全设备措施完善，没请几个工人，但工人收入较高，对工作也十分认真。

1月24、25日晚上，特勒马克郡设宴招待考察团。特勒马克郡与湖北有着很深的渊源。2003年9月，特勒马克高等学院、阿修德尔高等学院首次访问湖北，两院先后与武汉理工大学等六所大学签订了合作协议书，进行学生交流、合作研究、团组互访；两院还组织访问团访问湖北的高校；湖北高校向挪方交流40多名留学生。这些项目是实质性的合作，今后应坚持进行，必要时还可扩大合作领域。

挪威为十年制义务教育。学校大多数为公立，中央负责高等教育，地方负责中等和初等教育。在挪威，小学及初中教育都在基础学校中进行，没有明显的界线。高等教育中，攻读各级学位并没有严格的时间限制，一般学士学位为四年，要求学习二至三个学科；硕士学位一般为二年，要求集中学习一个学科；博士学位无时间限制，必须将一篇具有研究成果的论文提交给专门委员会，通过答辩后才可获得博士学位。挪威教育倡导以人为本、贴近生活、充分尊重个体、让学生轻松愉快地成长，这些理念正与我国目前的课程改革理念相符，但其教育制度比我国更具灵活性，一些经验值得我们借鉴。

四、欧洲智慧的代表——瑞典

1月24日上午，我们离开奥斯陆，到达瑞典首都斯德哥尔摩市。这个建立在14个小岛上的城市，被誉为北欧威尼斯，全城白雪映照，从酒店房间往外看，非常美丽。老建筑设计如同博物馆，记录了瑞典的历史。诺贝尔奖基金会有四种奖项在该市颁发（和平奖在挪威），总在警醒瑞典要创业、创造、发现、发明。

有人说，在北欧，丹麦是浪漫的代表，挪威是财富的代表，瑞典是智慧的代表。瑞典十分重视教育。比如在斯德哥尔摩市政大厅举行的诺贝尔奖颁奖晚宴，共1300余人，要邀请200多名学生（抽签确定参加晚宴），瑞典人认为学生是未来的科技精英。瑞典重女权，议员101人中，51人为女性，很民主。

瑞典的教育包括义务教育、综合高级中等教育和高等教育三部分。九年义务教育后，约有90%的学生可进入综合高中学习，这种学校开设有各种职业和学术课程，各学科的学习年限为二至四年不等，学生可自行选学。高中教育虽不是强制的，但升学率已达98%。高等教育机构包括传统的大学、大学学院及短期职业技术教育学院等，所有高校均实行免费教育。

瑞典的综合高中开设各种职业和学术课程，对学生进入社会求职十分有帮助。在越来越严峻的就业形势下，我国在职业教育方面应该做更多这方面的一些尝试。

五、后记

瑞典时间元月26日下午4:30，我们离开斯德哥尔摩市，前往北京，结束了为期十天的欧洲考察之旅。

虽然时间很短，但是此行我们得到很多启示：在经济全球化的时代，友谊与合作成为国家之间交往的主题；开拓合作领域，谋求环境、经济、教育等各方面的利益，是全球化的必然要求。同时，国际交流凝聚人的是利益，但是基础是文化，我们在吸收世界文明的同时，也要弘扬民族文化。不管是经济方面的合作，还是教育方面的合作，维护共同利益，实现以人为本，才是发展的必经之路。

新加坡教育考察散记

一、“花园城市”印象

结束了澳大利亚的行程，北京时间2009年9月23日23:15分，我们乘飞机抵达新加坡。

新加坡是亚洲著名的金融中心、物流中心、科技中心，面积约为700多平方公里，人口约480万。因为国土面积小、人口密度大、资源贫乏，所以新加坡人忧患意识、环保意识、科技意识、资源再生意识都特别强，这些意识也体现在新加坡教育的很多细节上。

另外，新加坡是一个多元民族国家，以种族平等政策治国，其文化也呈现出东西方交融的现象。在新加坡，英语为首用官方语言，汉语、马来西亚语属第二语言，教育上实施双语教学。

新加坡是一个热带岛国，犹如一颗墨绿色的宝石镶嵌在蓝色的大海上，宁静而雅致。这里常年高温多雨，平均气温在24摄氏度到27摄氏度之间，适宜各种植物的生长。因此，初到新加坡，一路看过去，不是大片大片的草坪，就是各种茂密翠绿的热带植物。城市美丽整洁，十分舒适，给我们留下了深刻的印象。

身处新加坡，我们深刻地感受到，在资源匮乏、地小人多的困境下，新加坡成长为全球最为富裕的国家之一，一定付出了艰辛的努力。不管是稳定的政局、廉洁高效的政府，还是享誉世界的"花园城市"之称，都在某种意义上体现了新加坡较高的文明程度和国民素质，这与它完善的教育制度是分不开的。

二、东西融合的教育制度

在新加坡短短几天，通过参加一些活动，我们渐渐了解了新加坡教育制度的一些情况。新加坡的教育吸收了东西方文化的精华，采用灵活的教学方法挖掘学生潜力、培养学生能力。它的教育非常成功，自成一体，有独特的理念，在一定程度上体现了教育强国的思想。

新加坡小学为六年制。中学采取分流制度，分特别班、快捷班和普通班三种课程。前两种课程学生可在中学第四年参加教育文凭"普通"水准会考，普通班学生成绩好的可在中学第五年参加这项考试。合格的中学毕业生凭成绩及兴趣选择初级学院、高级中学及理工学院（大专）继续升学，或进入社会工作。初级学院为两年制，高级中学为三年制。在新加坡，大学毛入学率为22%，外籍学生取得学士学位的占20%。

新加坡的大学按学生人数配备教师，学生与教师的比例为22:1，每年会调整一次，教师的人事管理权集中在教育部。新加坡对教师工作时间有明确规定，普通教师教学时间为每周18.5课时，主任级教师为每周12～14课时。

新加坡的一些教育细节引起了我们的关注和深思。

（一）以严格著称

新加坡教育制度以严格著称，这一点颇有中国古代教育的遗风。如新加坡的中小学至今允许校长或训导主任在家长同意的情况下使用鞭刑处罚学生，有些时候鞭刑是公开施行的，以达到警示目的。虽然实际上鞭刑很少施行，但仍对学生有很大的威慑作用。

（二）重视减轻孩子负担

新加坡的教育体制力求有利于每个学生循序渐进地发展自己独特的天赋和兴趣，这一点与西方教育制度有相似之处。中学的分流制为的是让学生能以自己的进度学习，充分发挥自己的潜质。新加坡中小学一般采用半天制，学校课程密度也不大，孩子们没有那么繁忙，可以有更多的时间参加自己感兴趣的活动。因此，与中国孩子相比，这里的孩子学习压力较小。

（三）重视学校教研

新加坡对学校的教学研究十分重视，教育部专门设学术司，分东、西、南、北四个区，每个区分六至七个学术群，每个群有13～14所学校。学术司对各学校课程教学研究进行督导。

（四）重视教师职业发展

新加坡的教师评估由教育学院统一完成。如南洋理工大学教育学院每年为教师组织一次资格认定、试讲、实践活动，提供约100个小时的学习机会。较为人性化的是，教龄七年以上的教师可以申请十周带薪假期去学习。教育部在学术层面上注重教师的专业发展，设专门的培训司制定教师培训课程。

因为新加坡文化中有较多的东方文化因素，在教育理念上与我国也有许多相似之处，我国与新加坡应该有很大的合作空间。如在2008年，新加坡义安理工学院与武汉科技大学签署联合办学协议，其目的在于加深两国彼此之间在经济、文化、政治、历史等各个方面的了解，提升学校学术水平，以迎接经济全球化时代的挑战。

三、莱佛士学院教育感触

在新加坡期间，我们参观了新加坡名校莱佛士书院。

莱佛士学院属于新加坡莱佛士教育集团。莱佛士教育集团凭借出色的创新设计类、商业类专业教育在国际上享有盛誉，尤其在时装、设计、时尚、商业等专业教育领域占领先地位。莱佛士学院分初中、高中两部分，若国内学生要到莱佛士学院就读，初中毕业生先学两年基础，相当于初三和高一

（九、十年级），再学高中部分两年（十一、十二年级）。

（一）独特的办校理念

莱佛士学院强调传统与责任、自信与和谐、独特与进步的平衡，注重培养学生独特的思维方式、书写与口头表达方面的能力。另外，这里的教师侧重通过对学生分析和判断力的培养，让学生掌握全面而高效工作的方法。学校对学生活动非常重视，着力培养学生的动手能力，让他们自己去参与、发现、解决和创造。这里毕业的学生大都具有较高的人文素养和对自身发展的责任感，毕业后能较好地融入社会。

莱佛士学院有很多武汉来的学生。这里的老师反映，中国的孩子自信、聪明，交往能力和表达能力很强。老师的评价中并没有提到学习成绩，这一点意味深长。

（二）品格与领导才能培养课程

莱佛士学院给我留下深刻印象的就是品格培养与领导才能培养课程，这样的课程在国内还很少见。这些课程奉行“教育即社会，社会即教育”的理念，提倡举办多种活动，还适当组织社区活动，让学生多参与社会服务。比如，有的班设置“福利部”“资源部”“沟通部”，学生参加竞选，通过演讲拉选票。这些活动形式多样，学生都乐于参与。

（三）莱佛士学院的中国留学生

来莱佛士读书的中国学生，往往需要强化是英语口语和阅读能力，所以他们一开始都非常努力，而后他们面临的困境就是突然多出来的责任、竞争。在莱佛士学院，教少学多，任务胜于作业，中国学生告别了题海战术，刚开始会有一些不适应。但是，莱佛士求学的经历给他们带来了丰富的体验，他们积极融入班级团队，了解新加坡社会的方方面面，建立起国际视野。

中国留学生的困境还有多种族文化和生活模式对已有认知的冲击，全英文教育对语言交流的制约，“自己做主”的生活、学习方式带来的不适应……其实这里我要给这些孩子一些建议：面对文化冲击时一定要学会用开放的思维思考问题，多与老师、同学交流；另外，对语言问题要以一种轻松的心态面对，克服困难，融入学校。

“成功源于设计”，这是莱佛士教育集团的创立口号，既契合莱佛士主推的设计类高等创新教育，也蕴含“成功需要用心地规划与实践”这一哲理。在莱佛士考察期间，我深深体会到这个口号的深意。

四、后记

9月26日上午8:07，我们离开新加坡。在飞机上，一个个问题在我的脑海中浮现。在品德教育方面，新加坡做得非常好，仅仅是鞭刑起到了震慑的作用吗？我们轰轰烈烈的减负在新加坡早已经成为事实，他们是怎么做到的呢？

用国际视野办教育

国家与国家的竞争，看似是经济的竞争，实际是科技的竞争，归根到底是教育的竞争。教育关系着国家的兴衰。如何实现教育的强大？广大教育工作者只有胸怀祖国，放眼世界，常用国际视野、发展的眼光来思考教育、谋划教育、发展教育，才能培养出社会需要的人才，才能让学生在满足社会需要的同时实现自己的人生价值。

一、要善用国际视野来思考传统文化

一位外籍教师给中国孩子上课，他问中国孩子最爱谁，孩子们不假思索地说：“爱祖国、爱人民、爱社会主义、爱中国共产党。”这位教师对中国孩子们说：“不对，你们还掉了一个，也是最关键的一个，是首先爱自己。”结果，校长找外籍教师谈话：“我们要求首先爱祖国，爱人民，你却让学生首先爱自己，显得多么自私啊!”结果外籍教师选择了离开。其实，外籍教师和中国校长各有其理，不能武断地说谁对谁错，这只是折射出两国传统文化的差异。外籍教师更多地是从人的需要的角度来传授知识。按照心理学的观点，人只有先爱自己，然后才会考虑去欣赏别人。中国加入WTO以来，国际经贸往来、教育交流等日益广泛和深入，而文化的融合是国际交流正常开展和深入推进的重要前提。当传统文化与西方文化之间存在差异并发生冲突时，我们要认真思考，既要善于批判，又要学会吸纳。

传统文化的形成需要一个过程，不是一两年就能形成的。每个国家都有自己优秀的传统文化，我们要辩证地学习和吸收。美国是崇尚个性的国家，当然，这并不是无原则的，而是有前提和限度的。这个前提和限度表现在，首先，每个人都必须要讲秩序，没有秩序就没有自由。个人要想获得自由，遵守法律和法规是前提。其次，要讲诚信，如我们在联合国总部向国内寄贺年卡，商店的贺年卡都摆在外面，现场没有人管理，没有人收钱，但是所有人都按照秩序排队等待、挑选、交钱、填写、投寄，这所有程序都是在一种无人管理的状态下进行，一切却都井然有序。良好的秩序表现出他们良好的素质。对他们这些优秀的传统或文化，我们应该加强学习。否则，我们就很难与国际接轨。

当前，国际教育交流日益密切，既给我国带来了机遇，也带来了挑战。国际优质教育资源的进入，有助于提高我国人才培养的质量；先进教育理念和人才培养模式的引进，有利于促进我国教育的改革。同时，国际优质教育也会对国内教育造成冲击，如果我们的教育跟不上时代的节拍，就有被瓜分的危险。武汉就引进了好几所外校，如武汉东湖新技术开发区的枫叶国际学校，服务对象主要是国外在武汉创业人员的子弟。水果湖一小有加拿大、美国等国家的孩子。他们听课不是很认真，听一会儿玩一会儿，但善于交流。育才小学也有一个国外的小姑娘，她的舞跳得很好，中国的舞蹈被她用眼神、表情和肢体语言表达得淋漓尽致。据调查，国外的孩子在武汉生活得很不错，这说明我国的教育符合他们的需求。目前，随着经济的发展，来湖北的留学生越来越多，广大教育工作者必须要用国际视野来思考传统文化的差异，注重吸收优秀的传统文化，加快教育的发展步伐，以适应社会、经济发展的需要。

二、要善用国际视野来思考多元文化

随着我国文化服务性行业的逐步开放和西方教育的快速进入，国外的多元文化强烈地冲击着我们的传统文化。只有深入了解世界的多元文化，并思考多元文化与我们思想观念之间的冲突，找准解决问题的办法，才能做到有的放矢，才能科学地吸收与借鉴。不假思索地吸收世界多元文化，虽然能够丰富我们的生活，但会带来很多负面影响

电视是多元文化的聚集地，正在影响着人们的生活。小学生看动画片入迷，且时间过长，与电视台长时段地播放动画片有关，这不利于学生的成长。某些电视台为了提高节目的收视率，播放一些警匪片，尤其是一些节目细致地表现了罪犯怎么作案，怎么反侦察，怎么伪造现场等。现在人们已经意识到这些问题的严重性，就应该调整电视节目的播出时间，降低电视节目的负面影响。

电视不仅影响着人们的生活，还影响着教育工作，而且正在悄悄地取代教师和家长的地位。现在很多学生非常认同电视里宣扬的价值观，电视节目直接影响着学生的认知。如2005年某知名电视台做的“超女”评选节目，采用短信投票的形式确定“超女”。表面上看是公平、公正、公开的，而实际上一部手机可以发15条短信，意味着一个人可以投15票，而且都有效，这里面就存在着明显的不公平。可学生不会想到这么多，他们感觉到的是新鲜，参与度很高。还有一些流行歌曲，语句不通、语法混乱，很难听懂其中的意思，却被很多人认同并疯狂膜拜，如周杰伦的歌就很难让人听懂，却受到中学生的欢迎。回想20世纪60年代，人们表达感情是多么含蓄、真挚和真诚。如《在那遥远的地方》中的歌词“我愿做一只小羊跟在她身旁，我愿她拿着细细的皮鞭，不断轻轻打在我身上”。而现在很多文化的作用就是消遣。因此，在这种多元文化蜂拥而至的时候，广大教育工作者需要认真思考文化的价值取向，加强对学生的引导，不能只为了一时的宣泄而照本宣科式地加以运用。

三、要善用国际视野来思考教育

随着知识经济时代的到来，教育的作用越来越重要。如国外有很多公司，除了自己的研发人员外，在本国根本没有工厂、生产线。他们把产品的标准发给我国的一些公司，我国的公司用他们提供的原材料进行加工，生产出来的产品就成了国际品牌，然后出口到国外，并在国外的市场上销售。有时候我们出国，好不容易挑选到一件商品，仔细一看竟然是中国制造的。中国制造，只是说明这些商品的加工地在中国，用的是中国的劳动力而已。中国制造同样折射出了我国高端人才的匮乏和科学技术的落后，这就要求广大教育工作者要培养更多优秀人才，以满足社会和经济发展的需要。

提高国际竞争力，教育的作用显得极为重要。透视国际教育，发达国家的教育在继承优秀传统文化的同时，更多的是在追求对创新人才的培养。透视我们的教育，不难发现一些问题：很多教育工作者仍在过分强调知识的传授，仍在驯服学生，努力把学生培养成听话、懂事的孩子。我们的教育缺乏的就是对学生创新精神的培养。广大教育工作者只有用国际视野思考教育深层次的问题，才能发现教育最本质的东西，才能发现以人为本、实施素质教育的极端重要性。

如何充分利用信息技术提升整体教育质量

信息技术的快速发展给教育领域带来了很多变化。在这一背景下，教育部根据《纲要》中有关教育信息化发展的要求，颁布了《教育信息化十年发展规划（2011—2020年）》，对教育宽带网、教育管理信息化系统的发展和数字教育资源等未来学习环境、学习内容进行了宏观规划。教育宽带网的深入建立，教育管理信息化系统的发展，以及基于教育云服务平台的电子课本、电子课桌、电子白板等未来学习新环境、新技术的不断涌现，让我们不得不加快步伐、紧跟社会的发展。

教育信息化是当前教育发展的重要趋势。在教育工作者，特别是在广大从事信息化研究的教育工作者的努力下，湖北省的教育信息化应用取得了丰硕的成果，信息技术发展水平也得到了社会各界人士的高度认可。从湖北省教育信息化发展的角度，笔者在这里探讨一下教育信息化需要考虑的发展思路。

一、建立功能突出、各具特色的网站平台

湖北省有两个教育网站——湖北教育网台和湖北教育信息网（e21），这两个网站的新闻更新非常及时，给我们提供了国际国内的重要教育信息。湖北教育信息网的栏目在不断地更新，平台在不断地增加，功能也越来越多，点击率非常高。同时，该网站还围绕高中课改建立了一系列服务型平台和研修平台，现在已经逐步发展为信息和管理的综合网站。

为进一步提高教师的教育教学水平，湖北省开展了基础教育教师网络研修工作。通过基础教育教师网络研修平台——“淘师湾”网站，来实现教师的远程同步研修，这是开展教研工作的新方式。网络研修能够突破时空界限，为区域内教师、专家及时交流、平等探讨搭建活动平台，为广大一线教师提供理念新颖、内容丰富的课程资源，并可通过强化管理和评价，促进教师的研修工作取得实效。开展网络研修有利于推进一线教师“课内比教学”活动；有利于校本教研制度的落实；有利于进一步缩小城乡教育资源差异，实现教育资源的共享与均衡；有利于学校开齐、开足、开好课程。

二、利用信息化平台开展高效教育活动

政府对基础教育越来越重视，各级教育部门也在广泛而深入地开展各种教育、教研活动，这就导致一些校长、教师有了抵触情绪，他们认为“比教学”活动太频繁，家访难度较大。在这一背景下，湖北省教育信息网、信息化发展中心利用现代信息技术创建了“课内比教学，课外访万家”的平台，为教师们提供了非常丰富的学习资源。同时，这种网络中的“比教学活动”的出发点不再是评出优质课，而是期望每一位教师的每一节课都是最好的课，使每一位教师能够更好地反思，切实提升教育教学水平。2011年10月8日，湖北省就利用这一平台组织42万名教师召开了视频会议，得到了社会各界的高度评价。

网络研修平台“淘师湾”是开展教研工作的新方式，该网站已于2011年11月10日正式运行。高中四个科目的网络研修工作已取得一定的经验和成

效，2012年，湖北省将在此基础上总结经验，力求将教师网络研修由四科拓展到高中全学科，由高中拓展到初中和小学。通过网络平台，以往难以实现、消耗巨大的活动就这样迅速、有效地实现了。

三、利用信息技术加强综合管理

2011年，回良玉副总理参加了在宜昌召开的非常重要的关于网络社会化管理服务系统的工作会议，这个会议对宜昌利用网络网格化管理系统进行社会管理的做法给予了充分的肯定。在这个项目中，宜昌在全市安排了1000多个网格，包括每个地方的人群分布以及公安、交通、宾馆等各种情况。如果有人想了解一个地方的综合情况，只要一点击网站就清楚了。

西方国家在利用网络进行社会管理方面走在我们前面。笔者曾经看过一个报道：一个人有心血管疾病，和儿女不住在一起。有一天，这个人突然患病，就用身边的电话打了急救电话，只说了自己是谁。急救人员在接通电话的时候告诉他不要移动，按什么姿势等着就完了。5分钟后救护车就过来了，来的时候还把所有的药品和急救的东西都带来了。在我国，在这种情况下，就要在电话里说明自己的住址、病情等。西方人为什么能在很短的时间内处理这类事情呢？因为他们把每个人的所有健康档案都建立起来了，相关部门人员能很快通过网络系统调出他的所有信息，知道他住在哪里、得了什么病，所以在处理的时候就非常方便。而我国却经常有因抢救不及时出现生命危险等情况发生，所以建立个人信息档案也是我国未来发展的方向。

教育界也开始借鉴这一做法，建立了教育管理系统。湖北省信息化发展中心借助庞大的信息技术力量，制订了教育系统的管理方案，为学校管理提供了方便。而要很好地使用这套系统，必须具备以下条件：教育相关部门要摸清楚每一位老师和学生的信息，清楚他们的工作和受教育情况，以及他们家里的各种信息。这样，我们不仅可以了解各种信息，更好地对其进行管理，还能清楚地知道学生能不能顺利毕业，反过来还可以追究学校和教师的责任。从另外一个角度讲，这也是对各种优质资源的一种整合。同时，也能为学校和教育管理部门减轻工作负担。

四、各级主管部门充分重视，不断提升信息化服务的质量

按照《纲要》和《教育信息化十年发展规划（2011—2020年）》，我们未来应该做什么，要有什么样的规划，作怎样的思考，都需要详细调研、循序渐进。同时，也要敢于创新、勇于前进。现在已经建立了各种信息平台，我们一定要充分利用。

（1）要调动基层教育工作者参与信息服务的积极性，使其将研究工作中积累的经验和做法，特别是利于课堂质量提高、学校管理、网络发展的好做法，及时提供给信息化发展中心。因为越是教师从实践中总结出来的方法，越是最有效的方法。

（2）要调动信息工作者的热情，要对庞大的网络系统进行维护和改造，不仅需要专业人员和巨额经费，更需要专业技术作支撑。我们要建立一支既懂信息技术又懂教育的发展团队，以便为教育信息化发展提供强有力的保障。

只有思路正确、行动有力、落实有效，才能取得扎实的成绩。这几年，湖北省的学生参加国际和国内的信息技术大赛都取得了非常好的成绩，表现在两点：一是参赛队员多，全国有保送资格的30人中湖北就占了七人；二是获奖比例高。信息化发展中心主动承办了2008年在武汉大学举办的全国中小学信息技术创新与实践活动（NOC活动）决赛，以及2010年在湖北经济学院开展的全国中小学电脑制作活动决赛。同时，更多需要思考的问题也摆在我们面前，如各种学生管理系统的建立，信息技术如何在教学常规中更好地运用等，这些工作都应该进一步研究。

深入践行教育改革先进理念，促进校本教研活动的开展

校本教研是提高教师实施新课程水平和能力的有效形式，是促进学校发展的重要途径，是持续推动基础教育发展的有效形式。各校应该充分认识到校本教研在新课程改革中的突出意义，充分重视校本研究在促进基础教育改革中的引领作用。

校本研究是一群人共同研究共同关心的问题的一种方式，也是促进群体共同成长的一条康庄大道。从事基础教育靠什么？

首先是靠精神。这种精神就是对教育事业的热爱，对学生的关爱，想研究出成果为国家做出贡献，这是精神的支撑。

其次是靠情感。大家能成为同事，从事同一种工作，共同从事基础教育的研究，就是一种缘分，虽然我们在教不同的学生，但最终我们会有共同的收获。看到学生若干年后还记得我们，就算只是给我们寄来一纸贺年卡或是明信片，即使是只捎来一句话，都会让我们激动不已。因为学生就是我们的成就。

再次靠的是我们自身对专业发展的追求。人是要发展的，马克思提出的人的全面发展的观点，是要让人的身心愉快、精神愉快。马斯洛提出了人发展中的需要层次理论，这些都告诉我们，人总是要成长的，也是在变化的，必须有丰富的物质生活、文化生活和精神生活。正是这个原因，我们才能在一起来研究我们共同关心的问题。

促进湖北省基础教育的发展迫切需要大力推进中小学校本教研。近几年来，我们也确实在这一方面取得了一些成绩。湖北省和其他地方有很多不同，经济状况不好，地域资源不太丰富，教师水平参差不齐。但是，对优质教育的渴求是大家共同的愿望。基于这种情况，我想起了“二战”后日本的崛起，当时日本是什么样的现状，现在又发展到了什么程度？这其中的经验我们可以借鉴。我们还可借鉴亚洲“四小龙”发展的经验。经验表明，必须办好我们的教育。我们要办好教育，一是要有艰苦奋斗的精神，二是要有改革创新的精神，还要充满自信。

我们一直强调学生合作学习的问题，合作学习的重点就是四个字，即在内涵上让学生得到“自信”，在外延上让学生得到“尊重”。我们现在也谈合作教学，合作教学就是打破教师孤立的备课模式，让我们的老师把门敞开，实行资源共享、成果分享。

“湖北省推进中小学校本教研工作研讨会”，这里的“推进”两个字，定位是非常准确的。从校本教材的情况来看，教学案例方面，小学提供得最多，幼儿园次之，初中高中的较少。从这些情况来看，校本教研在小学中的推进是做得很好的，学前教育在各位老师的努力下也做得比较成功，初中、高中在这方面还存在着一些盲点。因为初中有中考，高中有高考，学生们都被考试压得抬不起头来，这也使得我们没能很好地关注学生的生命和健康。这些情况值得我们反思。

党的十七大报告明确指出，教育是建设人力资源强国的基石，是一项具有先导性、基础性的工作。在我国经济得到发展的同时，我们要促进义务教育的均衡发展，加快普及高中教育的进程，还要深化教学内容和方式的改革，重视学前教育，关注特殊教育，努力办人民满意的教育，全面贯彻教育方针。

一、将校本教研融入教师的教学和生活

校本研究应该融入教师的教学和生活之中。宜昌伍家岗实验小学的一栋楼就是教师专业发展楼，后面那栋楼就是学生成长楼。在学生成长楼里，教师向学生描绘缤纷的世界，如有关天上的、地上的、水里的科学知识，也把世界科学的发展和科幻人物陈列在那里，给我们的学生无尽的遐想，激发学生的兴趣。学生看了这些图片，好像徜徉在科技馆、图书馆，从小就能培养热爱科学、热爱自然、热爱祖国的情怀。我想，当学生对某一植物感兴趣的时候，就有可能成为他今后的研究方向。我很少看到有哪一所学校，包括大学，能把这么多教育家的思想凝练在一层楼，都集中起来，研究得这么深。而且，该校把本校老师的一些感言也张贴出来，有些老师感言的思想火花，也不亚于那些教育大家的思想。

我们大家所熟悉的陶行知、苏霍姆林斯基，他们的成功是通过对一所学校或若干学校的长期研究不断积累的成果。所以校本教研就是解决学校中的问题，其研究的本质特征在于：为了学校、基于学校、在学校中。同时，我们不能仅考虑一所学校，还要考虑学校和学校之间、学校和外界的交流，让教师在研究的氛围中得到专业化的发展：一是知识拓展，二是思维扩展，三是思想升华，四是教学水平提高。也就是说，校本教研的目的就是借助于教研的力量，最终引导学生学会合作学习。

教师在教学中的角色定位，不是说将知识讲得越透、越深越好，而是要更多的成为学生的引导者、经验的示范者、教学的参与者，平等地和学生进行交流。有些幼儿园的老师之所以得到学生们的喜欢，并不是因为这些老师在某些方面对学生更特殊，只是因为她们蹲着看孩子，蹲着和孩子说话。

当老师是非常光荣的，我现在还经常回忆自己当老师时的情境。现在我接到电话，不管是国内的，还是国外的，多半是我当班主任时的学生。科任老师、班主任在几年中和学生建立的很深厚的感情，学生是很在乎的。我们要把学生的所思所想和教研联系起来，备课主要备学生，备学生的基础知识，备学生的心理准备，探讨一些学习规律，这都是校本教研的分内之事。

二、充分掌握教育学、心理学的知识

广泛阅读，充分把握国内外相关的研究资料有助于我们更好地做好校本教研工作。如果教师经常研读教育心理学的相关书籍的话，就会发现国内外对学生发展的研究已经取得许多成果。比如，胎儿在五到六个月的时候，听力就有所反应，父母吵架对他就有刺激，对他以后性格的形成就会有消极影响。孩子二岁左右的时候，就有一种隔距感，就是说孩子关注过一个杯子之前所在的位置，如果把这个杯子的位置改变的话，他还会看原来的位置，他会感觉原来的位置上少了什么东西。虽然他不能很好地准确表达，但他已经具有这种意识。在八岁左右，我们会感觉到女孩子的表达能力明显优于男孩，因为她有一个神经区分布在大脑的左右侧，语言的服务区多一些，所以女孩善于表达，话语很多。到了十岁以后，随着大脑皮层的发育，男孩对数学的掌握比女孩整体状况要好一些。12～14岁是学生阅读的黄金年龄。初中二年级是学英语的分水岭，初二学得好以后就不用担心了。还有人分析高考中女生占的比例越来越多的原因就是：男孩到了初中，注意力很难集中，更爱玩儿一些，违反纪律要多一些，做事情毛手毛脚的；女孩子成熟相对早一点，注意力容易集中。特别是到了周末，同时要求男孩和女孩做的事，男孩不一定能完成，而女孩却做得很认真，这就形成了好习惯。

人的一生是和烦恼做斗争的一生。人都是有烦恼的，如果有能力消除烦恼，这个人就是正常人；如果始终消除不了，精神就会出问题。每个人从小就有自己崇拜的偶像，在幼儿园时的偶像是自己的母亲和老师，小学低年级时对老师的崇拜更甚于母亲，到了小学中、高年级他们就开始关注自己的同伴。这个时期的团队活动、集体活动对学生自我意识的培养具有很大影响，他会考虑这个集体是否会接纳他，所以他就有一种集体荣誉感，注重他律。到了初中高年级和高中的时候，学生的自律意识就慢慢形成了，他们这个时候崇拜的偶像可能是科学家、明星甚至自己。所以这个时期的男孩和女孩都特别爱打扮，甚至男孩会特别在乎女孩会不会关注他，也在乎大家怎么评价他，有很多类似的心理现象存在。我们要研究这些规律，然后利用这些规律针对他们的具体情况进行教育。我想，只要规律摸清楚了，那教学就游刃有余了。一个优秀的教师，他的课堂教学一定是非常生动的，还能促进学生在课后自觉学习。校本教研就是要在各个方面给予老师帮助和支持。当然，它无论如何也代替不了老师本身。校本教研最终要强调两点，一个是合作学习，一个是形成教师风格。

三、明确当前的教育任务

对于广大的教育工作者来讲，要明确当前教育工作的任务，明确研究与思考的重心，那就是，在全面贯彻教育方针、实施素质教育的前提下，义务教育阶段要更多地研究怎样均衡发展，高中阶段的研究重点就是推进课程改革，初中、小学、幼儿园所有学校都要研究内涵发展、均衡发展，提升教育教学质量。此外，还要加强学校管理的研究。现在很多学校的管理水平下降，特别是在一些高中，高一就分文理科，这是办学不规范的表现。后勤管理、学生管理、教师管理也显得比较紊乱，问题很多。2007年12月1日，我考察了西陵区的三所学校，它们的办学特色一个是突出诗词，一个是突出书法，一个是突出机器人。我们要鼓励办这样的特色学校，使每所学校都形成自己的风格。这就需要学校加强管理。学校教育最终目标实现的关键在于课堂，我们所做的这些服务性的工作，最终也都要聚焦于课堂上。

对于基础教育，我们还有很多问题需要思考，如如何提升我们精神世界。大家写博客，是想让别人分享自己的研究成果和思想，在精神上得到一种释放。如果教师平时的教学质量高，课外就有精力从事一些丰富多彩的活动，包括体育锻炼。我们不仅需要给老师施加一定的压力，而且要加强对其的培训和管理。对老师的评价是有必要的。但是我们应更多地、全方位地关心老师的成长。我感觉有两个方面我们关注得还不够，一是学前教育，我们通过调研发现幼儿园老师工资很低，听说有些幼儿园只有三五百元钱。现在我们正在研究怎样促进幼儿园发展；二是特殊教育，上次我到京山调研，就被一所特殊学校所感动，里面的老师没有一个人提出要调离学校，我也一直在思考到底是什么在支撑着他们。特殊教育现在最大的问题是缺乏康复器材，我们也要关注。

教师的专业发展和学生的成长事实上是同步的，教育行政部门要为教师的精神生活、物质生活提供更好的服务。湖北省这几年教学条件有所好转，但还存在困难，其中一个就是教师津补贴的问题。我们还要尽最大努力为学校减压，为教师成长创造更好的条件。

开展阳光体育运动，促进学生全面发展

在青少年身体素质问题受到广泛关注的背景下，学校体育在现代教育中的地位越来越突出。学生进行体育活动不单纯是身体的锻炼，更是思想品德教育、智力开发、习惯形成、审美情趣培养、独立个性养成的重要途径，是和谐教育、全面发展教育的重要构成要素。2007年，教育部、国家体育总局、共青团中央共同决定，在全国各级各类学校中广泛、深入地开展全国亿万学生“阳光体育运动”。

（1）为积极响应开展“阳光体育运动”的号召，动员广大青少年学生走向操场、走到阳光下、走进大自然，积极投身体育锻炼，培养锻炼的兴趣和习惯，努力提高健康水平。近年来，各中小学以“三个代表”重要思想和科学发展观为指导，以全面推进素质教育为目标，深入贯彻党的教育方针，认真学习和贯彻落实《中共中央国务院关于加强青少年体育增强青少年体质的意见》精神，把广大青少年学生的全面发展放在第一位，不断丰富青少年课余文化体育生活，促进广大大中小学校和青少年

"阳光体育运动"蓬勃开展，取得了显著成效。

首先，"阳光体育运动"得到各级党委、政府的高度重视。不仅加大了调查研究的力度，而且根据中小学开展体育运动的情况，颁布了关于加强青少年体育、增强青少年体质的实施意见，明确了当前和今后一个时期学校体育工作的奋斗目标和任务，提出了"阳光体育运动"的落实措施。各级教育部门也相应制订了《"学生阳光体育运动"活动实施方案》。各市县党委政府也都先后出台文件，采取措施，多方面加强了对学校体育工作的领导和支持。学校体育工作的环境和氛围发生了明显的积极的变化。

其次，大中小学的校园体育活动普遍呈现出勃勃生机的态势。全省各市县的"阳光体育运动"都已经全面推开，初步形成了丰富多样、特色发展的生动局面。湖北省武穴市经过探索，走出了一条"因地制宜，挖掘潜力，保证时间，落实'每天锻炼一小时'"的新路子，并且经过实践的验证这条新路子是切实可行的。

再次，各地不断总结出一些新经验。在开展"阳光体育运动"的过程中，各地总结出了许多好的经验，如"四结合，六落实"，即统一思想与健全机制相结合、因地制宜与设施建设相结合、规范课堂与课程开发相结合、分步实施与评估验收相结合，并且落实了宣传、经费、时间、教师、督查和评估。如武穴市推出了"阳光体育运动"活动体系，即"以开展'阳光体育运动'为动力，改革体育教学、竞赛、群体活动的体制，构建学生自主自觉参加锻炼的机制，形成体质测试与评价相结合的模式，实现学生体质明显增强的良性循环体系"。

当前各中小学学生"阳光体育运动"的开展情况得到教育部有关领导的充分肯定。新华社、中央电视台等多家新闻媒体对湖北省的学生"阳光体育运动"开展情况进行了实地采访和报道。即使这样，当前湖北省青少年学生的健康现状与我国其他地区学生的健康情况一样还存在着一些问题。如校园里胖墩儿成群、眼镜儿成帮，学生的耐力、速度、爆发力、力量素质等呈现下降趋势，使生活水平的提高和身体素质的下降形成了巨大的反差。究其根源，主要是因为我们还没有养成健康、科学、文明的生活方式，没有形成全民健身的良好社会氛围，特别是应试教育造成了学生过重的课业负担，导致体育与健康被个别学校和家长所忽视。这些现象和问题如果得不到很好的解决，势必会继续影响广大学生的身体素质和健康水平。

（2）“阳光体育运动”是学校体育工作的重大创新，是实施素质教育的重要突破口。落实“健康第一”的思想，继续深入开展“阳光体育运动”，这是学校教育工作必须坚持常抓不懈的一项极为重要的工作。

第一，要从树立和落实科学发展观的高度，进一步提高对开展“阳光体育运动”重要意义的认识。青少年的健康是国家的财富，更是每一个人健康成长和实现幸福生活的根基。党的十七大报告明确指出，科学发展观的第一要义是发展，核心是以人为本，基本要求是人的全面协调可持续发展，根本方法是统筹兼顾。“健康第一”，是教育工作落实科学发展观的重要体现，是以人为本、促进人的全面发展的内在要求。因此，从事教育工作，必须重视体育；从事体育工作，必须重视学校体育。忽视青少年的身心健康，忽视学校体育工作，就谈不上全面贯彻党的教育方针，谈不上全面实施素质教育。“阳光体育运动”正是立足学校的工作特点，按照大中小学生成长的规律提出的一项具有很强针对性的活动。经验证明，这项活动非常适合学生强健体魄的需要。各级教育行政部门和大中小学一定要认识到“阳光体育运动”的重要意义，高度重视该项活动的开展，把这一行之有效的活动坚持下去，开展到位。

第二，要实施“三个结合”，确保学生参与到“阳光体育运动”中来。全员参与，人人锻炼，是“阳光体育运动”的基本目标。学校体育活动要不断创新内容和形式，最大限度地确保学生参与进来。首先，开展“阳光体育运动”要与体育课教学紧密结合。严格执行国家有关体育课时的规定，开足、开齐、上好体育课，保证初三、高三和冬季体育课、体育活动的开展。深化教学改革，不断提高教学质量，通过体育教学，使学生掌握体育锻炼的方法，培养锻炼的习惯，促进学生身心健康发展。其次，开展“阳光体育运动”要与课外体育活动相结合。配合体育课教学，积极开展大课间操和户外体育活动，将学生的课外体育活动形成制度，持续开展，并创新工作思路和方法，开展学生喜欢参与、乐于坚持的群众性体育活动，使广大青少年学生每天锻炼一小时，健康工作50年，幸福生活一辈子。再次，开展“阳光体育运动”，要与全面实施《国家学生体质健康标准》（以下简称《标准》）相结合。教育部和国家体育总局下发的通知，要求全国各级各类学校要全面实施《标准》，加强学生体质标准测试工作。测试成绩达到良好及以上者，方可参加“三好学生”、奖学金评选。普通高中、中等职业学校和普通高校学生毕业时，学校要依据《标准》对学生进行测试，成绩达不到50分者，按肄业处理。这项工作将纳入各级政府教育督导内容和评估指标体系，并作为对各级各类学校进行评优、表彰的基本依据。

第三，要加强对学校体育工作的督导，千方百计为“阳光体育运动”提供保障条件。各级政府、教育行政部门要从资金投入、设施建设、师资配备、课程指导、督导检查等各个方面加大对学校体育工作的管理力度，切实加强学校体育设施建设，提高学校体育教师的教学水平。要在教育强县（市）、合格学校、示范学校等各项创建活动中，把体育设施建设作为一项重要的内容和任务落到实处。教育行政部门要争取资金，加大对中小学体育设施建设的投入，保证每个学校都有合格的操场、足够使用的体育器材。要建立和完善学校体育的督导制度、学生健康监测制度和体育考试评价制度，建立起针对学校体育工作和学生体质健康状况的全方位的、动态的评价体系。体育工作督导结论和学生体质健康测试结果要公告，并作为衡量地方和学校教育工作的重要指标，作为示范性高中招生名额分配的重要参考。要将体育锻炼与健康状况作为学生成长记录的重要内容，列入学生档案，作为其毕业、升学的重要依据。

总之，学生体质关乎其一生的发展，关系到民族的未来，正所谓：生命不保，何谈教育？健康不保，谈何成才？因此，学校体育工作一定要落实到细处，切实关心学生的身体健康。要把“每天锻炼一小时，健康工作五十年，幸福生活一辈子”作为一种生活理念，通过“阳光体育运动”培养学生良好的锻炼习惯和健康的生活方式，使其热爱体育、崇尚运动、健康向上，为学生将来的幸福生活奠定坚实的身体基础，为中华民族的伟大复兴做出新的贡献。

『比访』常态化，常态优质化

“课内比教学”工作即通过对教师在常态教学环境中的备课、说课、讲课、评课等基本教学活动的评价，建立教师的专业素质评价体系。“课外访万家”工作即组织全体教师开展家访活动，提升师德素质，探索建立教师职业规范制度。“比访”工作旨在促进课堂教学改革，扎实推进素质教育，促进义务教育均衡发展，培养学生全面发展和教师专业化成长。“比访”工作的推广价值正在于此。因此，“比访”工作不应只是阶段性活动，更应成为教育工作的常态；不仅是教育工作的常态，更应成为教育工作所特有的名片。

一、“比访”工作是教育本质的回归

提高中小学教育质量，需要以标准（包括课程标准和质量标准）为基础，以评价（包括学生的品德素养、身心健康、学业水平、学习兴趣、学业负担等）为导向，以激励为手段，以信息化为支撑。通过对比国内外学生的优势和劣势，我们认为中国学生需要加强四项能力：表达能力、提出问题的能力、动手能力和交往能力。

提高教育教学质量和我国学生的能力，需要提高教师的教育教学水平。通过“课内比教学”活动，教师有目的、有计划、有组织地引导学生积极自觉地学习并加速掌握文化科学基础知识和基本技能，可以促进学生素质的全面提高，使他们成为社会所需要的人。教育的对象是人，教育的本质就是促进人最大可能的发展。而教学是教育活动整体的一个部分、一个环节，是传授知识、经验、方法、能力的过程，其终极目的是充实、丰富一个人的内涵。“课内比教学”工作，就是通过“比”来打破平衡、引入竞争，充分展示每个教师的教学能力和水平，促进教师专业化成长，进而通过教师的发展来带动学生的发展。

教育教学不是培养“器皿”，教育教学不仅要让学生掌握知识，更要让他们富有精神活力。学生是弱势群体，个人的诉求往往难以准确表达，需要教师去发现和帮助，而这也正是教师的职责所在。通过“课外访万家”工作，教师可以更加细致地了解学生，了解学生迟到、未交作业等行为出现的深层次原因，这反过来有助于教师帮助学生。虽然现在通讯工具非常发达，有QQ、手机、邮件等，但是教师面对面的家访，内容更丰富，了解得会更详细，更能够体现对孩子的尊重，其效果会远远超过利用通讯工具交流。当然，在对一些留守儿童进行家访时，教师除了与其监护人沟通之外，还可以利用电话和网络与孩子的父母进行沟通，告知孩子的学习情况，交流教育孩子的心得……

在“比访”工作中，当家长到学校听课、当家长看到教师成群结队地去家访时，就会体味到教育事业的光荣和伟大；当家长听说教师要到自己家里家访时，往往会特地在家里等待教师。“比访”工作不仅是对传统教学比武、家访的一种强化，更是对教育本质的一种回归。

二、“比访”工作为重构教师评价机制提供样本

在中小学调研的过程中，有一种现象往往被忽视，那就是许多教师没有接受过任何教学方面的培训就走上了教学岗位。这些教师的专业知识基础不牢固，还存在知识盲区，有的问题甚至是他们在学生时代就存在而一直未解决

的。此外，还有的学校经常出现教师只拿着教材、课标进课堂的现象。学校对教师缺乏严格的要求、系统的指导及培训，没有消除教师知识的空白点，失去了完善教师知识结构最好的机会。课堂上，学生学习的途径是教材，教师施教的依据是课标。教师只有吃透教材和课标，才能提高课堂教学质量，也才能从根本上减轻学生负担。在“课内比教学”工作中，教师会采用启发式、探究式、讨论式等教学方法进行比武，这为其他教师提供了模仿、改进和创新的机会。“课内比教学”工作促进了教育资源的流动，让好的教师帮扶弱的教师、好的学校带动弱的学校。

其实，“比访”工作为探索建立与事业单位岗位聘用制度相衔接、符合中小学教师职业特点的职称制度，形成以能力和业绩为导向，以社会和业内认可为核心，覆盖各类中小学教师的评价机制提供了一种新的思考。“课内比教学”工作中对教师的评价，在于引导学校更多地关注教学这一中心工作，而不是撰写论文。它让教师明白，培养未来的人才，教师自己首先要开阔眼界。“课外访万家”工作是对教师的一种职业要求，要求教师研究学情，了解学生的学习环境和生活环境，有针对性地帮助弱者。“课外访万家” 工作是教师对自我的约束。作为教师，有责任对学生在为人处世和学习上进行引导。在这一活动的背景下，教师很容易成为学生的榜样，师德师风也容易影响学生的价值观、人生观和世界观的形成，这也有利于遏制教师不规范的行为，如有偿家教、推销教辅资料等。

在对教师的评价方面，美国对教师的评价或许可以给我们一些借鉴。美国教师工作量很大，每天五节课，还要辅导学生上选修课及主动申请参加培训。美国教师实行聘任制，教师招聘经历个人报名、专家测评等程序，应聘者至少拥有学士学位。测评通过后，教师要进行体检，主要是看应聘者是否有吸毒经历和心理是否健康，其中大学毕业生在成为正式教师之前，有一至二年试用期。美国中小学教师没有职称，只有任职资格，一旦被认定为教师，则有终身任教的可能。在教师的资格认定条件中，教师的责任心最重要。教师的聘任采取合同制，最长的合同期为四年，合同期内教师若有调动，需要学校出具教师的工作情况说明。学校续聘教师，需要看学生的学习情况、学业成绩和学生对教师的评价情况。校长要听二至三次课，听课前会通知教师，如果发现了问题，校长将继续听课，如果还是没有改进，教师将不会被聘用。

三、让“比访”工作常态化，让常态工作优质化

目前，很多教师都参与了“比访” 工作，许多学校建立了校本教研制度，教师的师德、师能、师才得到了进一步提升，校风、教风、学风出现了良好转变，为全社会了解、关心和支持教育营造了良好氛围。但是，一些地区对“比访”工作还存在认识不够、组织活动流于形式的情况。如在“课内比教学”工作中，虽然他们的教学比武课讲了，但讲前与讲后学校和教师都变化不大，有的学校和教师把教学比武当成“活动”而没有当成“工作” 。同时，一些学校认为，既然是教学比武，就要选派最好的教师参加，导致“课内比教学”工作成了一部分人参与的活动，没有做到全覆盖。学校不能对教学比武案例进行反思，从而无法形成自己的特色，这就导致“课内比教学”工作存在注重量而不注重质的情况。同时，在这种思想的指导下，一些学校出现了家访变成了家长访校、家访事先没有征求家长意见等现象。为此，我们将探索由学校为每位教师建立“教师专业发展档案袋” ，用档案袋评价方式，详细记录和保存每一位教师的岗位练兵、师德修养、家访反思、学校比武的过程和结果，使之成为晋升评职、名师选拔的重要参考依据，与绩效工资挂钩，与教师的评聘挂钩。

我们组织“课内比教学” 工作，目的是让所有教师主动观课、议课、评课，参与教学评价，探讨好的教学模式，反思自己教学之不足，把工夫花在平时的教学中，从而让教师在实践中实施课改理念，掌握课程标准，有效衔接小学与初中、初中与高中的课程。通过“课外访万家”工作，教师可以对学生进行分类，使教师站在关心关爱学生的角度，探究、思考教学的改进。

史蒂芬森博士主编的《非常教师》一书指出，优秀教师的特征可以浓缩为以下六条：工作饱含热情；知道该教什么，如何教，如何提高自己；擅长营造活跃的课堂气氛；擅长与学生交流；能激励学生挖掘出自身的潜力；教学效果十分理想。而且，非常教师对以下四件事情很有激情：学习、所教科目、学生和教学。换句话说，他们非常热爱自己的工作、他们服务的群体和他们的使

命。如果缺乏其中一点，那他就不可能成为优秀教师。“比访”工作要使教师形成一种“把优秀当作一种习惯”的意识，既做到教学优秀，又做到关爱学生。

高三学生心理状况与辅导对策

对于学生来说，高三是非常重要的时期，是人生的一个分水岭。在这个特殊时期，教师除了要关注学生的成绩变化，也要关注学生的心理变化。升入高三后，学生要面临择业或继续求学的人生选择，面对新的挑战，何去何从，这对于涉世未深的高三学生来说，实在是个难题。现实学习成绩与理想大学的差距、家长对子女过高的期望、社会的多元化价值取向，也使得高三学生产生巨大的心理压力和情感冲突。假如其压力得不到有效疏导，就会产生许多心理问题；心理问题一旦解决不好，就会严重地影响他们整个高三及今后的正常学习与生活。

针对高三学生特有的心理现状，笔者特意提出几点辅导对策，供高三教师参考。

一、高三学生心理现状

（一）忧虑的状态

大部分学生都会有忧虑情绪，只不过程度不同而已。高三学生对考分过分看重，认为考试成绩直接关系到自己的命运和前途，认为获取高学历等同于实现人生价值；另外，学校、社会将分数作为衡量学生能力的唯一指标。这些因素叠加起来，就会使高三学生产生各种各样的忧虑。

高三学生的忧虑主要有三个方面：

一是担心备考完不成任务，学过的东西未弄懂。高三学习任务重，许多学校实行题海战术，供学生消化知识的时间却很少，有的学生即使竭尽全力还是完不成老师留的作业，自然就会产生忧虑心理。

二是担心考试临场发挥不好。越临近考试，学生这种忧虑就越重，尤其是心理素质本来就不好的学生。他们过于在乎与他人之间的比较，生怕落后。

三是担心考砸、落榜。很多学生往往是一帆风顺过来的，很少体会到失败，因此十分害怕失败，于是对落榜的结果充满恐惧。

作为毕业班学生，把成绩放在首位本是无可厚非的。但部分学生视成绩为唯一的追求，情绪会因为成绩的上下波动而变化，经受不住挫折，心理承受能力变得越来越差。在这种心理的影响下，如果自己付出的努力短时间内看不到效果，学生就会对自己的能力产生怀疑，甚至否定自己的能力，陷入极端。

（二）混乱的状态

混乱表现为内心的混乱和学习上的混乱，这主要是由考试焦虑引起的。成绩优秀的学生无法面对同学的进步，对自己的能力和知识水平缺乏全面认识，当学习稍有退步或生活中稍有挫折就感到力不从心、迷失自我，从而陷入混乱。还有一部分学生原来基础较差，学习成绩不理想，到了高三，随着学习负担的加重，他们对学习更无信心，如长期得不到关心、帮助，就会自暴自弃、放任自流。

这种混乱具体表现为两种情况：

一是时间管理混乱。因为急于求成或害怕落后，一些学生变得着急而忙乱，复习无计划，复习无章法，别人做什么自己就跟着做什么，这一刻不知道下一刻要做什么，致使学习效率低下，根本完不成老师布置的任务。时间一长，越忙越乱，形成恶性循环，影响复习效果。

二是内心混乱。学生时间管理的混乱直接导致内心的混乱，具体表现为烦躁不安、脾气大、容易发火。考试时分数高一点，心情就会好一点，分数稍微下降，心情就会一落千丈。归根结底，忧虑是焦急和烦躁的主要原因。

二、辅导对策

（一）解忧

考试焦虑是高三学生普遍存在的心理问题。面对一个不能轻易完成的任务，一些带有压力或威胁的情景可以对学生学习起到一定的积极作用。但是焦虑过重，就会导致注意力不集中，妨碍记忆，影响学习效果。忧虑源自学生对世界的不正确认识，他们对世界的认识太笼统、夸张或者绝对，就会把感觉当成现实，把落榜视为世界末日。这时，对其进行心理辅导要从认知上矫正他们不正确的观点。

可建议学生进行四个步骤的心理调节：

一是为自己担忧的事情排序。可以找一个安静的地方，把自己所有担心的事情全部写出来；然后检查自己所写的内容，将相似的内容合并；最后为这些事情排序。

二是对自己担心的事情进行合理分析。静下心来分析这些事情，就会发现有些担心是没有必要的，也是不合理的。

三是在自己内心进行一次小辩论。从事物正反两个方面，分析不必要担忧的危害性，摆脱极端失望的情绪。

四是得出合理的认识。通过上面三个步骤的心理调节，学生会得出合理的认识：不紧张不对，但不要自己吓自己；制订合理、现实的计划是非常必要的，不要过度追求绝对理想的应考状态等。

（二）平乱

要想解决内心混乱和时间安排混乱的问题，学生必须战胜种种焦虑，然后为学习制订科学的计划，管理自己的时间，渐渐做到“平乱”。

一是科学地复习。学完新知识后及时复习，理解后立即记忆，建立知识之间的联系。可采用读忆交替法，强迫自己背一些内容，为自己设计一个挑战；可采用质疑式复习，假定老师是错的、教材是错的，用挑毛病的方法复习；可采用相互问难法，找个学习上的伙伴，两人互问互答，争取把对方问倒。再者，记忆有前摄抑制和倒摄抑制现象，利用早上起床后或晚上睡觉前的时间背东西，效果较好。

二是有计划地做事。计划可以使人心理上产生安定感，使人变得有计划、有信心。因此，要依据个人实际情况制订计划。如针对现状和目标作出评估，对自己提出一个期望，最好在老师帮助下制订计划；确定阶段性目标，以周或月为单位，计划每周、每月的学习任务；长计划短安排，有宏观的目标，但也要作好短时间内的详细安排；计划要切实可行，防止华而不实。教师要在学校的安排的基础上，给学生一些个人时间，让学生可以完成个人计划。

解铃还需系铃人，学生心理的调节关键要依靠他们自己，教师只能起到一个引导作用。在紧张的备考阶段，教师要多与学生沟通，多倾听学生的倾诉，引导学生融入集体生活，融入积极向上的班级氛围。只要教师引导得当，学生树立了正确的认识，就能应对高考带来的种种心理问题。总之，学生无论是在考前还是考中，给自己一个明确的定位，以平常心对待高考，情绪自然就会稳定。

对初升高考试制度改革的思考

从1978年开始实施的高中招生选拔性考试制度历时34年，为落实国家提出的教育要“多出人才，快出人才，出好人才”的政策，提高教育教学质量，促进教育发展作出了重大贡献。随着我国社会经济的发展，现行高中招生选拔性考试制度已成为制约基础教育均衡发展和学校实施素质教育的瓶颈，并与构建和谐社会的理念相悖。为此，在经过三年高中招生选拔性考试制度改革实验的基础上，我们提出取消高中招生选拔性考试制度、建立初中毕业生学业考试制度的建议。

一、取消高中招生选拔性考试制度的必要性分析

高中招生选拔性考试制度积弊太深，严重制约了基础教育的进一步发展，不利于青少年健康、全面、自主地成长。取消高中招生选拔性考试制度是全球化、信息化、民主化时代对教育的必然要求；是构建和谐社会、落实科学发展观的必然要求；是

深化教育改革和推进素质教育的必然要求。取消高中招生选拔性考试制度是社会发展和教育改革的大势之所趋。总体而言，高中招生选拔性考试制度存在以下弊端：

（1）阻碍了基础教育均衡发展，拉大了学校间办学水平的差距。现行高中招生考试制度是一种选拔性考试制度，是为高中招生服务的，其目的是把学生甄选出来，使成绩好的学生进入重点中学，成绩一般的学生进入一般性中学。这一制度长期执行的结果是优秀教师、优秀学生、办学经费等越来越向重点高中、实验初中、城镇学校倾斜，学校间办学水平差距不断拉大，基础教育资源配置严重不均衡。

（2）阻碍了基础教育课程改革和素质教育的实施。现行高中招生选拔性考试制度事实上是以考试分数简单相加作为高中招生录取的唯一依据，这一评价机制对初中阶段教育产生了负面作用：初中学校教什么、考什么受到严重制约，国家课程得不到全面落实，地方课程和学校课程得不到有效实施，学生的创新精神和实践能力得不到培养，德育、体育、美育、劳动技术教育得不到重视，最终导致基础教育改革推进困难，素质教育强调的人的全面发展面临落空的危险。

（3）影响了九年义务教育的实施，忽略了学业困难学生的发展。普通初中为提高升学率，通过分重点班、实验班等各种方式，加强对成绩优秀学生的教育，忽视对学业有困难学生的教育。一些学业有困难的学生，往往得不到合适的教育，处于放任自流的状态。少数学校甚至采取种种措施，不让学业有困难的学生报名参加中考，导致学生流失。

（4）导致中考资料满天飞，加重了学生的学业负担和经济负担。现行中考命题由各市（州）负责，各市（州）均组织编写了备考资料，学生须花近百元购买这些资料，这就加重了学生的学业负担和经济负担。这些资料在编写、销售、使用过程中存在管理漏洞，已经成为高中招生选拔性考试制度衍生出来的一个毒瘤。

总之，现行高中招生选拔性考试制度是推进学校实施素质教育、推进基础教育均衡发展、促进教育公平的制度瓶颈，所以改革高中招生选拔性考试制度是教育系统落实科学发展观的迫切需要。

二、建立初中毕业生学业考试制度的可行性分析

湖北省教育厅根据《教育部关于基础教育课程改革实验区初中毕业考试与普通高中招生制度改革的指导意见》，结合湖北省基础教育课程改革的实际，在反复征求意见、充分论证的基础上，制定下发《湖北省初中毕业生学业水平考试和普通高中招生制度改革的实施意见》。

2005年，湖北省组织了13个课程改革实验区进行高中招生选拔性考试制度改革实验，涉及学生10万人。2006年这一试验扩大到36个实验区，涉及40万学生。经过几年的实践探索和理论总结，湖北省这项改革取得了很大进展。在省教育厅统一组织下，各个课程改革实验区的中考命题与考试方式出现了许多新的变化，如加强试题与社会实际、学生生活的联系，注重考查学生运用所学知识分析和解决问题的能力，合理控制试题难度等。从湖北省的改革实践来看，综合素质评价逐渐克服了以往的单一性特征，让更多的利益主体参与其中。

实验证明，初中毕业生学业水平考试和普通高中招生制度改革对初中阶段的教育教学发挥了积极的导向作用，在基础教育均衡发展、实施九年义务教育、促进基础教育课程改革和实施素质教育等方面产生了广泛的正面影响。

三、建立初中毕业生学业考试制度的策略

新制度的建立要始终坚持：命题是核心、诚信是基础、公平是关键，即新制度的建立要以提高学业考试命题水平为核心，以保证综合素质评定的诚信为基础，以保障高中招生公平为关键。具体政策建议如下：

（1）实施初中毕业生学业水平考试。初中毕业生学业水平考试是九年义务教育阶段的终结性考试，其目的是全面、准确地反映初中毕业生的学科学业水平。初中毕业生学业水平考试与现行中考制度的根本区别在于，现行中考制度是为高中招生服务，而初中毕业生学业水平考试是为评价义务教育的教学质量服务。初中毕业生学业水平考试把科目分为考试、考查、考核三

类，考试科目一般为语文、数学、外语（含听力测试）；考查科目一般为物理、化学、生物（或科学）、思想品德、历史、地理（或历史与社会）；考核科目一般为体育、音乐、美术（或艺术）、理化生实验操作、综合实践活动、地方课程、学校课程等。初中毕业生学业水平考试成绩作为高中招生的依据之一，其考试科目和考查科目由省教育厅负责统一命题和制卷，市（州）、县教育局负责组织考试和阅卷，命题费和制卷费约400万元，由省财政支付。

（2）实施初中毕业生综合素质评定。初中毕业生综合素质评定是指对初中学生的综合素质发展情况进行评定，评定结果作为高中招生的依据之一。

（3）实施优质高中招生名额分配制度。将30%~50%的优质高中招生指标分配到各初中，由初中学校根据学生考试和综合素质评定情况择优选送。

（4）实施初中学校办学水平评估制度。各县市每年对辖区内初中学校的办学水平进行评估，如学校办学行为是否规范、是否实施素质教育、教育改革是否深化等都将成为评估内容，评估结果将作为优质高中招生名额分配的依据之一。

（5）建立综合素质“诚信评估”的制度约束机制。客观公正地实施综合素质评定是新考试招生制度建立的基础。为保证综合素质评定的有效实施，建立综合素质“诚信评估”的制度约束机制是必要的，包括建立“诚信评估”的自律机制，考核、记录、反馈、评估机制，奖惩激励机制，信息公开机制，社会监督机制，责任追究机制等，并将学校综合素质诚信评估结果作为对初中学校下达招生计划和录取指标的重要依据。

（6）建立初中学生综合素质评定、学业考试、高中招生全程网络化管理制度。为让学校、学生、家庭和社会充分参与、监督、评价中考招生改革工作，保证招生公平，我们依托e21网站，建立中考招生网，对初中学生的综合素质评定、学业考试、高中招生工作实行全程网络管理。

（7）加强舆论宣传，引导社会正确认识中考改革，营造良好的新考试文化。

办好学前教育需要回答的五个问题

学前教育是终身学习的开端，是国民教育体系的重要组成部分，是国家重要的社会公益事业。发展学前教育，关系到亿万儿童的健康成长和千家万户的切身利益，关乎国家和民族的未来。近年来，学前教育得到空前的重视，规模和速度成倍增长。办好学前教育是办人民满意教育的重要组成部分，这个“好”字既要体现在规模上，即能够满足人民群众对幼儿教育的需要；更要体现在质量上，能够按幼儿身心成长规律规范办园。因此，办好学前教育，需要对发展学前教育的几个关键性问题有一个正确而清晰的认识。

一、学前教育究竟应该教什么

学前教育是利用各种方法、实物，为发展学前儿童的智力，使他们身心健康成长，有系统、有计划而且科学地对他们进行各种刺激，使其各种功能逐渐完善的教育。

俗话说“三岁定终身”“三岁看八十”。这说明早期教育决定着幼儿的未来。学前教育是儿童人生智力发展的基础阶段，又是发展最快的时期，适当、正确的学前教育对幼儿智力及其日后的发展有很大的作用。一些家长从胎教开始，就小心翼翼、千方百计地给孩子最好的启蒙。一岁开始认字，三岁开始学外语，四岁开始参加各种培训班，大家似乎在比着学，希望看到立竿见影的效果，这些拔苗助长的做法不是科学的学前教育。

学前教育的目标是促进幼儿身体正常发育和机能的协调发展，增强体质，培养良好的生活习惯、卫生习惯和参加体育活动等的兴趣；发展幼儿智力，培养其正确运用感官和运用语言交往的基本能力，增进他们对环境的认识；培养有益的兴趣和求知欲望，培养初步的动手能力；培养幼儿爱家乡、爱祖国、爱集体、爱劳动、爱科学的情感，培养他们诚实、自信、好问、友爱、勇敢、爱惜公物、克服困难、讲礼貌、守纪律等良好的品德行为和习惯，以及活泼、开朗的性格；培养幼儿初步感受美和表现美的情趣与能力等。

二、幼儿园在学前教育中应该发挥什么作用

幼儿园是对幼儿集中进行保育和教育的主要的学前教育机构。其优势在于具有家庭在培养幼儿时所不具备的、有利于幼儿健康成长的时间、空间和环境。幼儿园教育应尊重幼儿的人格和权利，尊重幼儿身心发展的规律和学习特点，以游戏为基本活动，保教并重，关注个别差异，促使每个幼儿富有个性地发展。

幼儿园对学生的培养不是孤立存在的，应与家庭、社区密切合作，与小学相互衔接，综合利用各种教育资源，共同为幼儿的发展提供健康的生活和活动环境，满足他们多方面发展的需要，使他们在快乐的幼年生活中获得有益于身心发展的经验。

三、举办幼儿园必须坚守的基本教育理念是什么

学前教育，应首先思考幼儿愿不愿意学，再解决会不会学的问题，而实际情况却恰恰相反。一些城市的幼儿园开设了各种教学班，如蒙台梭利教学班、双语教学班、各种特色班等；还有些幼儿园过早地让幼儿学习书法、钢琴。就学书法而言，由于幼儿自身握笔的力度不够，写字时注意力往往不能集中，同时，还会因为写字姿势的不标准而影响视力。而农村地区的幼儿园，往往因为资源相对缺乏，小学的学前班变成了教学班，没有音乐、舞蹈，没有游戏活动，教师只是放动画片取代，有的幼儿园还教幼儿识字、数学。不以游戏活动为主的幼儿教学是畸形的。

幼儿园课程的选择应遵循幼儿的年龄特点、生活经验等，应实施科学保教，防止幼儿园小学化。有人说，小学教育没有办好，小孩会输在起跑线上；而学前教育没有办好，小孩会伤在起跑线上。幼儿园教育活动设计的重点应是引导幼儿多感官地参与活动、培养幼儿的学习能力、引发幼儿的学习动机。重点是以游戏为主，让孩子在游戏中学习，在活动中体验。

四、学前教育需要什么样的教师

学前教育对教师有着很高的要求，比如要求教师喜欢孩子、有耐心、懂儿童心理、用孩子的眼光看待孩子的问题等。幼儿最喜欢与自己年龄靠近、行为相近的人。教师应学会用最简单的语言来和孩子沟通，要把话语递到孩子的嘴边。因为幼儿的语言表达很有限，教师如果一味地用成人的习惯来与他们沟通，会让孩子感到陌生。

教育是慢的艺术，需要等待，学前教育尤应如此。华中师范大学的刘华山教授给我讲过一个国外家长教育孩子的事例。一次，他在波罗地亚出差，看到一个小孩摔倒了，于是就把小孩给扶起来了。谁知，小孩刚站稳，自己就又故意倒下去了，然后自己再爬起来。后来，他牵着孩子走上台阶，而孩子的妈妈在另一端注视着这一切，却没有特别感激他，只让小孩说了声“谢谢叔叔”。刘教授说：“孩子的母亲其实是希望孩子能够自己上台阶，给孩子

实践的机会，让孩子自己摸索。”因此，幼儿教师不能对孩子要求过高，要不断激励孩子，给孩子成长的空间和时间，学会等待孩子成长。

幼儿教师应具有良好的身心素质。首先，教师要教育和照管一群天真活泼的幼儿，需要有良好的身体素质。身体健康的教师，精力充沛，工作效率高，与幼儿一起活动，能给幼儿带来自信和欢乐。其次，教师的心理素质影响幼儿个性品质的形成。具有优秀心理素质的教师，其工作方式倾向于民主型，心胸开阔、思维敏捷、情绪稳定、善于自制，对幼儿充满热情，工作主动，处事机智灵活，所任教班级幼儿大多守纪律、有礼貌、与人亲近、能友好与人相处。

幼儿教师与其他阶段教师不同的是，幼儿教师不是某一学科的教师，而是担负着幼儿全面教育的工作。幼儿教师对幼儿教育的内容涉及自然、社会、语言、艺术、健康等各个领域，需要有较广阔的多学科知识和教育艺术，才能满足幼儿发展的需要，才能胜任幼儿园的工作。教师要坚持不懈地去发现与创新，如幼儿对色彩比较敏感，教师可以通过改变着装，让孩子感到有新意，因为教师的每一丝变化对孩子来说都会是巨大的。

因此，幼儿园要加强对幼儿教师的培训。要以园本培训为主，培训教师科学的保教方法，重视教师的个体需要和自我教育，提高教师的教育教学实践水平与教育科研的兴趣和能力。同时，幼儿园之间还可以进行交流，共学互比，共同提高。

五、办公益性和普惠性的学前教育的工作重点是什么

2011年5月29日，湖北省人民政府颁布了《湖北省学前教育三年行动计划》，确定了三年的总体目标：2011～2013年，全省新建和改扩建幼儿园1500所，培训三万名以上幼儿园园长和教师。到2013年，全省各乡（镇）至少建有一所中心幼儿园；全省学前教育三年毛入园率达到60%以上，其中市辖区、县城城区达90%以上，经济比较发达地区的乡镇达80%以上；乡镇及以下入园幼儿基本享受普惠性服务，城市、县镇享受普惠性服务的入园幼儿数占本地全部入园幼儿数的70%以上。

发展公益性和普惠性学前教育的工作重点，应是加快幼儿园建设步伐，建立促进学前教育可持续健康发展的经费保障机制，努力建设好数量充足的高质量的保教队伍，切实抓好学前教育科学保教工作，切实加强对学前教育工作的领导与管理。

如何发挥少先队工作在素质教育中的作用

少年兴，则中国兴；少年强，则中国强。少年儿童是祖国的花朵，是民族的未来和希望。少先队是少年儿童健康成长的摇篮，少先队工作是义务教育阶段学校德育工作的有机组成部分，也是加强未成年人思想道德建设、开展社会主义荣辱观教育和素质教育的一种重要组织形式和重要阵地。积极支持少先队工作是关爱少年儿童的一个重要方面。教育部门应该充分认识到自身的责任，积极做好少先队工作。

百年大计，教育为本。长期以来，湖北省少先队工作在党的领导下，在共青团组织的带领下，在社会各部门的支持下，在教育部门和学校共同努力下，充分体现“团教合作”的特征，尊重少年儿童的主体作用，用正确的思想启迪少年儿童，用科学知识充实少年儿童，用生动的实践锻炼少年儿童，用先进的典型激励少年儿童，培养少年儿童良好的思想品德素质，为培养一代又一代社会主义事业的合格建设者和接班人发挥了重要的基础性作用，作出了积极的贡献。

各级少先队组织应根据不断发展的时代要求，与时俱进，开拓创新，为适应教育改革与发展的需要，实施了一系列活动，引导少年儿童自学、自理、自护、自强、自律，引导他们树立远大理想，为教育改革的不断深化、为素质教育的不断深入、为促进少年儿童健康成长作出积极的贡献，开创了少先队事业新局面，促进了少年儿童主动、和谐、全面地发展。

一、充分发挥少先队在全面推进素质教育中的作用

2006年，国务院颁布了新《义务教育法》，明确提出义务教育必须贯彻国家的教育方针，实施素质教育，提高教育质量，使适龄少年、儿童在品德、智力、体质等方面全面发展，为培养有理想、有道德、有文化、有纪律的社会主义建设者和接班人奠定基础。各级教育部门要高度重视少先队工作，将其纳入基础教育的总体格局，加强与团队组织的密切合作，充分发挥少先队组织贴近少年儿童、了解少年儿童的优势，促进少先队工作与学校教育工作共同发展，形成合力。如何发挥少先队工作在素质教育中的作用呢?

首先，把加强少先队工作和推进基础教育课程改革相结合。全国范围的基础教育课程改革为少先队组织创造性地发挥作用提供了新的契机，为少先队构筑了新的发展空间，提供了新的发展平台。新的课程改革强调每一个学生的发展，强调激发学生的学习兴趣，倡导学生主动参与、乐于探究、勤于动手，这些都与少先队教育的基本特征一致。各级教育行政部门和学校要在开展综合实践活动、校本课程开发等方面，充分发挥少先队的作用，通过开展丰富多彩的“雏鹰争章”实践活动，提高少年儿童思想道德素质、科学文化素质和身体心理素质，培养少年儿童创新精神和实践能力。

其次，注重加强思想品德教育。思想品德教育是素质教育的核心，加强少年儿童思想品德教育是落实素质教育的关键。少先队要紧密配合学校常规工作，持续不断地加强少年儿童思想品德教育，由浅入深、循序渐进地开展日常行为规范养成教育、思想政治教育、传统美德教育、法制教育和劳动教育，进一步加强和改进中小学德育工作，增强德育工作的针对性、实效性和主动性。我们在具体工作中应根据少年儿童身心发展的特点和认知规律，针

对不同年龄少年儿童的特点，适应新的形势，确立由浅入深、由低到高的德育目标体系；通过丰富多彩、少年儿童易于接受的方式，对他们进行爱国主义、集体主义、社会主义教育；将德育寓于各学科教学之中，贯穿于教育教学的各个环节，渗透到学校教育的各个方面。

最后，注重加强辅导员队伍建设。少先队辅导员是少先队工作的主体，也是基础教育的重要力量，加强辅导员队伍建设是少先队的基础工程，也是加强学校整体师资队伍建设的重要环节。各级教育部门要根据少先队工作对辅导员素质的要求，适应当前干部和教师队伍人事管理制度改革的需要，完善辅导员聘任制度；要积极做好辅导员的培训工作，将少先队辅导员培训纳入教师继续教育体系，保证他们参加培训的时间和经费；另外要积极落实辅导员工作的相关政策，重视和尊重辅导员的创造性劳动，逐步建立少先队辅导员工作评价激励机制。在辅导员队伍建设中，要十分重视中队辅导员队伍的建设，要把中队辅导员队伍建设与班主任队伍建设紧密结合起来。

二、创建少年儿童健康成长的良好环境

教育是一项社会系统工程。加强对少年儿童的教育，关爱他们的健康成长，学校、家庭、社会必须紧密配合，形成教育合力。各级教育行政部门和学校要主动与社会各方面及学生家庭加强联系，团结一致，增强工作实效。

一是加强青少年活动中心建设，充分发挥校外活动场所的教育功能。一方面我们要坚持科学发展观，制订、完善相关配套措施，进一步加强校外活动场所的规划和建设，力争每个县（市、区）都建有一所规模适当、设备适用的青少年学生校外活动中心。与此同时，还要建设一批综合性、多功能示范性的活动中心。另一方面要以现有的校外教育阵地为依托，充分发挥活动场所资源优势，整合教育资源，广泛开展校外教育实践活动，着眼于学生的思想品德教育和科技、艺术、体育、劳动技术等知识的普及以及独立思考、动手动脑、创新精神的培养，因地制宜地开展符合学生身心特点的校外教育活动。

二是加强与家庭的联系和沟通，充分发挥家庭教育的作用。家庭是儿

童发展的第一所学校，家庭教育是影响少年儿童成长和发展的重要因素。市（州）、县以上教育行政部门要成立家庭教育中心，所有中小学、幼儿园要成立家长学校。家庭教育中心和各级家长学校作为家庭教育指导的具体实施机构，都应该制订管理制度和工作计划，确保正常运作。学校要通过家长委员会、家长学校、家长接待日、家访等形式同家长建立经常性联系，及时交流情况，认真听取家长对学校管理和教育教学的意见和建议。各级各类学校要对班主任、任课教师的学生家访工作提出具体要求。

三是加强学校教育与校外活动的有效衔接，积极整合社会资源。一些地区教育部门自身的校外教育资源贫乏、单一，但区域内其他教育资源相对丰富，具有重要的开发利用价值和教育价值，各级教育部门和学校要积极与有关部门和单位协商，对相关教育资源进行整合利用，较好地发挥其教育作用和社会效益。由各级政府投资建设的专门为未成年人提供服务的青少年宫、学生活动中心、科技馆等公益性活动场所，对集体组织的未成年人教育实践活动和文体活动实行免费，学生个人参观凭学生证实行半票。学校少先队要充分利用这一系列优惠政策。在组织活动时，学校要根据不同场所的功能和特点，结合本校的课程设置，统筹安排，可以考虑把校外活动列入教育教学计划，力争使学生平均每周有半天参加校外活动的时间。同时，发动和鼓励青年志愿者、离退休老同志以及文艺、体育、科技工作者，为少年儿童提供一定的校外服务。

少先队事业是面向未来的事业，是充满希望的事业。没有爱就没有教育，没有责任就办不好教育，我们要用爱和责任来办人民满意的教育。深化教育改革，全面推进素质教育，都需要少先队工作的支持。让我们在党中央的坚强领导下，高举邓小平理论和“三个代表”重要思想伟大旗帜，齐心协力，开拓进取，共同推进少年儿童素质教育，培养新世纪的社会主义事业的合格建设者和接班人！

高中课程改革宏观层面的三个问题

课程是教育思想的集中体现，是培养人才的预想蓝图，是教育改革的核心内容。改革不是改良，更不是改变，而是在继承中有所创新。改革不只是形式的变化，而是本质的提升，改革不仅要形似，更要神似，做到“神形兼备”。高中课程改革，不是教科书的改朝换代，不是教学内容的增减，而是教育理念、教育制度与管理、教师专业发展、教学体系、教育教学资源的利用和开发与学校文化建设的整体变革。推进高中课程改革，必然是一个充满艰辛和希望的过程。

一、高中课程改革需要转变哪些观念

高中课程改革总的要求是内涵发展，提高质量。提高质量是课程改革的终极目标。提高质量靠什么？主要靠管理，靠调控，靠帮助，也要靠合作。高中课程改革应改成什么样、由谁来主导、用什么方法来促进等无疑是关系高中课程改革成败的关键。

高中课程改革应在规范实施高中课程标准的基础上，充分体现高中办学的多样性和特色化，不能千篇一律。高中教育应该满足不同潜质学生的发展需要，为每一个学生提供适合的教育，鼓励学校开设各种选修课。学校应充分调动教师、学生和社区代表参与开发校本课程的积极性，使学生、教师、学校和社区的教育资源得到广泛开发和利用，增强课程的适应性、多样性和选择性。没有多样，就没有选择；没有选择，就没有个性；没有个性，就没有特色。一流的高中既不在大，也不在全，关键在于有特色，并善于把特色发挥到极致。

课程改革关键需要校长来引领。校长的课程领导力决定了学校课程改革的推进力。校长是课程改革思想的引领者、行动的带动者和条件的创造者。校长应从体制、机制上保障课程改革的实施，整合学校资源，当好课程改革的宣传者，营造课程改革气氛。校长应当好组织推进者，排除课程改革的障碍;当好探索创新者，力保课程改革取得实效；当好统筹服务者，构建课程改革工作网络。教师的积极性是学校课程改革的后劲。教师要自我“颠覆”，冲不破思想上的禁锢，克服不了思维定势，教育观念不发生根本性的改变，就不可能勇往直前地投入课程改革的行动中去。

高中课程改革要科学地实施评价。评价是加油站，目的是促进学生在原有水平上不断发展。教师要利用评价来发现和发展学生多方面的潜能，要了解学生发展中的需求，要倡导肯定性评价，帮助学生认识自我，建立自信。人才的多元化趋势必然要求评价内容、评价标准多元化。100个学生，应有100种评价；多一把衡量的尺子，就会多出一批好学生。评价是一种手段，不是目的。评价是为了改进，为了激励，为了矫正。以前的评价方式过于强调甄别与选拔功能，而高中课程改革强调评价是为了促进学生成长，把学生学业水平考试成绩、综合素质评价结果和学分共同作为学生毕业的依据。高中课程改革的实施有两个重点：一是课堂教学；二是社会实践活动。这都需要充分利用科学的评价来指引。

二、用什么办法突破高中课程改革的瓶颈

我国高中课程改革从2004年开始实施，我们一直在关注，一直在调研，一直在研究。要想取得高中课程改革的成就，必须下工夫解决以下几个方面的问题。

一是文理分科过早。有的学校在高一时就考虑甚至实施文理分科，这样就会淡化高中基础教育的功能，过早给学生定向，扼杀学生的创造力。校长要从国家意志、依法办学的高度看待文理分科。

二是一些学校课程还未开齐开足。不能够开齐开足课程，固然有师资、资源相对不足的客观原因，但更多的是观念问题，校长和教师都要转变观念，创造条件保证开齐开足课程。

三是一些学校实验室、图书馆等功能室的设施和器材不能完全满足教学的需要。这主要是投入问题，学校要充分利用各种资源，如高校、企业、社区等拥有的资源，保证开展学生的必修课程的条件。

四是选修课程种类不多。未来几年将有70%的学习模块开成选修课，供学生选择，但现有状况与此目标还有一定的差距。新课程的实施，要求学校改变以前以学科组管理为主的教学教研管理模式为垂直管理方式，发挥教研组的作用。比如，高一年级数学组有六个人，整个数学教研组有18个人，六个人开设的选修课肯定不如18个人开设的广。教研组可以通过组织校本研修、培训，让更多的教师都能开设选修课程。

五是学校课程改革氛围不浓。湖北省全面实施课程改革不久，许多工作还处在艰苦摸索阶段，学校要深入了解教师和学生在课程改革中的现实情况，特别是存在的困难，要想方设法地利用各种资源帮助他们解决心中的困惑，这样，教师才能够静下心来潜心推进课改。

针对高中课程改革过程中存在的问题，我们组织了12个课题进行专项研究，形成了积极推进、点上突破、兼顾各方、逐步到位的课程改革策略。积极推进，就是把国家的课程改革看成教育发展的战略需要，要认识到只有积极地、主动地参与进去，才会有更多的精力投入课程改革内涵的研究中。积极推进主要表现在向广大教师、教研员积极宣传课程改革的理念，加强教

育工作者对课程标准、学科知识和教材的学习与研讨，重在了解整个课程改革的全貌。

点上突破是指，高中课程改革的结构体系从知识层面讲，涵盖15门学科，分成八大学习领域和若干个模块，覆盖文科和理科全部内容，兼顾理论学习和实践学习，同时涉及综合素质评价、综合社会实践活动、学分管理、选修课程及学业水平测试等多项内容，特别是对于学分管理、综合实践活动等，提出了许多新的要求。湖北省只有根据实际，在这些方面逐步突破。没有制度的，先把制度建立起来；有制度的，把制度建设向纵深推进。

兼顾各方，主要是兼顾学校、学生、教师、家长、社会各方面的力量和利益。改革不是否定过去，而是为了更好地完善制度，更好地与国际接轨，也是“三个面向”的具体体现，这需要充分考虑湖北省高中教育发展的现状。在推进的过程中，能否通过改变教育方式，促进学生全面发展，同时兼顾各方面的利益，把现有的高中教育中大家都认同的好做法保留下来，同时要体现课程改革的理念和要求，特别是课程改革中提出的对学生应用能力的培养，进一步加强学生的动手实践能力等。

逐步到位是指课程改革并不是一步能到位的，需要通过三到六年的课改实验，逐步建立起完整的课程改革的各项制度，形成符合课程改革理念和湖北实际，又为学生提供较大选择空间的课程体系。

三、如何认识和利用高中课程改革的后发优势

2012年，学生将参加实施高中课程改革后的首次高考。目前，湖北省按照国家课程改革的要求推进课程改革，整体来说，进展还比较顺利。相对其他地区而言，我们具备了实施高中课程改革的后发优势。一是可以充分利用前五批进入课程改革省市的经验。二是可以借助教研队伍的专业支撑和一些课程专家的专业支持。三是可以充分借鉴初中课程改革的好做法，帮助湖北省制订出可实行和可操作的高中课程改革方案。湖北省的初中前几年全部实施了课程改革，初中课程改革为高中课程改革奠定了良好的基础。四是充分利用信息资源，打造信息平台，建立高中课程改革网。现在我省有12个高中

课程改革网络平台，还有社会公众参与平台，教师、家长、学生、社会都可以进去了解情况，发表意见，让社会都来关注、支持课程改革。除此之外，我们还建立了学籍管理平台、综合实践活动管理平台等。

目前，我们的12个课题研究已接近尾声，有120多所学校同步参与研究，全省各高中基本上建立了相关的课程改革制度。在积极开设国家课程、地方课程和校本课程的同时，许多学校的校本研修开展得有声有色，健康课堂构建不断带来惊喜。如华师一附中在全省实施高中课程改革之前就在探索走班制，构建了比较成熟的课程改革体系，课程开设情况比较接近国家的要求。还有武汉市育才高中利用网络进行学校管理和推行选课套餐制度，江陵中学、武汉49中的校本研修，荆州市北门中学、枝江一中的高效课堂，应城一中的通用技术教学，襄阳五中的综合实践活动与素质教育整合等，为全面推进高中课程改革提供了样板。

普通高中课程改革的现状及推进策略

让青少年健康成长，是教育的核心指向，这不仅是家庭的期待，更是国家、社会的期待。这就是强调教育要适应社会发展、科技进步、知识创新的时代需要，加强高中课程与社会发展、科技进步以及学生生活的联系，促进学习方式的多样化，创建富有个性的课程制度和学校文化。普通高中课程改革注重了对学生深层次生活的现实关照，旨在奠定学生可持续发展的基础，积极促进学生全面而有个性地发展。

一、当前普通高中课程改革实施的现状

2009年以来，特别是全省普通高中课程改革推进会后，全省各地和学校做了大量工作，较好地推进了课程改革实施，主要表现在以下几个方面：

（一）全面贯彻课改精神，认真落实课改要求

为推进普通高中课程改革，湖北省政府下发了《湖北省普通高中课程改革实施方案》，省教育

厅下发了一系列课程改革的实施意见。各地政府和教育行政部门积极采取措施，贯彻落实省政府和教育厅有关工作要求，积极推进高中课程改革。有的市（州）政府教育督导室将高中课程改革工作纳入政府教育目标考核体系，有的市（州）政府分别组织了县、市分管教育工作的领导外出考察，有的市（州）分管教育的副市长就推进高中课程改革向省政府和教育厅提出了很好的工作建议，有的市（州）制订了课程改革整体推进方案。各地都召开了高中课程改革推进工作会议，结合本地实际部署了高中课程改革工作。

（二）抓课程实施与管理，努力开齐开好国家课程

为督促学校开齐开好国家课程，各地积极采取措施，加强课程实施与管理。

1. 加强学分管理

全省各地都制订了学分管理意见，而且，分别召开了全市学分认定专题研讨会，提出了学分认定的规范要求。

2. 加强督促检查

为促进学校开齐开好国家课程，各地都组织开展了课程改革专项督促检查。有的市教育局采取由学校将课程表上交市局和市局组织去学校检查的方式，督促学校开齐开足国家课程。有的市教育局结合年度目标考核，对各地、各校课改工作进行了检查，结果全市通报，对工作滞后的学校和教育主管部门进行了通报批评。有的市组织了高中课改情况交叉检查，重点检查各学校课程开设、教师培训、课程改革管理应用平台的使用情况。

3. 用好综合实践活动课网络管理平台

各地都充分利用综合实践活动课网络管理平台落实综合实践活动课程。课程改革实施后，我们对各地综合实践活动课情况进行了通报。通报发出后，各地进一步采取措施加强了综合实践活动课的管理，不少市（州）教育局为基教科配备了高中课改专职人员，并积极采取措施推进学校落实综合实践活动课程。

（三）抓学生综合素质评价，顺利完成第一次综合素质评价工作

实施学生综合素质评价是高中课程改革的重要内容，各地和学校认真按

照省教育厅的统一部署，较好地完成了第一次学生综合素质评价工作。

（四）抓教师队伍建设，努力做好教师配备与培训工作

为满足新课程实施的需要，各地都非常重视高中教师的配备与培训。有的市（州）教育系统增人增编指标基本上用于高中课程改革，专门招收普通高中教师。而且，重点招聘了生物、地理、音乐、美术、通用技术等科目的教师。

教师全员培训是新课程实施的主要任务，为做到“先培训、后上岗，不培训、不上岗”，全省各地在较好地完成国家级教师远程培训和课程标准培训、省级骨干人员培训和市州级教师教材培训基础上，还认真组织了各类网络管理平台的应用培训。一些地方还结合实际，开展了多种形式的培训活动，有的市教育局组织了高中骨干教师到华东师大进行培训；有的市教育局组织全市的高中校长到清华大学参加培训；有的市组织全市高一年级教师进行综合实践课的理论培训和操作培训；有的市开展每月一次的备课组组长和骨干教师培训等。

（五）抓设备配备，努力改善教育教学条件

为满足新课程实施的需要，一些地区和学校积极采取措施，加强学校理化生实验设施、通用技术设施和信息技术设施建设。有的市政府拨专款用于全市高中通用技术实验室的建设，各区、校也相应投入经费，用于补充和完善课改所需要的场地和设施。有的市教育局制订了理化生实验室建设标准，计划完成全市理化生实验室升级。有的市教育局召开了高中装备建设现场会，推广示范高中装备建设的经验。有的市教育局制订了通用技术课装备规划。为了适应高中课程改革网络管理需要，各地和学校十分重视学校信息技术设施配备，有的市积极引导学校加强信息技术设施建设，有的市所有普通高中学校完成了校园网建设，配备了计算机等设施。

（六）抓教学研究与指导，努力促进教学方式和学习方式的转变

各地积极采取措施，帮助教师适应新课程，努力促进教师教学方式和学生学习方式的转变。有的市针对教师对新课程教材的深广度把握不准、教

学定位出现困难和各校教学研究力量不均衡的问题，实施“备课组建设工程”，由市教科院组织全市高一教师教学研讨，采取集体研讨的方式，对教学目标、教学内容、教学活动、训练内容等作出明确统一的规定。有的市开展了新课程教学设计和课堂教学模式的研究与实验，其中，学案导学法、情境教学法、课堂教学生活化、探究式教学等多种教学模式广泛应用，有力地促进了教师教学方式和学生学习方式的转变。不少高中学校开展的生本教育课堂教学模式实验，创设了平等、自主、和谐的学习氛围，受到教师和学生的普遍欢迎。还有很多学校实施有效教学，打造健康课堂，开发高效课堂导学案，也产生了较好的效果。

（七）抓样本学校，引领课程改革向纵深发展

为突破制约课程改革发展的重点、难点问题，各地积极开展样本学校建设，充分发挥样本学校的引领作用。有的市选择一些课程专家和学科专家，一对一联系样本学校，要求专家要到学校，计划通过三年的跟踪、调研、指导与服务，不断提高样板校新课程实施能力。有的市要求样板校在做好省级课题研究的同时，每校带动1所高中进行市级课题研究。

（八）规范办学行为，创造新课程实施的宽松环境

加强管理、规范学校办学行为是高中课程改革有效实施的前提，很多市（州）积极采取措施，加强对学校招生计划、班额、课程设置、课时安排、文理分科、学生评价等方面的管理，在一定程度上规范了学校办学行为，为学校实施新课程创造了相对宽松的环境。

总之，普通高中课程改革实施以来，总体上讲，我们的工作启动平稳，进展顺利，人员培训、课程设置、学生评价、网络管理、设备配备、教学研究、样板校建设等方面工作受到各地教育部门和学校普遍重视，在教师全员培训、综合实践活动课程实施、综合素质评价等方面取得了实质性的进展。同时我们也要看到，普通高中课程改革还存在一些问题，如地方政府和教育行政部门对推进课程改革信心不足、重视不够、措施不力，地区发展不平衡，学校办学行为不规范，教师专业能力和校长课程领导力不适应新课程需要，新课程实施专业支撑力量不强等。

二、高中课程改革的推进策略

高中课程改革不断推进，参与高中课改的教师和学生也在不断增加，推进高中课程改革的任务更加艰巨。我们要在各类普通高中全面落实国家课程，促进教学方式和学习方式的转变，其具体策略有以下几点：

（一）加强教师队伍建设，提高教师专业素质

各地和学校要积极采取措施，按教学需要配齐配好高中教师，要重点加强音乐、美术、体育与健康、信息技术、通用技术、综合实践活动等学科教师队伍的建设。要采取多种形式，大力抓好教师全员培训。

首先，认真抓好培训者培训和一校一学科骨干教师培训。

其次，抓好高一教师上岗培训和高二教师的教材培训。高一教师上岗培训由各地负责，各地要认真做好教师的通识培训、课标培训和教材培训，严格做到“先培训、后上岗，不培训、不上岗”，同时要抓好高二年级教师的教材培训。

再次，要通过建立校本教研制度、组织网络教研等方式，帮助教师解决教学中的问题，提高教师专业能力。

（二）加强网络管理平台开发和应用，初步构建课程改革网络管理体系

如今，我省已经完成了九个网络管理平台的开发，其中，课程改革网站、学籍管理系统、学生综合素质评价系统、学生综合实践活动课平台、公众参与平台等已经开始正常使用，教师培训管理系统、网络教研系统和远程培训系统也将投入使用。网络管理平台是协助地方和学校做好课程改革工作的辅助手段，各地学校要充分发挥网络管理的优势，提高课程改革工作水平。

其一，做好招生和学籍注册管理工作，保证学生进校后能够及时依托网络开展课程修习。

其二，对学生和教师开展各类应用系统的培训，使学生和教师掌握电脑操作方法，养成良好的应用习惯。

其三，教育行政部门、教研部门和学校要随时了解网络应用情况，特别

是学生学籍注册、学生成长档案袋记录、学生综合素质评价、学生学分、学生综合实践活动课等五个方面的情况，要安排专人检查，发现问题及时解决。

其四，把学生成长档案袋记录和综合素质评价工作融入学校教育教学工作，使其成为教育学生、促进学生成长的重要手段。实施学生成长档案袋记录和综合素质评价的目的是肯定学生的成绩，发现学生的不足，促进学生健康成长。学校要充分认识这项工作的教育意义，把成长档案袋记录和综合素质评价有机融入学校教育教学工作之中，防止为评价而评价，防止评价工作走过场、搞形式，真正使这项工作成为教育学生、促进学生健康成长的重要手段。

（三）加强制度建设，为课程改革提供有力的制度保障

1. 建立严格的学分认定制度

学分管理制度是学校课程实施的基本制度，教师对学生的学分认定要实事求是，要严格做到学校没有开设的课程不得认定学分，学生没有修习的课程不得认定学分。各级教育行政部门和学校要切实加强对学分认定的管理，严防学分认定弄虚作假。省教育厅将通过公众参与平台，广泛收集学生和教师对学分认定的反映，对可能存在问题的学校进行调查处理。

2. 建立严格的毕业证书发放制度

高中阶段学生毕业的基本标准是修业满三年，道德品质和公民素质合格，学分满144个，身体素质达到《国家学生体质健康标准》。达不到上述要求，不能颁发毕业证书。学校要按照网络管理的要求，通过综合素质评价、学生成长档案袋、学分管理系统、综合实践活动课管理系统等平台，及时建立学生的发展数据，为学生毕业提供充分的依据。

3. 建立广泛的学生、教师、家长参与制度

为了推动高中课程改革，湖北省教育厅启动了社会公众参与平台，学生、教师通过平台反映学校课程实施情况，为教育管理部门提供了有一定价值的统计数据。为方便学生、教师和家长及时反映课程改革实施情况，公众参与平台已经与其他系统绑定，学生、教师和家长在登录其他系统时，须接

受必要的问卷调查。这一制度建立后，各级教育行政部门、教科研部门和学校可根据需要发放调查问卷，广泛向学生、教师和家长了解情况、征求意见。

4. 建立课程改革实施情况评估制度

利用网络数据，结合实际工作情况，建立课程改革实施情况评估制度。评估的主要内容是学校课程设置、课时安排、综合素质评价和综合实践活动课等方面的情况。

5. 建立项目推进和样板校工作制度

综合素质评价的客观公正、综合实践活动课的有效开设、校本教研制度的建设、教学方式和学习方式的变革、教师和校长课程实施能力的提升等，是推进课程改革向纵深发展的重点、难点问题。为有效突破这些问题，湖北省教育厅确定12个制约课程改革向纵深发展的重大研究项目，经过公开招标，确定了项目组，每个项目组确定一定数量的项目学校。学校参加项目研究，既是学校发展的机遇，也是责任，学校要高度重视项目研究工作，一把手要亲自抓，要按照项目组的要求，落实项目研究的各项工作。为加强项目管理，湖北省教育厅成立了项目办公室，办公室设在教科所。湖北省教育厅对项目评价的主要指标是项目学校的校长、教师和学生在项目实施过程中的变化和感受。

（四）积极创造条件，全面开设通用技术课程

通用技术课是一种新的课程形态，存在着师资缺乏、场地和设施不足等诸多困难，各地和学校要克服困难，采取各种方式，争取开设通用技术课程。有条件的县市要为每一所普通高中配备通用技术课设施和教师，条件不成熟的县市，也要为一至二所学校配备通用技术设施，采取设施和师资共享的方式，先把课程开设起来。

（五）加强有效教学研究，提高课堂教学效率

为使教师正确把握新课程教材深度、广度和标高，适应新课程背景下的教学方式，各地要采取多种形式开展健康课堂研究。课题组专家和省教研室要承担起推进学校开展健康课堂研究的主要责任，要想办法把全省乃至全国

的专家整合起来，采取现场指导、网络教研等多种方式，研究和推进高中健康课堂的研究，提高教师实施新课程的能力。

（六）加强学校管理，规范学校办学行为

为防止学校增开高考科目，不开或少开非高考科目，学分认定作假，综合素质评价和综合实践流于形式等问题，必须加强学校管理，规范学校办学行为。这项工作，是我们今后的重点工作，为此，省教育厅和省政府教育督导室已经制定下发了《湖北省示范高中管理规定》等文件。

（七）加大经费投入，改善学校办学条件

各级教育行政部门和学校要根据课程改革需求，测算改善办学条件所需资金，提请政府加大对普通高中的投入，并多渠道筹措经费。要加强学校教育教学设施管理，特别要加强信息技术基础设施建设和理化生、通用技术、体育与健康、音乐、美术等教学设备的配置，使学校具备实施新课程的最基本条件。

对课程改革中教师媒体作用的思考

2008年奥运会结束后，3G技术在中国得到广泛应用，网络传媒的作用越来越大，我们已经进入了一个“三全”（全民、全球、全媒）时代。全民，就是每一个人都是新闻点；全球，就是每个地方都有新闻；全媒，就是每一种方式都是传媒的手段，网络、报刊、电视、手机等都是媒体。在这样一个全民、全球、全媒时代，课程改革也驶入了快车道。这场涉及教育理念、培养模式、教育内容、教学方法、评价考试制度等的一系列改革，是教育的一场革命。任何一场改革都需要一个良好的、有利于改革的舆论环境，课程改革的全局性、复杂性和系统性决定了营造课程改革舆论环境比教育系统内部任何一项改革都显得重要。当我们用全民、全球、全媒的时代要求来评价和分析课程改革的舆论环境时，会惊讶地发现，课程改革的关键人物——教师在课程改革舆论环境的营造中具有不可替代的重要作用。

一、身临课程改革现场的每一位教师都是信息源

教师任何时候都处于课程改革的现场。教师和学生分别是课程改革现场的导演和演员，是在课程改革现场制造新闻的主角和见证人。教师所具有的传统的观念、守旧的习惯与新课程改革的新观念、新要求相碰撞，在这一碰撞过程中，有矛盾、有迷茫、有观望、有喜悦。这些矛盾、迷茫、观望、喜悦在课程改革中都具备独特的新闻价值。而教师从重知识传授到重学生发展，从重认知发展到重情感养成，从重学习结果到重学习过程，从树立自己的教师权威到习惯和学生进行平等对话，从重统一规格到重差异教育，从重知识文化的继承到重学生的创造精神和创造能力的培养等的转变，都生成了丰富的、生动的教育事件。教师转变教育观念的轨迹从某种程度上反映出课程改革推进的路线图，转变教师观念的过程本身就是课程改革的新闻点。教师在课程改革的现场，提供了许多精彩的信息资源，让课程改革以一种客观、全面的姿态出现在受众面前，从而更好地让受众了解、支持课程改革。

教师本身就是信息源，主要体现为以下三点。

首先，教师要关注、理解、领会和运用新的教学理念和方法，推动课程改革的实施。课程改革要求教师要培养学生的自信和探究精神，让学生在学习中发现问题、解决问题，培养学生的动手能力和实践能力。如教师对讲授内容要进行合理取舍，不随便改变知识结构和延长学生的学习时间，不能打破学生学习知识和应用知识的时间平衡。在教学活动中，教师要做“平等中的首席”，做教学活动的指导者和参与者，通过采用启发式、讨论式、探究式等引导学生在变化的实践中更新知识，适应变化，拓宽学生的视野，让学生在发现知识的过程中应用知识等。

其次，教师要提升课程开发能力，让课程改革的精神落到实处。对大部分教师来说，课程开发能力是专业成长的新要求和发展的新方向。广大教师要加强校本研修，通过同伴互助、教学相长，促进专业水平的提升，同时为学生提供更多可供选择的课程。

再次，教师要提高对课程与教学评价的能力，加快课程改革的步伐。教师对自身教学能力和教学方法评价的落后，越来越成为课程改革开展的瓶

颈。这就需要教师对自己的教学设计、对课堂的组织与管理、对学习活动的促进、对言语和非言语沟通的方式等不断反思，逐步形成并完善对自我知识结构、能力水平、教育理念等专业能力的发展性评价等。

二、践行课程改革理念的每一位教师都是新媒体

有研究者将传媒发展划分为三个阶段：精英媒体阶段即农业时代，大众媒体阶段即工业时代，个人媒体阶段即信息时代。博客、播客、微博等新媒体形式是个人媒体阶段的代表，是第一次真正意义上的个人传播媒介。教师职业独特的影响作用具有传统媒体的某些特点。从这个意义上说，每一位教师都是课程改革的媒体。

教育在人的一生发展中非常重要。从三岁进入幼儿园到25岁大学毕业，甚至28岁研究生毕业，一个人会接受20多年的教育。对于一个家庭来讲，只要有人在求学，那么整个家庭都会关注教育。一位教师，如果他一生带十届学生，三年算一届，每届教一个班，一个班50人，那么他这一生就能培养500个学生。如果他是一位好教师，那么这500个学生就是受益者，如果这位教师品行不高尚，那么这500个学生就是受害者。可见，教师媒体作用的影响是巨大的。

作为一个媒体，教师连接着学校、社会和家庭，并通过教育教学传递着自己的信息和观点。教师可以与社区建立广泛联系，争取更多的社会资源为学生的社会实践活动服务。教师是家校沟通活动的策划者、组织者和参与者，还是家校沟通与合作的桥梁。推进课程改革，不仅会引起学校教育教学方式的变化，同时也会引起家庭教育方式的改变。如果一些家长仍旧为学生布置很多的家庭作业、为学生聘请家庭教师、对学生新的学习方式给予否定等，学校课程改革的推进将收效甚微。作为一种新媒体，教师可以采用文字（如同报纸）、电话（如同广播）、面对面（如同电视）等方式，向家长传递课程改革的目的和方法，更新家长的教育观念，让家长配合学校实施课程改革，共同促进学生健康成长。

同时，教师可以将社会对功利性教育关注的目光引导到对教育规律的

关注上来。比如，现在经常说不要炒作高考状元，教育部门也不会公布谁是第一名、第二名，但是老百姓很快就会知道谁是第一，谁是第二，怎么回事呢？大家你打听我，我打听你，媒体就把最终的结果琢磨出来了。这种时候，教师就应该以自己的专业优势，发挥自身的媒体作用，坚持正确的导向，宣传教育发展的规律，宣传课程改革的新理念，宣传教育发展的重大成就，这才是一位负责任的教师，才是负责任的媒体。

三、探索课程改革道路的每一位教师都是阅读者

教师是课程改革的直接参与者、践行者，同时也是课程改革的见证者和阅读者。教师阅读课程改革的历程，就应该从引领课程改革的政策、理论和典型中汲取营养，在自己和他人的课程改革经历中反思，把对课程改革的担心和不适应转化为追求改革的动力，使自己成为课程改革的受益者。

教师的知识是有保质期的，不更新就不能保鲜，已有的知识就会失效和衰退。因此，教师要有专业恐慌意识和危机感，通过不断学习，完善知识的输血功能和造血功能。在课程改革中，无论是上级组织的名师观摩课、专题讲座、学术报告，还是同级或本单位的集体备课、小组讨论、研究课等，都是最好的学习和反思的机会，教师应该珍惜这些机会，不断充实和提高自我。教师还应积极主动地与同事密切合作、坦诚交流，通过学习比较，找出课程改革理念上的差距和方法上的差异，取长补短。

随着《纲要》的制定和出台，教育进入了新一轮科学发展时期，课程改革也迎来了前所未有的良好环境，广大教师应切实顺应改革大势，高度关注课程改革的先进经验和最新成果，紧密跟踪改革过程中的疑难点，充分发挥自身作为教育媒体的作用，努力营造共同研究、共同思考、共同探讨的氛围，让全社会都客观地认识教育、真诚地关心教育、热情地支持教育。

从今天教育家的特质看明天的自己

倡导教育家办学是教育发展的迫切需要。在当前这个教育家稀缺的时代，我们必须找到一条培育教育家的道路。今天教育家的特征为教育者如何成为教育家打开了一扇窗。

什么样的人才称得上教育家，是广大教育工作者十分关心的问题。凡是能被称为“家”的人，必定具有某种特质，并且这种特质被人们广泛认可。比如，画家中有古典派画家、印象派画家和抽象派画家，他们的特质很明显，在社会上产生了一定的影响，并被人们所仰慕。教育家是“学为人师，行为世范”的杰出人才，为教育改革创新作出了突出的贡献。教育家不仅热爱教育、理解教育、遵循教育规律，还有自己的教育思想，并取得了丰富的教育成果。他们不仅能始终站在教育的第一线，还能够与时俱进，在教育实践中勇于改革和创新。

教育家是教育思想的引领者。思想是否平庸是教书匠和教育家的根本区别。教育家必须有自己的教育思想，这些思想是经过长期的理论研究和实践探索形成的，是经得起时间和实践检验的，不仅能产生短期的效果，还能产生深远的教育影响。教育家首先必须专注于教育实践和教育生活，并具有敏锐的国际化视野和现代化意识。他们胸怀祖国，放眼世界，始终站在教育的最前沿思考问题，关注传统教育思想的继承与创新，关注国际与国内教育的发展形势，关注当代与未来的教育问题。其次，教育家的思想比一般人更深刻、更系统、更自觉、更富有创见，时刻起到引领人的作用。教育家需要在三个方面对一般教育者有所引领：一是在突破传统的办学思想上；二是在深入把握教育内部结构、规划和方法上；三是在简单化、生活化地处理教育内部复杂的问题上。如著名教育家陶行知先生提出了“生活即教育”“社会即学校”“教学做合一”三大教育主张，创建了生活教育理论，打破了当时的教育发展困境，广为教育界所推崇。

教育家是教育改革的实践者。面对日新月异的社会形势，教育家善于发现新情况、新问题、新趋势，善于捕捉新机遇、采用新措施、建立新机制。这是当代教育家的显著特征。教育家善于跳出教育来感受、体会、思考教育。如用企业管理的思维来思考学校的管理。企业追求管理出效益，教育追求品质保质量。品质是指学生学习的品质，主要指学生服务国家、服务人民的社会责任感，勇于探索的创新精神和善于解决问题的实践能力。质量指学生的学习收获与日俱增、学习方法不断完善、学习潜能不断激发、学习价值不断得到体现。

教育家是遵循教育规律的示范者。教育家深谙教育规律，对教育从不急功近利。遵循教育规律，就不会让幼儿教育小学化、小学教育分数化、初中教育成人化、高中教育单一化，而是把人的成长过程作为一个系统来研究。教育家重视教育方法，倡导学生学有兴趣、学有意义、学有收获、学有激情、学了还想学，最终把学习变成学生自发的行为和原动力。让学生学有兴趣，就是要减轻学生课业负担；让学生学有意义，就要求教学不是灌输式，而是给学生提供自主学习的空间；让学生学有激情，就要求充分调动学生的积极性，关注学生特长，让学生的特长成为其终身享用的财富。

教育家倡导因材施教，教无定法，有教无类，承认学生之间的差异，给学生提供选择性学习的机会，把学习时间还给学生，把学习方法教给学生，鼓励学生自主学习、合作学习和探究学习。自主学习是终身学习的基础，合作学习是提高效率的有效途径，探究学习是破解难题、创新和创造的重要基础。

教育家倡导教育要遵循人的成长规律。今天的学生是明天社会的中流砥柱，教育家把教育学生拥有社会责任感、荣誉感作为己任，教育学生明辨是非，分清真善美和假恶丑，教育学生接纳自己，理解他人，分享他人的喜悦，分担他人的痛苦，做自信、独立、负责任的人，将来成为一个有道德、有理想、有信念的人，成为主人翁意识浓厚的人。英国著名的牛津大学为什么能够培养出许多首相和诺贝尔获奖者？主要原因就是它非常注重培养学生的主人翁意识，培养学生的完美人格。每个新生到牛津大学报到后，都会领到一把钥匙，用它可以打开学校的边门、图书馆的门等，学生完全成了学校的主人。假如有学生在图书馆偷书被人抓住，将会由一个有学生参加的仲裁委员会对他作出惩处。在这种自律的氛围中，很少有学生冒天下之大不韪去偷书。即使个别人违规被抓，不等仲裁，自己就悄悄卷铺盖走人了。同时，教育家以成人的眼界和孩子的眼光来帮助孩子认识这个世界，用孩子易于接受的方式教育孩子。一次，一所幼儿园评选“最受欢迎的教师”时，最后当选的教师并不是教学最出色的教师。这位教师当选的原因很简单，就是她经常蹲着身子给孩子们讲故事。这说明教育需要共同的感受，教师要平等地对待学生。如果教师总是居高临下地面对学生，过分强调师道尊严，与学生之间就容易产生隔阂。

教育家是学校愿景的设计者。教育家办学十分注重学校文化建设。在学校文化建设中，教育家既会秉承学校的传统文化，又会兼顾学校的周边文化，根据教师和学生的基本情况，创建人人都适应的文化环境，建设一个校园文化“场”，让师生感受到幸福。

教育家既是教书的行家，又是做学问的能手；既是做人的楷模，又是育人的典范；既是理论研究者，又是实践探索者。教师、校长和教育行政人员都可以成为教育家。没有教育阅历和实践的人，顶多是专家，不能称为教育家。

教育工作者要想成为教育家，应以教育家的特质来反思自己的差距，努力向教育家的目标迈进。首先，必须品行端正，心理健康。教育是一个塑造人的工程，一个品行不好的人，肯定不适合从事教育工作，更谈不上成为教育家。其次，就教师而言，教师要有个性，要形成自己的教育教学风格。再次，热爱教育，关爱学生，保护学生的自尊心，找到学生的最近发展区，用欣赏的眼光看待学生的成长。第四，要不断学习和进行教学反思。有一句名言说得好：放弃学习，就是放弃进步；选择学习，就是选择明天；抓紧学习，就是抓住了未来。教师的学习态度，能够对学生起到示范作用。教师经常反思自己的教育教学过程，既能促进自己的专业成长，又有利于学生的全面发展。第五，做教育教学的有心人，把教育作为自己终身不渝的追求，对教育存敬畏之心、虔诚之心。

推进教育优先发展的五大措施

2010年7月，党中央、国务院召开了新世纪第一次全国教育工作会议，颁布了《纲要》。胡锦涛总书记在全国教育工作会议上的重要讲话中描绘了我国未来教育改革发展的宏伟蓝图，指明了教育事业科学发展的方向，开启了我国从人力资源大国向人力资源强国迈进的历史征程。随后，湖北省委省政府也召开了全省教育工作会议，颁布了《湖北省中长期教育改革和发展规划纲要》，明确提出了“教育战略是第一战略，教育投入是第一投入”的“两个第一”理念，确定了湖北省教育优先发展的方针。

随着科学、经济、社会的发展，教育的改革与发展也正迎来前所未有、千载难逢的重要机遇。我们的教育在未来十年的教育改革和发展进程中，应进一步做好以下几个方面的工作。

一、加大教育投入，推进教育的优先发展

教育优先发展是党和国家提出并长期坚持的重大方针。教育本身是一项需要远见的事业。所谓远

见，笔者认为至少应该具备三种眼光：历史眼光、世界眼光、未来眼光。历史眼光告诉我们，一定要用辩证唯物主义观点来看待当前教育的基础、形势和困难，不能简单地认为教育发展需要什么条件就应该提供什么样的条件，而是要客观面对现实；世界眼光告诉我们，我们国家和发达国家在教育方面的差距是很大的，我们要有忧患意识，深化对外开放，向发达国家学习；未来眼光告诉我们，做事不能急功近利，一定要考虑社会的可持续发展。

综观全球经济发达的国家，我们可以将其划分为以下几种类型：首先，美国是最典型的代表，不仅自己国内的资源非常丰富，同时教育和科学技术相当发达，世界上1/3的最优秀人才都集中在美国，最有影响的专利成果也往往出现在美国。美国将在未来若干年内继续引领世界的发展。其次，经济发达国家的典型还有日本和以色列，其中以色列的资源是非常有限的，地处沙漠地区，但其经济非常发达，主要是靠教育和科技的支撑。再次，就是中东的石油国家，它们的经济也比较发达，但主要依靠的是对能源的消耗。从长远的角度来考虑，美国的发展应该是最持久的，日本和以色列肯定要优于未来的中东，因为它们的教育和科技的优势最大，含金量最高。据统计，如果一个国家的劳动力平均增加受教育年限一年，GDP就可以增加九个百分点，所以教育对经济社会的发展是非常重要的。

实施教育优先发展的战略，要牢牢把握胡锦涛总书记提出的“三个优先”的要求。党的十六大以来，国家对教育的财政性经费投入年均增长保持在19.61%。2008年，在国际金融危机的影响下，许多国家的教育经费都在削减，但我国还是增加了，这也足以表明我们国家在保证“教育优先发展”方面的决心。2011年，我国财政性教育经费占GDP的3.59%。不过，按照国家的有关统计，2012年要达到占GDP的4%的标准还需要增加9000千亿的投资。世界上，在这方面做得最好的是芬兰，这个国家在金融危机时，削减了国防经费，但却大幅度地增加了教育经费，这就是一种远见。

湖北省在全省教育工作会议上明确指出，教育优先发展是根本战略、第一战略、总体战略。教育投入要作为全省财政的第一投入，应不断予以加强。最近，湖北省教育厅在研究关于加强教师队伍建设的文件，试图解决怎样让农村学校对教师有吸引力的问题，给长期在农村工作的教师，也给愿意到农村当教师的大学毕业生们提供丰厚的待遇。湖北省随州市颁布的《随州教育规划纲要》也明确提出："严格按照教育法律法规规定，将教师工资足额纳入财政预算。要调整财政支出结构，依法落实教育经费增长要求。到2012年，达到省财政性教育经费支出占国内生产总值4%的目标对市（州）的要求比例。"这是随州教育发展的根本保证和强大动力，随州市也成了在保证教育优先发展方面的市级典范。

二、促进教育公平，提升人民群众的满意度

教育公平是国家的基本教育政策，是社会公平的重要前提和社会和谐的重要基础，是人生公平的起点。2011年的全国人大会议期间，温家宝总理所作的《政府工作报告》提到教育时，谈到三件事，一是2012年财政性教育经费支出占国内生产总值比重达到4%；二是保证中小学生每天一小时的校园体育活动；三是要促进教育公平。

当前社会，人们比较关注"官二代""富二代"。近来，也有人在研究"穷二代"，提出穷人家出不了人才，这说明农村孩子上重点大学、一流大学的比例在下降。有人对清华大学、北京大学和一类大学的学生作了统计，发现这个比例下降到了17%左右，而改革开放初期这个比例是50%左右，这也是一个巨大的反差。有人认为，这是受到城镇化进程的影响。而笔者认为，这种情况更多的是因为我们在资源、师资、质量等方面的不公平造成的。因此，我们应越来越多地关注农村孩子的成才机会。比如，随州就在教育公平方面做了大量工作，在学生资助、后勤服务等工作方面受到了国家和湖北省的表彰，在学前教育管理、义务教育经费管理、农村寄宿学校建设等方面也做出了卓有成效的探索。

和谐社会的建设，必须把促进教育公平作为重点。要做到教育公平不仅要让每个适龄儿童"有学上""有书读"，还要努力让每个适龄儿童"上好学""读好书"，要将促进义务教育均衡发展作为推进教育公平的首要任务，重点探索建立城乡一体化的义务教育发展机制，缩小城乡差距、区域差距和校际差距，加快普及学前教育。此外，尤其要解决好特殊群体子女

就学问题，绝不能因为家庭经济困难而让一个学生失学，教师也要争取做到不让一个学生因为厌学而失学。

三、坚持育人为本，服务经济社会发展

教育质量是教育的生命线。提高教育质量，关键是大力推进素质教育的开展，坚持育人为本，面向全体学生，促进学生全面发展。大家常常提到的择校问题、大班额问题，事实上都是教育质量和师资水平造成的。从某种程度上讲，大家择校择的是教师，因为教师是质量的保证，正因如此，我们要提高教师的水平，提高教育质量。

湖北省教育厅2011年开展了“课内比教学，课外访万家”活动。“课内比教学”是比教师的基本功，是比教师的水平和质量；教师的家访是为了使教师进一步了解学生、关心学生、尊重学生的差异性和个性发展。这个活动的目标就是打造德艺双馨的教师队伍。建设教育强国，首先要建设教育强市。对于这个问题，我们应该从两个角度理解，首先教师自身要强；然后教育强，教育强的最重要表现就是培养大批优秀人才，而人才又直接为经济社会发展作贡献，于是这个城市就强了，国家也就强了。这一切的基础就是保证教育质量。

四、扩大对外开放，提升教育的影响力

新时期最鲜明的特点是改革开放。在2011年全国教育工作会议上，胡锦涛总书记、温家宝总理都强调要瞄准世界教育发展变革前沿的要求，加强教育国际交流合作，提高教育交流合作水平，充分利用国内国际两种教育资源。近几年，湖北省的随州市开放办教育，办开放教育，在外省办了20多所学校，与多所大学合作建立了优质生源基地，还成功地与新加坡、美国实行了联合办学。对于此，随州还应建立长效机制，充分发挥经验优势，开展多层次、宽领域的教育交流与合作，拓展中外合作办学的广度和深度，认真学习和借鉴先进的教育理念，不断增强教育的影响力。

五、深化改革创新，增强教育活力

教育要发展，根本靠改革，改革创新是教育事业发展的强大动力。目前，我们试图通过改革解决资源整合问题，解决教育发展的活力问题，解决教育“以用立业”、适应经济社会发展的问题，解决教育发展某些方面存在的不公平问题等。若想实现这些目标，就应该大胆地先行试点，重点或整体推进，以改革促发展。

全国教育工作会议之后，已有425项重大改革项目在全国各城市试点，湖北省要完成其中的13项。其中，义务教育均衡发展是湖北省全省共同推进的项目。2011年7月11日，湖北省政府和教育部签订了《义务教育均衡发展的备忘录》，力图做到以下几点：一是通过国家的试点项目来为国家的义务教育均衡发展提供借鉴的经验，这就要求我们根据本地的实际来做好试点工作；二是验收达到全国基本均衡水平的县市区，这样通过国家的推进加快义务教育均衡发展的进度，由省里验收、国家授牌。

为了促进义务教育的均衡发展，国家计划从2010～2015年这六年中每年拿出若干亿来支持这一工作。湖北省2010年投资了35900万，六年共投资20亿，再加上省里配套的资金实际上就是40亿，在全省开展学校改造工程、图书馆、实验室的建设，体卫艺器材的设施建设，以及信息技术设备的建设。虽然，实践中很多问题的解决确实受到客观条件的限制，但如果我们把工作做得好，就会引起国家的关注，就能带来好的政策。因此，我们要主动承担改革的事情，积极地参与教育的各项改革。

伟大的时代催人奋进，神圣的使命义不容辞。我们要尽最大努力办好让人民满意的教育，推动教育科学发展，谱写教育事业的新篇章！

推进制度创新、打造先进的考试文化

招生考试制度改革不仅已经成为进一步推进课程改革和全面推进素质教育的关键点，也已经成为人民群众街头巷尾广泛议论的热点。改革现行的中考招生制度，建立与课程改革和素质教育相适应的初中毕业生学业水平考试和高中招生制度，是一项牵涉面很广的工作，涉及制度重构、利益调整、观念更新等一系列问题。招生考试制度改革之难不仅难在考试技术的革新上，更难在如何合理对待广大人民群众在教育领域正当利益的诉求上。只有通过制度创新，为中考改革创造良好的环境，规范招生管理部门和学校在学业水平考试、综合素质评定和高中招生工作中的行为，努力提高全社会对新考试招生制度的广泛认同，打造新的考试招生文化，才能保证中考招生制度改革的顺利实施。以人为本，办人民满意的教育是时代赋予我们的历史使命。在教育改革与发展的广阔背景下，命题水平保障制度、学生综合素质评定诚信保障制度、高中招生阳光制度、利益相关者监督制度、招生考试咨询制度等五大制度的建立是湖北省打造新考试招生文化的五项亮点工程。

一、建立科学的命题水平保障制度

初中毕业生学业水平考试是九年义务教育阶段的终结性评价考试，考试结果既是衡量学生是否达到毕业标准的主要依据，也是高中阶段学校招生的重要依据之一。只有保证高水平的命题质量才能确保考试的公平性和有效性。为使考试命题逐步达到水平考试的命题要求，实现真正意义上的水平考试，要做到以下两点：

一是合理确定考试科目。根据教育部颁布的《义务教育课程设置实验方案》，我们将学业水平考试分为考试科目、考查科目和考核科目。考试科目为语文、数学、外语；考查科目为物理、化学、生物（或科学）、思想品德、历史、地理（或历史与社会）；考核科目为体育、音乐、美术（或艺术）、理化生实验操作、综合实践活动、地方课程、学校课程。考试科目要调整命题难度，逐步达到水平考试的要求；考查科目按水平考试的要求命题；考核科目由学校组织，成绩只记合格或不合格。

二是建立试题评估和公示制度。省教育厅授权各市（州）负责本地中考命题。为提高各地命题水平，建立省中考试题评估和公示制度。中考结束后，省级教育部门组织专家和一线教师对各地试卷的难度、信度和效度等进行评估，并将结果公示，接受社会各界监督，并作为省教育厅是否继续授权命题的依据。

二、建立客观的学生综合素质评定诚信保障制度

建立学生综合素质评定诚信制度，是保证学生综合素质评定结果客观、公正的基础。为了保证综合素质评定结果客观、公正，我们在多方面都作出了大胆的探索。

一是建立以学生互评为主，学生自评、互评和教师评定相结合的多元评定制度。我们要求学生综合素质评定结果由学生自评、互评和教师评定两部

分组成，为保证评定结果不受外部因素干扰，规定以学生互评为主，将各维度的A等生在学校公示。

二是开发学生综合素质评定管理系统，开展基于网络的评定工作。省教育厅统一开发了学生综合素质评定管理系统，供全省初中学校使用。该系统能迅速处理评定结果，并能将学生各个维度的评定结果向学生本人和家长公开，接受学生和家长的监督。

三是建立初中学校信度评估制度。在初中毕业生进入高中后的第一学期，高中学校要对初中学校对学生综合素质的评价结果进行信度评估，评估结果向社会公布，并依据评估结果调整分配招生、推荐招生、网上招生的指标，原则上对信度值低的学校，减少分配指标。初中学校信度评估值同时可作为高中学校在“差额投档，分批录取”时的参考。

三、建立公正的高中招生阳光制度

把初中毕业生学业水平考试成绩和综合素质评定结果作为高中招生的依据，这种做法与“以分数作为唯一录取标准”的做法相比，甄别度要低一些。为确保招生公平，我省实施了高中招生阳光工程，公开一切可以公开的招生信息，其中包含最基础的“五公开”。

一是公开招生政策。各市、州、县必须公布国家、省和本地区制定的各类高中招生的政策、措施和办法；各高中学校要公布招生章程。

二是公开招生计划。各市、州、县要公布所有高中学校各类招生计划，包括“指令计划”和“择校生”（“三限生”）招生人数比例等。

三是公开录取条件。各市、州、县要公布所有高中各类招生计划的录取标准，公布招收保送生、推荐生、特长生、网上招生的学校名单；各高中学校要公布具体招生条件和录取办法。

四是公开录取结果。各市、州、县要公布各类学校各类招生录取名单、各校完成招生计划情况。

五是公开收费标准。各市、州、县应公布各类学校以及各类招生计划收费标准，各学校要公布本校各类计划收费标准。

为配合高中招生阳光工程，湖北省教育厅制定了中考招生信息发布标准，建立了全省统一的、面向社会公众的中考招生信息发布平台，全部招生信息都要通过该平台予以公布。为使农村学校能够及时接受信息，我们实现了远程教育“校校通”，通过卫星将中考招生信息发送到所有农村学校，使得农村学生可以在当地的中小学查看招生情况。

四、建立有效的利益相关者监督制度

调动社会力量，让利益相关者参与招生考试的监督工作，有利于保证及时发现和处理招生工作中的违规行为。我们规定教育行政部门和学校要分别成立初中毕业考试与高中招生工作监督委员会，对学业水平考试、综合素质评价和高中招生录取工作进行全程监督。监督委员会成员由教育行政、学校、家长、纪检监察、新闻单位、社区等方面人员按照一定比例组成。

为了将社会监督有效化、合理化和制度化，我们主要对三个细节作出了具体规定。一是规定市、州、县和学校要向社会公布投诉和举报方式、联系电话和联系人；二是在中考招生网站建立专门的投诉举报频道，接受投诉和举报；三是对招生过程中发生的重大违规事件要及时处理，并将处理结果向社会公开。

五、建立招生考试政策咨询制度

在中考招生期间，各市、州、县和学校公布了招生咨询电话，创办了招生咨询网站，确定了专人负责招生咨询。同时，湖北省教育厅和各地教育行政部门都充分利用各种媒体宣传招生政策、措施和办法，一些地方政府和教育行政部门的主要负责同志在媒体上署名发表有关中考改革的文章，宣传全省中考招生改革工作。湖北省教育厅在《湖北日报》、湖北电视台、《楚天都市报》、荆楚网等媒体开辟了官方专栏。《光明日报》宣传报道了宜昌市开展中考改革的成功经验。

推进现代远程教育工程，提高农村教育质量

一、我省农村中小学现代远程教育工程应用的基本现状

2004年，在国家三部委统一部署下，我省开始实施农村中小学现代远程教育工程，经过三年的努力，建设了“模式一”项目学校3937所、“模式二”项目学校11477所、模式三项目学校592所，共计建设项目学校16006所，并在全国率先实现了农村中小学现代远程教育“校校通”，有600万农村中小学生从中受益。在加强工程建设的同时，各地始终把工程应用作为重中之重，认真贯彻执行26号文件，大力加强教师培训，积极推进远程教育资源在教育教学中的应用，努力普及小学空中英语教学，积极开展空中音乐教育和德育活动，努力利用远程教育资源为农村党员教育服务，取得了较好的应用效益。

总结农村中小学现代远程教育工作，主要有以下几点经验：（1）领导重视，各部门密切配合，共

同做好远程教育工作；（2）加强培训，不断提高应用水平，保证教师能用、会用、用好远程教育设施；（3）加强制度建设，建立充分发挥远程教育作用的长效机制；（4）加强平台建设和资源开发，向农村学校提供丰富的优质教育资源；（5）加强售后服务管理，保证设备正常使用。

二、全面推进现代远程教育工程应用

为全面推进农村中小学现代远程教育工程应用，我们制定并下发《湖北省教育厅关于加强农村中小学现代远程教育工程应用工作的意见》（鄂教基[2006]26号文件），明确现代远程教育工程应用工作的指导思想、任务和措施，重点强调要处理好建设、应用、培训、资源开发、评价、设备维护的关系。贯彻落实26号文件精神，是今后一个时期我省各级教育行政部门和农村中小学推进远程教育工程应用，提高应用水平的重要任务。以下是笔者对贯彻落实26号文件精神的一些认识：

（一）推进农村中小学现代远程教育工程的重要意义

小学现代远程教育工程是2003年温家宝总理在全国农村教育工作会议上宣布的，是党中央、国务院为提高农村教育质量，促进城乡教育均衡发展而实施的一项重大工程。在2007年召开的全国人大、政协会议上，温总理在工作报告中宣布：农村中小学现代远程教育工程已投入80亿元，覆盖中西部地区80%以上的农村中小学，一亿多中小学生得以共享优质教育资源。同时提出：2007年要确保全面完成西部地区“两基”攻坚计划和农村中小学现代远程教育工程，让所有孩子都能上得起学，都能上好学。同年5月18日，国务院颁布了《国家教育事业“十一五”规划纲要》，指出“国家将在‘十一五’期间实现政府对义务教育负全责，逐步将义务教育全面纳入公共财政保障范围。各级政府要依法落实教育经费的‘三个增长’，财政年度预算和执行结果都要达到教育经费支出的法定增长水平，并确保财政性教育经费增长幅度明显高于财政经常性收入增长幅度，逐步使财政性教育经费占国内生产总值的比例达到4%。”大致算一下，2005年国家财政性教育经费为5161亿元，占国内生产总值的2.82%。“十一五”期间达到4%的水平，按2005年国内生产总值估算，需增加经费投入约2 200亿元。那么，新增教育经费如何分配？在广西召开的中西部地区“两基”攻坚会上，陈至立表示，国家正在研究启动第二期农村中小学现代远程教育工程建设，进一步提高农村中小学信息基础设施水平。

温家宝和陈至立等领导同志对实施农村中小学现代远程教育工程寄予了殷切期望。我们要深刻领会温总理和陈至立同志对实施农村中小学现代远程教育工程的指示精神，充分认识并实施农村中小学现代远程教育工程的重要意义。

（1）实施农村中小学现代远程教育工程是提高农村教育质量，促进城乡教育协调发展的重大举措。2006年，省教研室曾经组织了农村十个市县小学三年级语文、数学、科学三科调研考试，结果表明：语文、数学、科学三科成绩的平均分，城市学校分别比农村学校高出12分、13分和6分，城乡教育质量存在明显差距。这个差距是由教育理念、管理水平、师资配备、办学条件、教育手段、信息渠道等多方面因素综合作用的结果。有些因素，如管理水平、师资配备、办学条件等造成的城乡学校之间的差距，是不可能在短期内解决的。这次调研考试，共有181所学校参加，其中远程教育工程已实施三年的学校有60所，这些学校与其他学校相比，平均分要高出2～5分。考试成绩说明，实施远程教育工程，构建城乡优质考试资源共享平台，是较快提升学校、教师和学生获得资源能力，提高教育质量的有效途径。

（2）实施农村中小学现代远程教育工程是深化农村学校课程改革，实施素质教育，促进教学内容、教育方式、教学手段和教学模式变革的根本措施。义务教育课程改革从2004年开始，全省义务教育学段起始年级已全部进入新课程改革。但课程改革在农村学校举步维艰，表现为国家课程开不齐，新课程理念在课堂上得不到落实，语文、数学、英语等基础学科教学质量得不到保证。主要原因是农村学校的教学管理和指导水平低，教师结构性缺编严重、年龄偏大，教学手段落后，教师专业成长得不到有力支持，新课程教育资源缺乏等。

但是，随着远程教育工程的实施，农村小学依托空中英语资源，较好地解决了英语教学的发音问题，大多数县市普及了小学英语课教学，语文、数学、社会、科学等学科教学与信息技术整合，激发了学生的学习兴趣，提高了课堂教学效率。同时，依托远程教育教师培训资源，通过开展校本培训，农村教师的专业成长得到了支持。我们应该看到，农村中小学现代远程教育工程正在对农村中小学的教学内容、教学方式、教学手段和教学模式产生深刻影响，农村中小学现代远程教育工程应用正在成为深化农村学校课程改革，促进农村学校实施素质教育的制高点和突破口。

（3）农村中小学现代远程教育所搭建的农村信息化平台，是建设社会主义和谐新农村的基础性工程。农村中小学现代远程教育工程是目前全国规模最大的农村信息化普及工程。作为遍布乡村的基层公共服务机构，农村学校在培养学生的同时，还承担着面向广大农民传播先进文化和科学技术，提高农民劳动技能和创业能力的重要任务。农村教师是农村最有知识的人，而学生与家长具有天然的联系。农村中小学现代远程教育平台，是在农村建立起的信息化桥梁，以农村中小学为中心，连通外部世界，辐射周边村落，可以使学校在构建农村学习型社会中发挥更为突出的作用。该工程通过现代信息传播技术手段，更直接地面向农村广大群众传播经济、文化、科技信息，把党和政府的关怀直接送到农民身边。这对于普遍提高广大农村劳动力的素质，加快农村经济和社会发展，传播先进文化都具有十分重大的意义，必将在我国农村产生长期和深远的影响，为落实科学发展观、全面建设小康社会和建设社会主义和谐新农村做出重大贡献。

（二）农村中小学现代远程教育工程应用工作的指导思想和任务

实施农村中小学现代远程教育要以“三个代表”重要思想为指导，坚持科学发展观，通过创新制度、搭建平台、整合资源、提升能力，大力推进农村中小学现代远程教育工程在农村中小学的广泛应用，努力形成“天地一体”、城乡互动的农村中小学现代远程教育体系，使农村中小学现代远程教育工程在提高农村学校教育教学质量，促进城乡教育协调发展，加强农村建设中充分发挥作用。

农村中小学现代远程教育工作有以下几个任务：

（1）依托远程教育资源在农村学校开齐课程，开足课时，保证质量。

我们大力推进远程教育资源与课程整合，充分利用远程教育资源提高课堂教学质量，达到在具备条件的学校，远程教育教室的使用率每周不低于20课时，而不具备师资条件开设国家课程的农村中小学，要充分依托远程教育资源开齐国家课程。

（2）开展教师全面培训，使农村教师人人能用、会用、爱用、用好远程教育设备。建立远程教育教师培训体系，把教师教育技术能力培训和远程教育教师培训结合起来实施，开设远程教育教师培训课程，构建农村学校利用远程教育资源促进教师专业成长的培训模式。

（3）建立网上教研制度，开展经常性的网上教研活动。推进“天网”（卫星宽带）、“地网”（互联网）、“人网”（教研员和教师队伍）三网融合，以校为本、区域协作、网络支持的教研工作新机制，使远程教育资源应用成为地方和学校常规教学研究和常规教学检查工作的重要内容。

（4）构建“天地一体”的基础教育信息化管理体系，提高教育管理效率和教育决策水平，推进教育管理现代化进程。

（5）依托农村远程教育工程，大力开展农村实用技术培训和农村劳动力转移培训，组织开展各类农村成人文化技术教育，把农村中小学建成当地的教育、文化、科技、卫生信息传播中心（综合中心）。

（三）采取措施，狠抓应用，确保远程教育工程充分发挥效益

1.注重远程教育工程的应用效益

推进远程教育工程应用从根本上是要转变农村中小学教师对远程教育的观念，使其提高使用远程教育资源的能力，养成应用远程教育资源的习惯，这是一个长期、艰巨的过程。在工作过程中，我们要正确处理好应用与建设的关系，以应用为核心，通过应用促进建设；正确处理好资源建设与教师培训的关系，因为资源建设与应用培训是工程应用的两个车轮，缺一不可，必须共同推进；正确处理好重点应用与一般应用的关系，在抓好一般应用的基础上，确保重点应用达到规定要求；正确处理好常规管理与检查评估的关系，在加强常规管理的同时，充分应用督导评估等手段，建立可持续发展的机制。

要围绕农村教育发展中的突出困难和问题，针对性地抓应用。农村中小学现代远程教育工程有没有效益，有多大效益，关键是看能不能解决一些现实问题，在多大程度上解决问题，特别是表面上突出的困难和问题。例如，教学点过度撤并引起的学生上学远的问题、一些农村学校课程开不好的问题、教学质量不高的问题、教师专业成长得不到有效支持的问题、课程改革培训问题、农村中小学教师结构性短缺的问题等，各地应认真研究这些问题，真正解决好一个或几个问题，并总结这方面的经验，向全省推广。在这里，我想着重强调两点：第一要积极推进信息技术与课程整合，保证远程教育教室的利用率达到每周20学时，这是一个综合性指标，是资源应用、教师培训、教学管理水平的综合性反映，也是一个硬指标，是国家验收和省级检查评估的基本要求，具有一票否决权。第二要保证所有农村小学依托空中英语教学资源开设英语课。空中英语教学实验已经证明，不具备较好的英语教师条件的农村小学，依托空中英语教学资源是可能开设英语课程的。为普及农村小学英语课教学，湖北省教育厅每年为农村小学配备了由省电教馆制作的小学英语三年级教学光盘；湖北教育网台也与教学同步把空中英语教学资源发送到农村学校。我们还举办了小学英语骨干教师培训和英语教研员培训班，并提供经费要求各县市为每所项目学校培训一名教师。在农村小学全面开设英语课教学，这是当前推进远程教育工程应用的重要工作。

2.加强远程教育的资源建设和应用管理

要加强资源建设和资源应用管理，保证农村中小学教育教学需要。资源建设是远程教育工程应用的基础性工作，要下力气抓紧抓好。在充分用好中国教育卫星宽带网教育资源的同时，采取整合、开发、购买等多种方式建设具有本地特色的教育资源。鼓励、支持教育部门与出版部门联合开发与教材配套的教育资源，鼓励和支持通过“学科网站群”“教材支撑网”等网站整合课堂教学资源，鼓励和支持学校开发地方教育资源和学校教育资源，鼓励和支持中小学教师结合教学实践，整合、开发各类教育资源。资源应用以中国基础教育资源库提供的资源为主，以湖北教育网台发布的资源为补充。针对各农村中小学现代远程教育项目，学校要配备两名以上的专职项目管理员，负责资源的下载、整理、存储、刻录、发布，负责教师应用培训和系统维护。各中心学校要定期将各科教学资源刻录成光盘送到所辖教学点，要给项目管理员计算工作量，其工作量不低于学科教师工作量的50%。

3.加强教师培训，使其能用、会用、用好远程教育设施

各地要根据农村中小学教育教学的实际需要，开展学科教师教育技术和教学应用的全员培训。各地要开展农村学校的校长培训，通过培训使校长充分认识到远程教育工作的重要意义，明确远程教育应用工作的主要任务，掌握使用远程教育设备的基本技能；要开展教师全员培训，通过培训使农村中小学教师不分年龄、性别，人人能用、会用、用好远程教育设备。鉴于我省农村中小学教师年龄普遍偏大，各地和学校要采取多种方式调动高龄教师参加培训的积极性，使中老年教师能够使用远程教育设备；要继续开展项目学校管理员的培训，不断提高项目管理员应用、维护远程教育设备的技能水平。

4.构建完善的农村中小学教育教学管理和指导体系

湖北省教育厅拟通过依托湖北教育网台和e21网站，构建开放的远程教育教师培训体系，通过教育网台向农村学校发送各类教师培训资源，通过e21网站建立省级中小学教师培训管理系统。农村学校负责组织教师利用培训资源开展“校本研修”，县（市、区）级教师培训部门和中心学校负责组织教师开展“网上考试”，网上考试成绩计入教师继续教育学分。

依托“天地一体”的信息传输系统，构建扁平式的农村中小学教育教学管理和指导体系。

2005年，美国《纽约时报》专栏作家马斯 ·弗里德曼在深入观察和解释了全球化进程及信息技术飞速发展的过程后，写了一本书——《世界是平的》。

弗里德曼先生以独特的视角讲述了世界正在变平的过程。他把开放源代码、外包、离岸生产、供应链和搜索技术等描述成为铲平世界的十大动力，而中国、印度等国家和一些站在全球顶尖位置的公司和机构，则被描述成变平世界的举足轻重的角色。这本书揭示了这样一个主题：世界是平的，意味着今天这样一个因信息技术而紧密、方便的互联世界中，全球市场、劳动力和产品都可以被整个世界共享，一切都有可能以最有效率和最低成本的方式

实现。据说，这本书比尔·盖茨读了一次又一次，他甚至认为这是一本所有决策者和企业员工都必须读的书。结合远程教育工程，笔者阅读这本书得到的体会是远程教育工程的实施给农村教育的发展带来了前所未有的发展机遇。

我们要做的工作是构建“天地一体”的信息传输体系，使“天网”具备整合IP数据（地网）的功能，把教材支撑网、校本研究网、学科网站群、教学研究网、考试招生网、学籍管理网、教师培训网、远程教育支持服务网等网站的资源整合成“天网”资源，向农村学校发送，形成不受时空限制的信息发送、使用、评价、反馈、修改、再发送的封闭回路。依托这样一个“天地一体”信息传输系统，以现代教育管理理论为指导，构建扁平式的农村中小学教育教学管理和指导体系，把农村中小学的教育教学活动纳入基于网络的教育教学指导和管理体系之中。我们要通过开展与教学同步的网上教研、网上培训、教育工作检查评估、教育信息和新农村建设信息发布、提供远程设施技术支持服务等，使农村学校方便地获取各类教育资源和信息，得到高水平的专业支持。

5.积极开展远程教育的教学研究和教育科学研究，提升应用水平

教研人员是最容易与广大中小学教师交流沟通、对教师最具有影响力的专业人员。农村中小学教师能用、会用、用好远程教育资源，离不开教研人员的充分参与和指导。各级教研机构要把促进远程教育资源应用作为常规教研和常规教学检查工作的重要组成部分。教研人员要学习、研究远程教育资源，探索利用远程教育资源进行教育教学的方式方法，组织开展多种形式的教研活动和教学检查活动。各级教育行政部门要根据教研工作的需要，为教研机构配备专职英语、艺术、德育和科学课教研员，配备接受远程教育资源的卫星收视系统。

要积极推进网络教学研究。基于网络的教学研究具有跨越时空、交流互动、资源共享、成本低廉的特性。网络教研工作由湖北省教研室负责，湖北省教研室要组织各级教研机构利用网络教研平台组织教研活动，提供在线指导，开展课题研究，发布教研成果，中心学校要组织中小学教师积极参加网络教研活动，逐步把网络教研作为学校教育教学研究的重要形式。

要积极开展专项课题研究。各级教育科学规划领导小组或教科院（所）要把农村中小学现代远程教育应用研究纳入教育科学研究规划，并作为重点课题立项，要针对农村远程教育工程应用中存在的问题，重点开展如何构建基于远程教育资源的课堂教学模式、教师培训模式、教学研究模式和新农村建设模式，以及如何构建“天地一体”的现代教育管理模式、如何构建远程教育可持续发展的长效机制等方面的研究。

6.完善技术服务支持体系，保证远程教育设施正常使用

远程教育工程建设主要由各级电教管理部门负责。我们远程教育工程在全国率先实现“校校通”，电教管理部门作出了重大贡献。随着应用工作的逐步深入，在监督设备应用效益，保障设施正常运转，提高设备配备水平等方面，电教管理部门承担了更为艰巨的任务。

对学校远程教育设备使用情况进行监督和管理，防止设备闲置和挪作他用，利用教育部开发的远程教育工程管理信息系统，及时把项目学校的应用情况通过网络上报，是电教部门的一项重要工作。电教部门要安排专人负责这项工作，保证项目学校按要求及时上报有关信息。

要做好设备使用故障的排除和维护。在保修期内的设备故障，由设备供应商按合同规定负责解决。各地电教管理部门要做好对设备供应商售后服务质量的监督工作，若出现设备供应商售后服务质量得不到保证的情况，要及时向湖北省教育厅远程办反映。工程建设采取的是卖方信贷方式，工程款分三期支付，每次支付工程款，中标单位须出具由所有建设县市电教站认定的工程质量和售后服务合格报告书，各县市电教站要利用这一机制，加强与中标单位的沟通与合作，同时加强对中标单位的监督，切实保证工程施工质量和售后服务质量。

超过保修期的设备故障，各地电教管理部门要争取自己解决。电教管理部门要加强对电教系统自身技术支持服务队伍建设，要建立县、镇、校三级技术支持服务队伍，做到小故障当天排除，大故障一周内解决。

为远程教育工程应用提供必要的经费保障。国家已在“十一五”期间实现政府对义务教育负全责，公用经费中应有一定比例的经费用于远程教育工程的应用与维护。省级相关部门研究制定新机制，以及公用经费中信息技术

教育费用的标准和使用管理办法。

（四）加强远程教育工程应用的领导和管理

现代远程工程建设由教育、发展改革和财政部门共同负责，而工程应用的全部责任在于教育行政管理部门自身。各级教育行政部门要根据工程应用的需要，加强领导建设和组织建设，为工程应用提供强有力的领导和组织保障。

要求各地成立农村中小学现代远程教育工作领导小组的地方要成立领导小组，教育局主要负责同志任领导小组组长，领导小组成员应由基教、职成教、教师培训、督导、电教（信息中心）、教科研、财务等部门组成，要明确各部门在远程教育工作中的责任。

基教科：负责牵头制订远程教育发展规划，制订远程教育应用工作的方针政策，统筹协调各部门共同做好远程教育工作。负责检查远程教育的应用管理情况，负责组织开展促进远程教育应用的各类教育教学活动，负责推进学校利用远程教育资源开齐课程、开足课时、保证质量，负责依托远程教育开展学生管理和教育教学质量管理。

职成教科：负责开发、整合职业技术教育资源和农村成人文化技术教育资源，组织农村中小学校及职成学校依托远程教育资源开展农村职业教育和成人教育。

教师培训科：负责开发、整合远程教育教师培训资源，组织教师依托远程教育资源开展校本培训，检查并考核教师学习情况。

督导办：负责按照《湖北省农村中小学现代远程教育应用评价标准》开展督导评估。

电教（装备）馆（站）、信息中心：负责远程教育工程建设、验收、售后服务、系统维护和技术培训，负责保证所有学校正常接受各类教育资源，负责农村中小学现代远程教育项目学校数据统计、应用指导和管理。

教科院（所）、教研室、教师培训机构：负责研究和指导农村中小学应用远程教育资源开展教育教学，组织开展远程教育资源应用的常规教研活动、常规教育教学检查活动、教师培训活动、网络教研活动，组织开展提高远程教育应用管理水平的专项课题研究和远程教育资源的持续开发与应用研究。

财务科：负责落实远程教育设备配备、教师培训经费和日常维护经费，监督和管理经费使用。

实践证明，凡是远程教育应用工作开展得好的学校，校长一定重视。各地要明确校长是学校做好远程教育工作的关键，是远程教育工作的第一责任人。校长要认真组织教师全员培训，加强应用管理，保证学校教师人人能用、会用、爱用、用好远程教育设备；保证学校远程教育教室使用率达到规定的课时标准；保证学校能够依托远程教育资源开齐课程、开足课时；保证在当地党委、政府的领导下，把学校建设成为当地教育、文化、科技、卫生信息传播中心。中心学校校长还要认真做好学区内中小学远程教育应用管理、检查评估、技术服务等方面的工作，并将优质教学资源刻制成光盘发送到农村教学点。各级教育行政部门要把学校远程教育的应用情况，作为校长年度考核的一项重要内容。

要组织开展农村中小学现代远程教育检查评估。各级教育行政部门和中心学校要根据湖北省教育厅制定的《湖北省农村中小学现代远程教育应用评价标准》，组织开展检查评估，并把评估结果作为学校评优、评先，及对学校办学水平综合评估的重要内容。湖北省教育厅、发改委、财政厅计划根据省教育厅制定的评估标准，组织相关人员对全省农村中小学现代远程教育工程应用情况进行评估，评估对象包括所有县市教育行政管理部门和所有项目学校，并在评估基础上对应用工作成绩突出的先进县市进行表彰和奖励。

三、认真做好远程教育工程建设

对于远程教育工程建设，我们要做好以下几点：一是严格按《建设方案》所确定的项目学校进行建设。二是项目学校要做好施工前的准备工作。三是抓紧落实配套经费。四是督促学校认真做好校级验收。学校全部建设完成后，要及时组织县级验收。五是二期工程结束后，市县电教管理部门要对本县市所有项目学校的设施进行一次彻底检查，及时解决存在的问题。农村教育信息化是一项功在当代、利在千秋的事业。推进远程教育工程建设和应用的历史性的责任落在我们肩上，我们要像陈至立同志所要求的：各级政府和各有关部门要以对党和人民高度负责的精神，认真抓好工程的应用工作，使这项工作真正发挥出应有的效益！

后 记

该书在出版的过程中得到了很多朋友和同事的帮助,特别值得一提的是《湖北教育》杂志社的总编侯晓明同志为加大基础教育研究的力度，专门为此开设专栏，使我有机会发表一些个人的见解。杂志社的编辑肖昌斌、梅红星以及湖北省教科所的叶平教授和张传平等同志多次与我面对面探讨，罗金辉、田芳、张珍三位同志花了不少业余时间帮我整理笔记，湖北省教育干部培训中心的袁先潋主任和教研专家李情豪二位为此书的策划提出了很多好的建议，北京凤凰师轩文化发展有限公司的郭德军和湖北省中小学校长协会的袁恩光等同志从图书出版的角度为该书的出版做了大量的工作，还有很多人给了我很大的帮助，由于篇幅的限制没有提到，在此一并致谢!